KB273928

세상을 읽는
어른을 위한 세계사

어른을 위한 세계사

김병철 지음

다연
DAYEONBOOK

프롤로그
:
시간의 모래시계를 뒤집으며

왜 지금 우리는 역사를 읽어야 하는가

지금은 새벽 두 시다. 도시의 소음이 잦아든 이 시각, 혹시 당신은 아직 깨어 있는가?

모니터의 푸르스름한 불빛만 덩그러니 남은 사무실 책상 앞일 수도 있고, 내일 마주해야 할 출근과 회의가 버거워 뒤척이는 침대 위일 수도 있겠다.

우리는 늘 무언가에 쫓긴다. 실적 압박, 꼬여버린 인간관계, 남들보다 뒤처질지 모른다는 막연한 불안감…. 마치 보이지 않는 채찍질을 당하며 러닝머신 위를 달리는 기분일지도 모른다.

나도 그랬다. 숨이 턱끝까지 차오르는데, 멈추는 법을 몰라 허우적거리던 밤들이 있었다. 그때 문득, 내가 운영하는 유튜브 채널 '일상의 인문학'의 오래된 강연들이 귀에 들어왔다. 편집을 위해 무심코 들었던 그 강연들에서 나는 묘한 위로를 받았다.

그건 내가 알던 '역사'가 아니었다. 학창 시절 밑줄을 그어가며 외웠던 왕들의 이름, 연도와 사건, 인과관계 따위가 아니었으니까. 그 역사의 틈바구니에서 나는, 지금 나와 똑같은 고민을 하며 끙끙 앓고 있는 한 '인간'을 만났다.

천하를 통일하고도 죽음이 두려워 매일 밤 처소를 옮겨 다녔던 진시황제의 떨리는 어깨가 보였다. 유럽을 제패했지만, 고향 코르시카의 촌스러운 사투리를 쓸까 두려워 입을 다물었던 나폴레옹의 열등감이 느껴졌다. 그들은 박물관 유리 진열장 속에 박제된 위인들이 아니었다. 그저, 우리보다 조금 더 치열하게, 조금 더 먼저 살다 간 '선배'들이었다.

그 순간 깨달았다. 역사는 암기 과목이 아니라, 거대한 '인간학 교과서'이자 인류가 남겨둔 '오답 노트'라는 것을 말이다.

역사는 반복되지 않는다, 인간의 욕망이 반복될 뿐

흔히 "역사는 반복된다"고 한다. 왜 그럴까? 시간이 돌고 돌아서가 아니다. 2,000년 전 로마의 원로원에서 벌어졌던 치열한 알력 다툼이나, 오늘날 강남의 고층 빌딩 회의실에서 벌어지는 알력 다툼이나, 그 본질은 놀라울 만큼 똑같기 때문이다. 무대는 바뀌었고 의상은 세련되어졌지만, 그 위에서 연기하는 인간의 본성과 욕망, 질투, 공포, 사랑은 단 1그램도 변하지 않았으니까.

그래서 나는 이 책을 쓰기로 마음먹었다. 이 책은 고상한 지식을 뽐내기 위한 역사서가 아니다. 나는 당신에게 '1789년에 프랑스혁명이 일어났다'는 사실을 주입하고 싶은 게 아니다. 그 대신, 혁명의 소용돌이 속에서 루이 16세가 느꼈을 그 당혹감과 무력함이, 지금 변화하는 시장 트렌드를 읽지 못해 도태될까 두려운 당신의 마음과 어떻게 맞닿아 있는지 이야기하고 싶다.

우리가 역사를 읽어야 하는 이유는 명확하다. 내 인생의 문제는, 나 혼자 겪는 유일하고 외로운 고통이 아니라는 사실을 확인하기 위해서다. 생각해보라. 당신이 지금 겪는 배신의 아픔? 율리우스 카이사르는 자신이 가장 아끼던 측근들에게 칼을 맞았다. 억울한 누명? 조선의 명장 이순신은 나라를 구하고도 고문실에 끌려갔다. 리더로서의 고독? 칭기즈칸은 드넓은 초원에서 믿을 사람 하나 없이 홀로 울었다.

그들이 겪은 삶의 파도에 비하면, 오늘 우리가 만나는 파도는 조금 견딜 만한 것일지도 모른다. 아니, 어쩌면 그들은 이미 그 파도를 넘는 법을 우리에게 알려주고 싶어 안달이 나 있는지도 모른다. 우리가 그들의 목소리에 귀를 기울여주기만을 기다리면서 말이다.

이면에 숨겨진 진짜 삶의 지혜

이 책에서 나는 당신을 데리고 시공간을 넘나드는 여행을 떠날 것이다. 고대 로마의 원형 경기장(암피테아트룸)에서 19세기 런던의 안개 낀 거리로, 몽골의 거친 초원에서 미드웨이 해전의 긴박한 바다 위로 옮겨 다닐 것이다. 하지만 미리 말해두건대, 우리는 영웅들의 화려한 갑옷이나 왕관을 구경하러 가는 게 아니다. 그들이 갑옷을 벗고 홀로 있을 때 내쉬었던 한숨 소리, 왕관의 무게에 짓눌려 짓던 찡그린 표정을 만날 것이다. 그 '이면'에 진짜 삶의 지혜가 숨어 있기 때문이다. 우리는 진시황제에게서 '내려놓음'을 배우지 못한 자의 비극을 배울 것이고, 황후 엘리자베트에게서 화려한 새장을 벗어날 용기를 훔쳐볼 것이다.

자, 이제 준비되었는가. 당신의 책상 위에 놓인, 혹은 마음속에 놓인 시간의 모래시계를 뒤집어볼 시간이다. 모래알이 떨어지는 그 찰나의 순간 속에, 수천 년을 먼저 산 인생 선배들이 보낸 편지가 숨겨져 있다.

그들은 말하고 있다.

"나도 그랬어. 나도 아팠고, 나도 두려웠어. 하지만 결국 살아지더라. 그리고 너는 나보다 더 잘 해낼 수 있을 거야."

이 책이 당신의 고단했던 오늘에 조금이라도 다정한 위로가 되기를, 그리고 내일 아침 다시 세상으로 나서는 당신의 발걸음에 작지만 단단한 용기 한 조각을 얹어주기를 진심으로 소망한다. 과거에서 온 이 오래된 편지 봉투를, 이제 당신과 함께 조심스럽게 뜯어보려 한다.

2026년의 새벽
김병철

CONTENTS

Japan
England
Italy
France
Italy
Thailand
Germany
Russia
Egypt

PART 1

이 시대의

리더들을

위하여

진시황제

:

때를 기다려 천하를 얻어라!

진시황제(秦始皇帝)는 이름 그대로 진나라를 통일하고 제국을 세운 초대 황제로, 진나라를 이끌어 중국 최초의 통일 제국을 건설하였다. 그는 기원전 221년 분열되어 있던 대륙을 하나로 모았는데, 당시의 시대적 위상을 고려하면 이는 단순한 국가 간 통합을 넘어 '천하'를 통일했다고 해도 과언이 아닐 것이다.

그러나 진시황을 향한 평가는 폭군과 영웅으로 확연하게 나뉜다. 여기서는 폭군으로서의 면모는 잠시 접어두고 천하 통일이라는 대업을 일궈낸 그의 통치력과 업적에 집중해본다.

진시황릉으로 본 진시황의 권력

진시황의 어릴 적 이름은 영정이다. 13세에 즉위한 영정은 첫 번째로 자기 무덤을 조성하라는 명령을 내렸다. 그의 즉위 다음 해부터 시작된 무덤 조성 공사는 그가 수명을 다한 50세까지 37년 동안 계속되었다. 무덤 조성에 동원된 연인원(延人員:어떠한 일에 동원된 인원수와 일수日數를 계산하여, 그 일이 하루에 완성되었다고 가정하고 일수를 인수人數로 환산한 총인원수)은 70만 명이었으니, 진니리 전체 인구가 2,000만 명임을 고려할 때 실로 어마어마한 국가 프로젝트였던 셈이다.

진시황릉은 여산에 있어 '여산릉'이라고 불리기도 하는데 개인의 무덤으로는 세계에서 가장 크다. 동서의 길이가 485미터, 남북의 길이가 515미터, 높이가 76미터이니 무덤이라기보다는 산이라는 표현이 더 적절하다. 진시황의 관은 지하 30미터 깊이에 묻혀 있는데 중국 정부에서는 아직 발굴 시도조차 하지 않고 있다. 왜냐하면 기술적 뒷받침 없이 시도했다가는 자칫 발굴이 곧 파괴로 이어질 수 있기 때문이다. 그 대신 중국 정부에서는 첨단 하이테크 장비를 동원해 무덤을 측량했는데 그 결과 무덤 중앙에는 진시황이 사후에 거처할 궁전이 있고 그 주변에는 내성과 외성이 망루와 함께 연결된 것이 확인되었다. 말 그대로 거대한 지하도시를 만든 것이다.

이러한 사실은 사마천의 세기의 역사서 《사기(史記)》에 담긴 〈진시황 본기〉에도 잘 나타나 있다.

　　시황은 즉위한 지 얼마 안되어 능묘 건조에 착수했다. 전국을 통일한 후
　　에는 70여만 명의 죄수를 그곳에 보내 노역에 종사케 했다. 묘혈은 3층
　　샘물 이하로 깊이 파서 구리로 주조한 후 관을 안치했다. 그리고 현실(玄
　　室) 안에 별궁을 건설하고 묘실 안에는 진귀한 보물을 가득 수장했다.
　　또 장인들을 시켜 불시에 화살을 발사하는 장치를 만들어, 누구든 도굴
　　하러 들어왔다가는 그 화살에 맞아 죽도록 했다. 현실 안 천장에는 일월
　　성신(日月星辰)을 장식하고 바닥에는 9주(州) 5악(岳)을 배치했다. 인어
　　의 기름으로 초를 만들어 아주 오랫동안 불이 켜져 있도록 했다. 2세 황
　　제는 시황제의 후궁과 비빈 중 자식을 낳은 적이 없고 궁중에 남겨두기
　　에 마땅치 않은 여자는 모두 순장하도록 했다. (중략) 장례를 마친 후에
　　는 현실 안의 연도(羨道)를 봉쇄하고, 이어 현실 밖의 연도까지 완전히
　　봉쇄해 장인들이 하나도 살아나오지 못하게 했다. 그러고는 무덤 위에
　　초목을 심어 산처럼 보이게 했다.
　　_〈진시황 본기〉中

　　또 사마천은 진시황릉 안에 수은의 강이 있다고 했는데 사람들은 그
저 기록에 불과할 것이라 여겼다. 그런데 최근 연구 결과 봉분을 중심
으로 주변보다 20배나 높은 수은이 검출됐다. 수은은 부패를 방지하는
효과가 있으니, 진시황은 사후에도 불멸의 황제로 남고 싶어 했음이 분
명하다. 영화에나 나올 법한 이러한 이야기는 고고학적 연구 및 탐사
를 통해 진시황릉 반경 1.5킬로미터 내외에서 발견된 여러 부장용 갱
이 증명하고 있다. 대표적인 갱이 동거마용갱(銅車馬俑坑), 금수갱(禽
獸坑), 마구갱(馬廐坑), 병마용갱(兵馬俑坑)이다. 동거마용갱은 진시황

진시황릉에서 출토된 병마용 군대와 제1황릉 모습

이 사후 세계에서 타고 다닐 마차를 부장한 갱이고, 금수갱은 진시황이 사냥을 할 수렵장용으로 만든 동물 형상의 토용(土俑)을 묻은 갱이며, 마구갱은 황실의 마구간을 모방해 만든 갱이다. 병마용갱은 황제의 호위군인 병마용을 배치한 갱으로, 내부를 확인할 수 있는 유일한 갱인데 그 규모와 섬세함이 혀를 내두르게 만든다.

1호 병마용갱에서는 약 6,000기의 병마용이 발견되었는데 당시 진나라의 군제를 잘 보여주는 보병들이다. 놀라운 건 이 6,000여 기의 병마용 모습이 전부 다르며, 모두 다른 실물 크기라는 것이다. 어떤 외국인 학자가 '진짜 얼굴이 다 다를까? 6,000기나 되는데 닮은 사람이 정말 없을까?'라는 의문을 갖고 병마용들의 귀를 조사했다. 사람의 귀는 절대로 닮을 수가 없기 때문이다. 그런데 병마용의 귀가 모두 다르게 생겼더라는 것이다. 그리고 이것들은 단순히 흙이 아니라 불에 구운 토기 형태로 만들어졌다.

2호 병마용갱에는 궁노병·기마병·전차병이 포진하고 있고 3호 병마용갱은 진시황의 군사 지휘부로 추정되는 유물들이 있다. 3호 병마용갱에 가면 첫째로 그 규모에 놀라고 둘째로 그 디테일에 놀란다고 한다. 병마용이 입고 있는 갑옷의 못 하나, 군화 바닥의 문양 하나까지 정교하게 새겨져 있기 때문이다. 앞으로 얼마나 더 많은 유물이 발견될지 모르겠으나 이러한 유물들을 보자면 진시황의 권력이 상상 그 이상이었음은 분명하다. 이제 본격적으로 진시황이 어떻게 천하를 통일할 수 있었는지 그 비결을 알아보자.

위기를 기회로 바꿔라

진시황에게는 약점이 있었다. 출생의 비밀이 그것이다. 영정의 아버지는 당연히 선대왕이어야 한다. 선대왕은 장양왕으로 불리는 '자초'다. 그런데 《사기》에는 '진시황의 아버지는 장양왕이 아니라 여불위일 가능성이 매우 크다'라고 적혀 있다. 여불위는 요즘으로 보자면 '만수르' 같은 인물로, 국경을 넘나들며 무역했던 큰 무역상이자 대부호였다. 여불위는 사람에게 투자하길 좋아했는데 그게 바로 왕이 되기 전의 자초였다. 자초는 젊은 시절 조(趙)나라에 인질로 잡혀 있었는데, 본국 진나라로부터 모든 경제적 지원이 끊겼고 조나라마저 그에게 무심했던 탓에 거지처럼 살아가고 있었다. 이런 자초를 본 여불위는 이렇게 소리쳤다고 한다.

"기화(奇貨, 특이한 상품)다. 사두면 큰 이익을 보겠구나!"

그 후 여불위는 거금을 들여 자초가 조나라에서 인기를 끌도록 했고, 그 유명세를 이용하여 뇌물과 함께 당시 진나라 태자였던 안국군의 부인 화양에게 접근해 자초를 양자로 삼도록 했다. 여불위의 투자는 멋지게 성공했다. 안국군은 즉위하여 효문왕이 되었는데, 즉위 사흘 만에 죽어 자초가 왕위를 계승한 것이다. 자초는 장양왕이 되었고, 그조차 즉위 3년 만에 숨을 거두어 그의 아들 영정이 왕위에 오른다.

영정은 아직 어렸기에 모후가 섭정을 해야 했는데, 태후는 나랏일에 관심이 없었기에 여불위에게 섭정을 맡겼다. 그런데 기막힌 건 제태후가 바로 여불위의 애첩 조희였다는 사실이다. 여기에 진시황의 출생의 비밀이 있다. 조희는 전국 시대 최고라고 할 만큼 굉장한 미인이었는데 자초가 여불위 집에 오면서 조희의 매력에 풍덩 빠져버렸다. 그러자 여불위는 자신의 애첩을 자초한테 시집보냈는데, 문제는 조희가 여불위의 아이를 가진 상태였다는 거다. 더 심각하게도 여불위는 전권을 쥐고 자기 세상을 누리면서 여전히 제태후와 연인 관계를 지속했다.

그러나 여불위는 둘의 관계가 들통날까 봐 늘 두려웠다. 여불위는 결국 제태후에게 그녀의 욕구를 채워줄 다른 남자를 소개했는데 이 남자가 '노애'다. 여불위는 노애를 환관으로 위장시켜 궁궐에 잠입시켰고, 제태후는 노애를 본 순간 마음을 빼앗겨 두 아이까지 낳았다. 그러던 중 노애는 제태후의 권력을 믿고 기고만장해지다 못해 스스로 왕이 되려고 결국 반란을 일으킨다. 이것이 '노애의 반란'이다.

노애는 기원전 238년, 데리고 있던 식객 3,000명과 함께 진시황이 있는 함양으로 돌진했는데 이 시기가 진시황에게는 가장 큰 위기였다. 나라의 흥망은 물론 자신의 생사까지 불투명했기 때문이다. 그러나 이 위기는 노애와 여불위를 한꺼번에 몰아낼 절호의 기회이기도 했다. 진시황은 여불위를 시켜 노애의 반란을 진압하고 노애를 비롯해 3족을 멸했다. 물론 반란에 동원된 식객 3,000여 명도 모두 죽여버렸다. 이제 남은 것은 여불위였다. 진시황의 명분은 충분했다. 반란을 일으킨 노애를 제태후에게 소개한 사람이 여불위가 아닌가. 이를 빌미로 진시황은 여불위를 촉나라로 유배 보내며 사약을 내렸고, 여불위는 결국 이를 받고 자결했다. 영정이 왕이 된 지 딱 10년 만이었다. 이렇게 영정은 위기를 기회로 삼아 진정한 왕이 되었다.

인재 영입에 국경을 두지 마라

진나라는 전국7웅(전국 시대에 중국의 패권을 놓고 다퉜던 7개 강국을 일컫는 말로 동방의 제齊, 남방의 초楚, 서방의 진秦, 북방의 연燕, 중앙의 위魏·한韓·조趙 나라를 말한다) 중 가장 서쪽 변방에 자리잡고 있었다. 이 변방의 왼쪽에는 흉노, 월지, 강, 저 등의 북방 유목 민족들이 살고 있었는데 중국인들은 이들을 오랑캐라고 불렀다. 그렇다. 진나라는 전국7웅 중 정치·경제·문화 수준이 가장 낮은 나라였다.

상황이 이러했기에 진나라는 진시황 이전부터 국경을 초월한 인재 영입에 힘을 쏟았다. 기원전 361년 즉위한 효공(孝公)은 진나라를 강대국으로 만들기 위해 가장 먼저 인재를 모으기 시작했다. 진나라에서 인재를 모은다는 소식을 들은 위나라 출신 상앙은 효공을 찾아와 이렇게 말했다.

"나라가 부강해지려면 농업을 발전시키고 장병들을 장려해야 합니다. 나라를 잘 다스리려면 공을 세운 사람에겐 상을 주고 죄를 지은 사람에겐 벌을 주어야 합니다. 그래야 조정의 위신이 서고 모든 개혁이 뜻대로 시행될 수 있습니다."

이것이 바로 '상앙(商鞅)의 변법(變法)'이다. 문제는 백성들이 새 법을 지키려 하지 않았다는 거다. 그래서 상앙은 도성의 남문 밖에다 석

장(丈) 높이의 나무를 세우게 하고 '이 나무를 성의 북쪽으로 메고 가
는 자에게는 금 10냥을 상으로 준다'라는 영을 내렸다. 얼마 지나지 않
아 남문 밖에는 많은 사람이 몰려들었지만 서로 쳐다보기만 할 뿐 아무
도 나무를 메려 하지 않았다. 백성들이 자신의 영을 믿지 않자, 상앙은
상금을 금 40냥으로 올렸다. 그러나 상금을 올리면 올릴수록 사람들의
의심은 더욱 커졌고 아무도 나서지 않았다. 이때 한 사람이 나서 그 나
무를 뽑아 어깨에 메고는 북쪽 성문까지 걸어갔다. 그러자 상앙은 그에
게 금 50냥을 상금으로 주었다. 이 소식이 전해지자 온 나라가 들끓으
며 사람들이 상앙의 변법을 믿고 따르기 시작했다.

상앙은 또 군공수작제(軍功授爵制)를 만들어 군대에 입대한 백성들
을 능력에 따라 대우받게 했는데 예를 들면 적군의 목을 하나씩 베어
올릴 때마다 한 등급씩 승진하는 방식이었다. 이는 신분제를 타파한 엄
청난 혁신이었다. 이러한 상앙의 변법 덕분에 진나라는 농업 생산량이
크게 증가했고, 군사력 또한 강해졌다.

그럼 진시황이 영입한 인재는 누구일까. 첫 번째 인물은 대운하 건설
의 1등 공신 '정국'이다. 정국은 한나라 출신 토목 기술자로, 한나라에
서 파견한 간첩이었다. 한나라는 정국을 통해 진나라가 토목공사에 국
력을 쏟도록 하여 전쟁을 하지 못하도록 유도했다. 그러나 진시황은 정
국이 간첩임을 알고도 계속 인재로 활용했다. 왜냐하면 정국이 말한 토
목공사가 진나라에 꼭 필요한 일이라고 판단했기 때문이다. 진시황은
정국에게 운하 건설을 명했고, 이 운하를 통해 관개수로를 만들어 진나
라 땅을 옥토로 만들었다. 그 덕분에 진나라는 주변국들보다 10배가 넘
는 부를 창출할 수 있었는데, 이 부는 군사력을 키우는 데 쓰였고, 그 군
사력은 천하통일의 초석이 되었다.

진시황이 영입한 또 다른 인재는 초나라 출신의 법가 사상가 '이사

(李斯)'다. 진시황이 조선 시대 태조 이성계라면 이사는 정도전 같은 인물이다. 다시 말해, 진시황의 천하 통일을 위한 밑그림을 그린 책사였다. 이사가 영입될 당시 정국이 간첩임이 드러났기에 진나라 기득권 세력들은 '객경(客卿, 외국 출신 대신)을 몰아내자'는 상소를 빗발치듯 올리고 있었다. 진시황은 이를 받아들여 '축객령'을 내렸다. 이에 대해 이사는 그 유명한 '간축객서(축객령에 반대하는 상소)'를 올렸다. 다음은 그 일부 내용이다.

진나라의 번영은 선왕 때부터 유능한 외국인들을 차별하지 않고 등용한 데 있습니다. 만약 이들을 내쫓으시면 다른 나라에서 이들을 등용해 진나라를 위협할 것입니다. 태산은 흙 한 줌도 양보하지 않아서 그리 높고, 장강은 작은 물줄기 하나도 버리지 않아 그렇게 넓은 것입니다.

2,000여 년이 지난 지금 읽어도 감탄할 만한 명문이다. 진시황은 이 간축객서를 받아들여 축객령을 철회했고, 이로써 수많은 외국 출신 인재가 진나라를 위해서 일할 수 있었다.

국가의 비전을 제시하고 설득하라

백성이 국가에 충성하기 위해서는 국가에 비전이 필요하다. 이러한 사실을 잘 알고 있었던 진시황이 첫 번째 제시한 국가 비전은 '경제 강국'이었다. 예나 지금이나 먹고사는 문제가 해결되어야 더 큰 성장을 이룰 수 있다. 통일된 중국이 경제 강국이 되기 위한 최우선 과제는 화폐와 도량형의 통일이었다. 그래서 진시황은 진나라 화폐로 화폐를 통일하고 전국의 도량형을 통일해 활발한 경제 활동과 무역을 할 수 있게 만들었다. 지금으로 비유하자면, EU가 유로존(유럽연합의 단일화폐인 유로를 국가 통화로 도입해 사용하는 국가나 지역을 통칭하는 말)을 만든 것과 같다. 진시황은 또 문자도 하나로 통일했다. 하나의 문자를 사용할수록 서로 협력할 가능성이 높음을 알았던 거다.

진시황이 제시한 두 번째 국가 비전은 '안보 강국'이었다. 그 대표적인 결과물이 '만리장성'이다. 참고로 만리장성은 진시황이 직접 쌓은 성이 아니라 유목 민족이었던 흉노를 막기 위해 각국에 흩어져 있던 장성들을 연결한 성으로, 명나라 영락제 때에야 비로소 완성되었다. 이 만리장성이 야만과 문명의 경계가 되었기에, 백성들은 진시황이 안보 강국을 만들었다고 생각했다.

진시황은 이러한 두 가지 비전을 바탕으로 독특한 통치를 했는데 바로 통일 후 죽을 때까지 10년 동안 총 5번 행한 '순행'이다. 순행은 제국의 영토를 확인하고 전쟁으로 점령한 옛 나라의 백성들에게 자신이 유일한 통치자임을 과시하는 행위였다. 한 번의 순행을 위한 준비 기간이 1년이었다고 하니, 실로 대단한 일이 아닐 수 없다. 그러나 진시황은 50세에 순행 중 마차 안에서 죽음을 맞았다. 오랜 마차 생활과 무더위에 지친 과로사였다. 더불어 불로불사의 꿈 때문에 바르고 마신 수은의 영향도 한몫했다.

진시황이 천하를 통일할 수 있었던 비결을 간략하게 정리해보았다. 인간은 결코 완벽할 수 없다. 그래서 늘 한 사람의 인생에는 공과(功過)가 함께한다. 진시황이 분서갱유(焚書坑儒, 진나라 때 실용 서적을 제외한 모든 사상 서적을 불태우고 유학자를 생매장한 일)를 일으키고, 불로불사의 미신에 빠져 수많은 국고를 낭비하고, 아방궁 건설과 같은 대규모 토목공사로 백성들을 힘들게 하지 않았으면 어땠을까. 제법 아쉬움이 남는다.

그러나 갈라진 중국을 통일하고, 나라마다 달랐던 문자와 도량형을 통일하며, 만리장성을 연결한 그의 업적은 결코 폄하되어서는 안 될 것이다. 특히 진시황릉은 불멸의 왕이 되기 위해 건립한 것이기는 하나, 문화적으로 볼 때 세계가 중국을 찾게 만든 위대한 업적임은 이론의 여지가 없다. 그렇기에 우리는 진시황을 비판하기보다는, 그의 리더십에서 배워야 할 것은 배우고 버릴 것은 버리는 자세로 탁월한 리더가 되기 위한 지혜를 얻어야 할 것이다. 진시황이 도량형을 통일해 제국을 관리했듯, 우리는 자신만의 확고한 기준을 세워야 한다. 그런 의미에서 이런 메시지를 남겨본다.

"완벽한 리더가 되려고 하지 말고,
지금 할 수 있는 것에 최선을 다하라!"

나폴레옹

:

콤플렉스를 능가하는 실력을 갖추어라!

나폴레옹은 늘 이각(二角) 모자를 쓰고 다녔다. 그것도 특이하게 가로로 쓰고 다녔다. 왜 그랬을까? 이유는 명쾌하다. 치열한 전장 속에서 부하들이 멀리서도 자신을 한눈에 알아보고 심리적 안정감을 얻게 하기 위해서였다.

나폴레옹의 이각 모자는 2014년 11월 파리 경매 시장에서 닭고기 전문기업 하림의 김홍국 회장에게 약 26억 원에 낙찰되어 큰 화제가 되었다. 김 회장은 왜 이토록 큰 비용을 지불했을까? 그는 이렇게 말했다.

"나폴레옹은 '불가능은 없다'라는 도전 정신과 자신감의 아이콘이기 때문에 우리 하림의 기업 정신으로 연결하고 싶어 구매했다. 내가 무리를 했지만 전혀 비싸게 구매했다고 생각하지는 않는다."

단순한 유물을 넘어, 불가능을 가능케 하는 '리더십의 정수'를 소유하고자 했던 셈이다.

그렇다면 나폴레옹이 보여준 리더십의 구체적인 실체는 무엇이었을까?

콤플렉스를 극복하라

나폴레옹은 '나폴레옹 콤플렉스(키가 작은 사람들이 보상 심리로 공격적이고 과장된 행동을 하는 콤플렉스)'라는 심리학 용어가 있을 정도로 콤플렉스가 많았다. 그러나 나폴레옹의 진짜 콤플렉스는 따로 있었으니 바로 코르시카 출신이라는 것이었다.

코르시카는 원래 이탈리아 제노바 공화국의 땅이었는데 관리하기 힘들다는 이유로 나폴레옹이 태어나기 1년 전 프랑스에 매각된 섬이다. 그러니 우리 식으로 표현하면, 나폴레옹은 섬 출신의 촌놈이었던 셈이다.

나폴레옹은 10세 되던 1779년 아버지를 따라 프랑스에 건너가 브리엔 유년학교에 입학하여 5년간 기숙사 생활을 했는데, 이때 가장 많이 들었던 말이 '코르시카 촌놈'이었다고 한다. 상당히 무시당하는 학교생활을 했던 것이다. 당시로서는 평균이었으나 귀족들 사이에서는 작게 느껴졌던 168센티미터의 키에 어눌한 말투로 코르시카 방언까지 사용했으니 그랬을까. 그러나 그는 독기로 그 기간을 다 견뎌내고 1784년 파리육군사관학교에 입학했다. 그즈음 아버지가 위암으로 갑자기 세상을 떠났고, 많은 빚까지 남겼다. 결국 나폴레옹은 가정을 책임지기 위해 4년제 육군사관학교를 단 11개월 만에 졸업했다. 그 와중에 나폴레옹은 장교 시험 중 가장 어렵다는 포병 병과에 지원해 합격했는데, 합격자 58명 중 42등이었다. 남들은 4년 공부해서 합격한 걸 나폴레옹은 11개월 만에 통과했으니 실로 머리가 뛰어났다. 나폴레옹은 16세에 이미 육군사관학교를 졸업하고 포병 소위로 임관하였다.

독서와 사색으로 통찰력을 키워라!

나폴레옹이 독서를 좋아했다는 일화는 매우 많다. 전쟁터에서도 방대한 분량의 책을 싣고 다니며 말 안장에 앉아 책을 읽었다고 한다. 수면 시간이 하루에 3시간밖에 안되었다는 이야기가 전해질 만큼 독서에 심취한 인물이었다. 더 중요한 점은 독서 후에는 산책을 통해 반드시 사색의 시간을 가졌다는 거다. 이를 통해 읽은 내용을 곱씹고 자기 것으로 체화하여 통찰력을 키웠다.

나폴레옹은 특히 한니발과 알렉산드로스 대왕에 관한 역사서를 자주 읽었다. 두 영웅의 전략을 통해 자신의 전투를 미리 시뮬레이션했던 것이다. 한니발은 최초로 코끼리 부대를 이끌고 알프스산맥을 넘어 로마를 상대로 승리한 제2차 포에니 전쟁의 영웅이다. 알렉산드로스는 페르시아를 제압하고 인도의 인더스강까지 진출한 정복자다. 특히 알렉산드로스는 인더스강에 도달하기 전 이집트를 먼저 점령했는데, 이집트는 나일강 덕분에 젖과 꿀이 흐르는 비옥한 땅이었다. 다시 말해, 이집트를 통해 보급 문제를 해결한 것이다. 나폴레옹은 독서를 통해 이처럼 전쟁의 본질을 꿰뚫고, 그 통찰력을 실전에 활용했다.

일례로, 나폴레옹의 이탈리아 원정을 살펴보자. 북부 이탈리아에는 오스트리아 군대가 있었는데 나폴레옹 역시 한니발처럼 알프스산맥을 넘어 프랑스 혁명에 반대하는 오스트리아 군대를 제압했다. 또한 알렉

산드로스처럼 이집트 원정도 감행했다. 왜일까? 당시 프랑스 혁명을
가장 두려워했던 나라 중 하나가 영국이었다. 영국은 프랑스에 반대하
는 국가들을 경제적으로 지원하고 있었고, 나폴레옹은 '영국의 부는 과
연 어디에서 오는 것일까?'를 깊이 고민했다. 그는 영국의 부는 식민지
인도에서 비롯되며, 인도와 영국의 교역로가 바로 이집트를 통과하는
지협로라는 사실을 파악했다. 그래서 나폴레옹은 이집트 원정을 단행
한 것이다. 안타깝게도 이 원정은 실패로 끝났지만, 나폴레옹이 독서를

알프스를 넘고 있는 나폴레옹

통해 통찰력을 키우고 전략을 구상했다는 점은 분명하다.

부하를 최우선으로 여겨라!

이탈리아 원정 때 나폴레옹 휘하의 사단장 5명은 사병, 용병, 범죄자, 외국인 등 출신이 각양각색이었다. 한마디로, 전통적인 귀족 사회의 장교와는 거리가 먼 인물들이었다. 심지어 나폴레옹은 보병을 지휘해본 경험조차 없었다. 그래서 사단장 중 한 명이었던 앙드레 마세나는 이렇게 말했다.

"처음에 그들은 모두 나폴레옹을 존경하지 않았다. 그저 파리에서 데모를 진압하고 치안을 유지한 공으로 온 낙하산 지휘관일 뿐이라고 생각했다."

더욱이 나폴레옹을 파견한 총재정부는 부패가 심했고, 이탈리아 원정대에 배정된 예산은 나폴레옹의 연봉보다 적은 4만 프랑에 불과했다. 그러니 이탈리아 원정대는 군복도 제대로 입지 못했고, 식사도 엉망이었다. 심지어 병사들 중에는 군화 없이 나막신을 신은 이도 있었다. 상황이 이렇다 보니 영양실조로 죽는 병사가 속출했고, 누군가 숨을 거두면 그의 옷가지를 서로 차지하려고 들었다. 그런 와중에 전염병까지 돌아 단 20일 동안 21여단에서만 600명 이상이 사망했다.

이런 절망적인 상황에서 부임한 나폴레옹이 가장 먼저 한 일은 병참부 개편이었다. 이는 부패를 쇄신하고 병사들에게 기대를 심어주기 위한 조치였다. 그다음으로 그는 총재정부에 계속 편지를 보내 군화 5,000켤레와 군자금을 받아냈다. 그제야 병사들은 장교들의 명령에 복종하기 시작했다. 나폴레옹은 이제 디테일에 집중하기 시작했다. '리

대관식에서 조제핀에게 직접 황후관을 하사하는 나폴레옹

더는 디테일에 강해야 한다'라는 말이 있다. 그는 병사들의 배치, 수류탄 착용 위치 등 모든 세부 사항을 점검하며 병사들이 오직 전쟁에만 집중할 수 있도록 했다. 이런 과정을 거쳐 나폴레옹의 군대는 비로소 정예병으로 거듭났다.

이후 나폴레옹은 프랑스 혁명을 계기로 국민 영웅으로 떠올랐고, 이를 발판 삼아 황제에 등극한다. 대관식 때 나폴레옹은, 교황이 황제의 관을 씌워주던 전통을 깨고 스스로 황제의 관을 썼다. 이것은 나폴레옹이 신이나 종교의 힘이 아니라 자력으로 황제가 되었음을 상징하는 행위였다. 평민 출신으로 자력으로 황제가 된 인물, 그가 바로 나폴레옹이다.

지금까지 나폴레옹의 리더십을 살펴보았다. 나폴레옹은 콤플렉스를 극복하고 11개월 만에 포병 장교가 되었고, 독서와 사색으로 통찰력을 키웠으며, 부하들을 최우선으로 생각하는 리더로서 활동했다. 그리고 스스로 황제의 자리에 올랐다. 만약 나폴레옹이 콤플렉스를 극복하지 못했더라면 자신의 재능을 제대로 발휘하지 못했을 것이고, 결코 황제가 되는 일도 없었을 것이다.

'콤플렉스는 드러내는 순간 더 이상 콤플렉스가 아니다'라는 말이 있다. 왜냐하면 콤플렉스는 남들이 모르길 바라는, 드러내기 싫은 나의 단점이기 때문이다. 나는 실제로 강연과 코칭을 통해 이런 사례를 많이 보았다. 나에게 평생 처음으로 자신의 콤플렉스를 털어놓은 분들은, 이후로는 하나같이 다른 사람들에게도 그것을 드러내기를 꺼리지 않는다. 자신의 단점이나 콤플렉스에 매몰되지 않고 프레임 전환 능력을 발휘한 것이다. 탁월한 리더가 되고 싶다면, 자신의 콤플렉스가 무엇인지 간파하고 그것을 드러낼 필요가 있다. 의외로 별일 없다. 세상 사람들은 생각보다는 타인에게 관심이 없으니 말이다.

콤플렉스를 드러내면 자유로워질 수 있고, 자유로워지면 마음껏 무언가를 시도할 수 있다. 많은 것을 경험하다 보면 자신의 탁월한 점이 보이기 시작하고, 그것을 개발하면 압도적인 실력이 쌓여 독보적인 리더가 되는 것이다. 어쩌면 리더는 다음과 같은 사람이 아닐까.

"탁월한 리더는 무엇을 잘하는 사람이 아니라,
자신과 타인이 무엇을 잘하는지를 아는 사람이다!"

칭기즈칸
:
내 안의 적을 극복하라!

칭기즈칸은 긍정적 평가와 부정적 평가를 동시에 받는 인물이다. 1995년 12월 미국 〈워싱턴 포스트〉는 그를 '지난 1,000년 동안 인류 역사상 가장 중요한 인물'로 선정했고, 1997년 〈뉴욕 타임스〉는 '세계를 움직인 가장 역사적인 인물'로 뽑았으며, 〈포춘〉이 선정한 500대 기업 CEO들은 '서기 1000년대 밀레니엄 최고의 리더'로 꼽았다. 그의 이름이 뜻하는 '전 세계의 군주'라는 명성에 걸맞은 결과라고 할 수 있다. 서양에서는 아이들이 울 때 '칭기즈칸이 온다'고 하면 울음을 뚝 그친다는 이야기가 있을 정도다.

칭기즈칸과 그의 후예들은 이 세상의 반을 차지했다. 인류 역사상 가장 넓은 영토를 영유했던 몽골 제국을 건설한 것이다. 히틀러, 나폴레옹, 그리고 로마 제국이 차지했던 땅을 모두 합쳐도 몽골 제국의 광활함에는 미치지 못한다. 좀 더 구체적으로 말하자면, 칭기즈칸은 나폴레옹도 점령하지 못했던 러시아, 세계에서 가장 인구가 많은 중국, 지혜의 중심지였던 아랍까지 모두 손에 넣었다.

그는 어떤 삶의 태도를 가졌기에 변방의 소수 민족에서 시작해 세계를 호령하는 광대한 제국을 건설할 수 있었을까?

환경을 탓하지 말라

"나를 극복하는 그 순간 나는 칭기즈칸이 되었다."

칭기즈칸의 말이다. 그는 어떤 환경에서 태어나 성장했기에 이런 말을 남겼을까?

칭기즈칸이 살았던 11~12세기 몽골 초원은 약탈과 복수가 난무하는 약육강식의 세계였다. 그가 태어났을 때 주변 몽골 초원은 메르키트족, 케레이트족, 타타르족, 나이만족 등의 작은 부족들로 나뉘어 있었다. 이 부족들은 서로 끊임없이 약탈과 복수를 반복하고 있었고, 그 와중에 '보르지긴 테무친'이 태어났다. 테무친은 아버지 예수게이가 테무친이 태어난 날 죽인 타타르족 부족장 '테무친 우게'의 이름을 딴 것이다. 테무친은 손에 핏덩어리를 쥐고 나왔다고 한다.

테무친이 9세 되던 해, 큰 위기가 닥쳤다. 예수게이가 타타르족에게 독살당한 것이다. 예수게이가 아들 테무친을 옹기라트 부족의 데이 세첸의 딸 보르테와 약혼시키고 돌아오던 길에 당한 일이었다. 예수게이가 죽자, 그의 카리스마 아래 모여 있던 키야트 부족민들은 모두 흩어졌고, 테무친에게는 예수게이의 첫째 부인과 친어머니 그리고 여섯 명의 형제만 남았다.

부족민들은 테무친이 매우 뛰어난 아이임을 알고 있었고 어른이 되면 반드시 복수할 거라고 여겼다. 그래서 그 싹을 자르기 위해 추격대를 보냈고, 테무친과 그의 가족은 초원을 떠나 숲과 산속에 숨어 지내야 했다. 지금의 남시베리아에서 여자와 어린이를 포함한 아홉 명이 추격자를 피해 늑대를 쫓고 물고기를 잡으며 생존을 이어가야 했으니, 그고난은 실로 극심했을 것이다. 그러던 테무친은 타이치우드 부족의 포로로 잡혀 노예가 되어 온갖 학대를 견뎌야 했다. 하지만 그는 붉은 만월의 축제로 적들이 방심한 틈을 타 마침내 탈출에 성공했고, 흩어졌던 가족들과도 재회했다.

17세가 된 테무친은 예수게이와 동맹 관계에 있던 타 부족장의 신뢰를 얻어 아버지를 따르던 부하들을 다시 모으는 데 성공한다. 이후 11개 몽골 부족을 통일하고 부족장 회의인 쿠릴타이(칸의 명에 의해 열리는 몽골의 정책 결정 기구)에서 몽골 전체의 우두머리인 '칸'으로 추대되었다. 마침내 인류 역사상 전무후무한 대제국을 건설한 칭기즈칸이 된 것이다. 칭기즈칸은 어린 나이에 아버지를 잃고 부족으로부터 버림받았으며 들쥐로 연명하고 쫓기며 살다가 노예 신세로까지 추락했지만, 결코 환경을 탓하지 않았다.

경청하라

칭기즈칸은 원래 경청하지 못하는 사람이었다. 칭기즈칸과 관련하여 널리 알려진 일화 중 하나가 이를 잘 보여준다.

테무친이 어린 시절, 키우는 매를 몹시 아꼈다. 어느 날 그가 매를 데리고 사냥을 나갔다가 돌아오는 길에 목이 말라 우물에서 물을 마시려고 했다. 그런데 아끼는 매가 날아와 테무친의 바가지를 쳐버렸다. 이 때문에 테무친은 물을 엎질렀고 목이 타들어가는데도 물을 마실 수

1206년 봄, 오논강변에서 열린 쿠릴타이에서 칸으로 추대된 테무친

없었다. 테무친은 화를 눌러 참으며 다시 바가지에 물을 떴다. 이번에도 매가 날아와 테무친의 손을 발로 챘다. 화가 난 테무친은 생각했다.

'만약 한 번만 더 그러면 너를 죽여버릴 것이다.'

세 번째로 물을 떴을 때도 매는 똑같은 행동을 반복했다. 결국 분노한 테무친은 칼로 매의 머리를 쳐 죽이고 말았다. 그때 우물을 살피던 부하가 뛰어와 외쳤다.

"그 물을 마시지 마십시오! 독사가 죽어 있습니다!"

이 사건으로 큰 깨달음을 얻은 테무친은 스스로 결심했다.

'어떤 경우에도, 화가 났을 때는 판단하지 않겠다! 매는 비록 말하지 못하는 짐승이지만 나의 생명을 살리기 위해 어떻게든 의사를 전하려 했다. 그러나 나는 그 소리를 들으려 하지도, 그 의도를 알려고 하지도 않았다. 나에게는 그것을 들을 수 있는 귀가 없었다. 앞으로는 어떤 상황에서도 그 숨은 의도를 경청하겠다.'

그는 평생 이 결심을 잊지 않고 실천했다.

테무친은 글자를 몰랐다. 읽을 줄도, 쓸 줄도 몰랐다. 하지만 그는 경청하는 자세를 가졌기에 지혜와 사람을 얻었다.

한자에 '총명(聰明)'이라는 글자가 있다. '귀 밝을 총(聰)' 자에는 '마음 심(心)'이 들어 있다. '귀를 밝게 하면 사람의 마음을 얻고 결국 현명해진다'라는 뜻이다. 칭기즈칸은 훗날 이런 말을 남겼다.

"내 귀가 나를 가르쳤다."

좋은 친구를 만들어라!

앤드류 카네기는 '좋은 친구를 만드는 것이 성공의 첫 번째 비결'이

라고 말했다. 좋은 친구가 많은 사람은 결국 성공할 수밖에 없다는 뜻이다. 여기서 말하는 좋은 친구란 몽골어로 '안다'가 아닐까 싶다. 안다는 '친구 그 이상의 존재'라는 의미를 지닌다. 우리말로 풀자면 '의형제' 정도 되겠다. 약탈과 복수가 난무하던 몽골 초원에서 안다 한 명을 얻는다는 것은 실로 대단한 일이었을 것이다.

테무친에게는 어떤 안다가 있었을까?

1189년 27세의 테무친은 옹칸의 승인 아래 쿠릴타이를 소집하여 칸의 칭호를 얻었다. 그 후 십여 년에 걸쳐 천신만고 끝에 메르키트족과 타이치우드족을 누르고 초원의 새로운 강자로 떠올랐다. 하지만 당시 초원의 최강자이자 테무친의 의부(義父)였던 케레이트족 부족장 옹칸은, 점차 부상하는 칭기즈칸의 세력 확장에 두려움을 품기 시작했다.

이런 미묘한 기류를 모른 채 칭기즈칸은 옹칸의 딸과 자신의 첫째 아들 주치를 결혼시켜 동맹을 더욱 굳건히 하려 했다. 그러나 이는 칭기즈칸을 유인해 제거하려는 옹칸의 속임수였다. 함정임을 뒤늦게 눈치챈 칭기즈칸은 부하들과 함께 목숨을 건 탈출을 감행했다. 그의 생애 중 가장 절박하고 참혹한 순간이었다. 쫓기고 쫓기다 마침내 발주나 호수에 도착했을 때, 그 곁에는 겨우 부하 19명만 남아 있었다. 이들 앞에서 칭기즈칸은 간절히 기도했다.

"내가 모든 어려움을 극복하고 대업을 이루도록 도와주소서. 나와 생사고락을 함께하는 이 모든 사람을 기억하소서. 만일 내가 이 말을 어기면 이 흙탕물처럼 되게 하소서."

칭기즈칸과 19명의 부하는 흙탕물을 함께 마시며 맹세했다.

"우리는 형제다! 우리는 하나다! 우리는 이 흙탕물을 마실 것이다!"

이 19명이 바로 칭기즈칸의 안다다. 이 사건이 몽골 비사에는 '발주나 맹약'으로 기록되었다. 삼국지의 '도원결의'에 견줄 만한 것으로, 이후 칭기즈칸은 기적처럼 부활했다.

발주나 맹약이 역사적으로 주목받는 이유는, 참여한 19명이 서로 다른 9개 부족 출신이었기 때문이다. 게다가 이슬람교, 기독교, 불교, 샤머니즘 등 서로 다른 종교를 믿고 있었고, 심지어 일부는 메르키트나 케레이트 부족원 등 원래 적대관계 출신이기도 했다. 칭기즈칸의 친인척은 친동생 카사르 단 한 명뿐이었고 몽골족은 오히려 소수였다. 이처럼 출신과 종교를 초월해 진정한 안다를 만들었기에 발주나 맹약은 몽골 비사에서 가장 극적이고 감동적인 사건으로 기록되었으며, 칭기즈칸이 몽골 제국을 건설하는 데 결정적인 변곡점이 되었다.

칭기즈칸의 대표적 안다 두 명은 제베와 수부타이로, 몽골 제국의 강력한 원동력이 된 인물들이다. 영국 BBC는 역사 전문가들과 함께 수천 년 인류 역사상 세계 최고의 명장 순위를 매겼는데 제베는 37위, 수부타이는 1위로 선정되었다. 제베는 칭기즈칸이 지어준 이름으로, '화살'이라는 뜻이다. 제베가 한때 칭기즈칸을 죽이려고 400미터 떨어진 곳에서 활을 쏘았는데 칭기즈칸의 뺨을 스칠 정도였다고 한다. 수부타이는 유럽 침공을 진두지휘한 인물로, 역사에 기록된 것만 해도 32개국을 정복하거나 멸망시켰고 61번의 대회전(대규모 총력전)에서 승리했다. 그는 활동 반경과 군사적 업적 측면에서 세계사 전체를 찾아봐도 비교 대상이 없는 대단한 장수였다.

공평함으로 신뢰를 쌓아라!

발주나 맹약 이후 칭기즈칸은 인종과 종교를 초월한 전략적 사고력과 처세술을 갖추게 되었다. 그는 이후로 씨족이나 혈연이 아닌 능력

과 신의를 기준으로 공평하게 등용하는 정책을 일관되게 유지했다. 적이라도 충성을 다짐하면 노예가 아니라 대등한 시민으로 대우했고 관직 임용에서도 차별을 두지 않았다. 심지어 전쟁이 끝나면 고아 중 한 명을 양자로 삼아 가족으로 받아들이고, 그의 어머니에게 양육하게 했다. 이러한 방식은 그의 군대가 전쟁 후에도 오히려 병력을 확대하는 데 기여했고, 제국으로 발전하는 데도 많은 도움이 되었다고 전해진다.

칭기즈칸은 인재 영입뿐만 아니라 분배에도 철저한 공평함을 실현했다. 당시 초원의 전사들은 승리보다 약탈과 전리품에 더 관심이 많았다. 그리고 칭기즈칸 이전에는 권력자, 힘센 자만 전리품을 차지할 수 있었다. 하지만 칭기즈칸은 개인 약탈을 금지해 모든 병사가 전투에 집중하도록 했고, 전투가 끝나면 전리품을 모두 모아 모두에게 똑같이 배분하였다. 심지어 전사자 몫까지 따로 마련하여 가족에게 전달하게 하였으니 병사들이 칭기즈칸을 따르지 않을 수 없었다. 이러한 공평한 분배 원칙 아래, 칭기즈칸 부대는 '모두는 하나를 위해, 하나는 모두를 위해(One for all, All for one)'라는 강력한 '원팀 정신'으로 무장했고 결국 세계를 제패할 수 있었다.

집안이 나쁘다고 탓하지 말라
나는 아홉 살 때 아버지를 잃고 마을에서 쫓겨났다.

가난하다고 말하지 말라
나는 들쥐를 잡아먹으며 연명했고,
목숨을 건 전쟁이 내 직업이고 일이었다.

작은 나라에서 태어났다고 말하지 말라

그림자 말고는 친구도 없고 병사로만 10만

백성은 어린아이와 노인까지 합쳐 200만도 되지 않았다.

배운 게 없다고, 힘이 없다고 탓하지 말라

나는 내 이름도 쓸 줄 몰랐으나

남의 말에 귀 기울이면서 현명해지는 법을 배웠다.

너무 막막하다고 그래서 포기해야겠다고 말하지 말라

나는 목에 칼을 쓰고도 탈출했고,

뺨에 화살을 맞고 죽었음을 넘겨 살아났다.

적은 밖에 있는 것이 아니라 내 안에 있었다.

나는 내게 거추장스러운 것은 깡그리 쓸어버렸다.

나를 극복하는 그 순간 나는 칭기즈칸이 되었다.

칭기즈칸의 정신을 상징하는 문장들로 널리 알려져 있다. 저 문장들에서는 일정한 패턴이 보인다. 아주 단순하게 표현하면 '하지 말고 하라'이다. 좀 더 길게 표현하면 '탓하지 말고, 불평하지 말고, 포기하지 말고, 하라'이다. 참으로 리더다운 표현 아닌가!

누군가에게 신뢰받는 리더가 되고 싶다면, 우리가 어떤 가치를 지향하는지 명확하게 보여주어야 한다. 그렇다면 칭기즈칸에게서 배워야 할 리더십은 바로 이것이 아닐까 싶다.

**"리더는 남들이 할 수 없다고 말하는 것을
행동으로 보여주는 사람이다!"**

Japan
England
Italy
France
Italy
Thailand
Germany
Russia
Egypt

PART 2

변화와

혁신을

꿈꾸는 이에게

표트르 대제
:
변화하고 싶다면 꿈부터 가져라!

표트르 대제(大帝)는 오늘날 러시아의 기틀을 다진 인물로, 푸틴 대통령이 가장 닮고 싶어 하는 인물이자 러시아인들이 가장 사랑하는 황제이다. '차르'는 황제를 뜻하는 러시아어인데, 로마의 카이사르에서 비롯되었다고 한다. 독일에서는 카이사르를 카이저라고 하고 러시아에서는 차르라고 한다. 그렇다면 '대제'란 무엇일까? 우리 식으로는 세종대왕이나 정조대왕처럼 위대한 업적을 쌓아 존경받는 왕을 높여 부르는 '대왕'에 해당하는 칭호이다. 표트르 대제에 붙은 대제라는 칭호는 그가 남긴 업적이 얼마나 위대한지를 단적으로 보여준다. 이는 19세기 러시아 재무대신 칸크린 백작의 말에서도 찾을 수 있다.

"우리는 러시아인이 아니라 표트르인(Petrovian)이라고 해야 한다. 러시아는 표트르의 땅(Petrovia)이다."

표트르가 통치하기 전의 러시아는 한때 몽골의 지배를 받아 유럽이 아닌 아시아로 분류되던 낙후된 후진국이자 고립된 나라였다. 17세기 초반까지도 심한 기근에 시달렸고, 전염병까지 창궐해 백성들은 초근목피로 생활해야 했다. 15~16세기 서구에서는 르네상스 운동으로 고대 그리스 문화의 부활과 함께 과학이 부활했고, 16~17세기를 거치는 동안 새로운 과학의 토대가 형성되는 과학 혁명이 일어났다. 그러나 러시아는 이러한 시대적 흐름에서 소외된 낙후된 상태였다. 표트르 대제는 이러한 러시아를 오늘날 서구에서 감히 넘보지 못하는 나라로 만든 것이다. 즉, 아시아로 분류되던 러시아를 유럽으로 분류되는 현재의 러시아로 발전시켰기에 추앙받는 것이다. 그는 도대체 어떤 비전을 가졌기에 고립된 후진국 러시아를 유럽의 중심부로 끌어올릴 수 있었을까?

표트르 대제의 어린 시절

표트르는 1672년 아버지 알렉세이 미하일로비치 차르와 그의 두 번째 황후인 나탈리야 키릴로브나 나리시키나 사이에서 셋째 아들로 태어났다. 그는 어린 시절에 아버지를 여의고, 이복형인 표도르 3세가 일찍 죽자 지적 장애인인 둘째 형 이반 5세 대신 동방정교회의 지지를 얻어 차르에 올랐다. 그러나 소피야 공주는 이복동생 표트르가 황좌에 앉는 것을 도저히 두고 볼 수 없었기에 쿠데타를 일으켜 실권을 장악했다. 소피야 공주는 쿠데타를 일으킬 때 스트렐치('사격수'라는 의미의 16세기부터 18세기까지 존재했던 러시아 차르국의 친위대)를 이용해 선왕이었던 표도르가 표트르의 측근들에 의해 암살당한 것처럼 선동했다. 이 스트렐치의 반란은 표트르에게 평생 트라우마로 자리잡는다. 반란 당시 표트르는 가족, 친척, 측근 들이 잔인하게 살해당하는 장면을 눈앞에서 직접 보았기 때문이다. 그래서 표트르는 평생 왼쪽 안면 근육이 떨리는 증상, 분노 조절 장애, 그리고 몸이 갑자기 떨리는 증세들을 안고 살아야 했다.

쿠데타에 성공한 소피야는 대섭정의 지위에 올랐고, 표트르와 이반 5세를 허수아비 차르로 만들었다. 할 수 있는 게 아무것도 없는 표트르를 위해 전임 황후였던 모후 나탈리야는 그를 크렘린 밖 외인촌(모스크바 외곽에 외국인들이 거주하고 있는 마을)에 보내 살게 했는데 이것이 신의 한 수였다. 왜냐하면 그는 외인촌에서 소년기와 청년기를 보내는 동안 화려한 의식이나 불합리한 전통보다는 실리적이며 과학적인 것들에 관심을 기울였고, 영국이나 네덜란드 등 서유럽 선진국에서 온 기술자들과 접촉하면서 최첨단 기술과 외국어를 배울 기회를 얻었기 때문이다. 그리고 표트르가 이때 만난 사람들은 훗날 그의 최측근이 되었다.

1689년, 표트르는 러시아 대귀족의 딸인 예브도키야 로푸히나와 결혼했다. 이때 그는 러시아 전통에 따른 성년의 시기를 맞이했으나 여전히 국사에 참여하지는 않은 채, 소년병들과 전쟁놀이를 하거나 기계를 관찰하는 일로 일상을 보냈다. 같은 해 러시아 차르국은 흑해 진출로를 확보하기 위해 오스만 제국과 전쟁을 시작했는데 패배했다. 이에 귀족층은 소피야 정권 지지를 철회했고, 표트르는 이때를 기회로 자신을 따르는 소년병들을 이끌고 쿠데타를 일으켰다. 그는 소피야를 정교회 수녀원에 유배 보내고 드디어 국사를 장악해 전제군주가 되었다.

표트르 대제의 꿈과 업적

러시아는 바다가 없다. 러시아가 잘 살기 위해서는 발트해와 흑해를 통해 바다로 진출해야 했다. 그래서 러시아는 흑해를 차지하기 위해 오스만 제국과 전쟁을 벌였는데(1689년) 이것을 '크림 원정'이라고 한다. 소피야 정권이 주도한 이 원정은 대패했다. 러시아에는 해군이 없었기 때문이다. 표트르는 1695년 오스만 제국과 1차 아조프 전쟁을 일으켰고 직접 참여했다. 이 전쟁에서 아조프 포위 작전은 3개월이나 계속되었는데 쉽사리 요새를 공략하지 못했다. 오스만 제국이 바다를 통해 함대로 탄약이나 식량 공급은 물론 보충 병력까지도 지원했기 때문이다.

그래서 표트르는 이 난국의 타개책으로 함대를 건설하기로 했다. 그는 어린 시절부터 바다를 가까이해왔고, 특히 백해에 있을 때 영국이나 네덜란드의 선장들로부터 항해술 및 선박에 관한 제반 지식을 습득했기 때문에 그리 어려운 일이 아니었다. 그는 보로네시에 기지를 건설하고 빠른 속도로 함선을 건조했고, 해군을 조직하기 위해 수천 명의 젊은이를 강제로 끌어들여 훈련에 총력을 기울였다. 1696년 봄, 드디어 해군을 창설한 표트르는 2차 아조프 원정을 쉽게 승리로 이끌어냈다. 이 전쟁을 계기로 표트르는 유럽 여러 나라에 널리 알려지게 되었고 이반 5세가 사망하자 러시아 차르국의 유일한 전제군주가 되었다.

아조프 원정을 계기로 표트르 대제는 꿈을 꾸기 시작했다. 낙후된 러시아를 개혁하는 것이었다. 그 꿈을 이루기 위해서는 대포와 바다와 항해 지도가 필요했다. 그는 외국과의 동맹을 계획했고 이를 위해 서유럽 여러 나라에 파견할 250여 명의 사절단을 꾸렸다. 이 사절단에는 귀족, 악공, 기술자는 물론 표트르 자신도 포함되어 있었다.

표트르는 사절단의 포병 부사관으로 가장하여 프로이센으로 가 프로이센군 고위 지휘관으로부터 대포 조작 기술을 익혔다. 또한 전 세계

네덜란드에서 조선술을 배우고 있는 **표트르 대제**

에서 가장 많은 선박을 보유한 네덜란드로 가서 동인도회사가 운영하는 조선소 잔담에 목수 신분으로 위장 취업해 선박 건조 기술을 익혔다. 다음으로 항해술이 가장 발달한 나라 영국으로 가 천문학, 의회 운영법, 화폐 제조술, 에티켓, 수학, 기하학, 치의학, 해부학, 무기 제조술까지 배웠다. 훗날 표트르가 러시아 화폐를 만든 것은 이때 배운 기술 덕분이다. 표트르는 이처럼 여러 분야에 걸쳐 지식을 쌓았는데 어떤 경우에는 실제 그 일에 종사하는 전문가보다 더 뛰어나기까지 했다. 정말 대단한 학구열이 아닐 수 없다. 보통의 의지로는 감당하기 힘든 일이었을 것이다.

앞서 나온 표트르의 꿈을 좀 더 구체적으로 말하자면, 몽골 제국의 식민 지배 잔재가 강하게 남아 있는 러시아를 서유럽화하여 근대화시키는 것이었다. 그래서 표트르는 외국 여행에서 배운 것들을 러시아 사회에 곧바로 구현하기 시작했다. 여성에게는 러시아 전통의상인 긴 치마를 서유럽식으로 짧게 자르고 무도회에 나와 술을 마시게 했고, 동양과 청나라의 영향을 받아 긴 수염을 기르는 사람에게는 수염세를 매겼다. 또 프로이센을 모델 삼아 무질서하고 비능률적인 행정 기구를 상설 행정 기구(12행정원, 군무성, 해군성 등)로 만들고, 관리들의 관등을 정한 관등표를 제정했으며, 성문법전을 만들었다. 더불어 서구의 발달한 학문을 러시아에 소개하고 번잡하던 키릴 문자를 간소하게 개혁해 문자를 쉽게 익힐 수 있게 하는 한편, 학술원을 세워 학문을 장려했다. 또 젊은이들을 유럽으로 유학 보내 서유럽의 학문을 익히게 했고, 유럽인을 초빙하여 유럽의 문화와 기술 도입에도 힘썼다.

이렇게 전무후무한 개혁을 추진하던 표트르는 집권 말기가 되자 자신의 모든 개혁적인 사상이 녹아든 새 수도, 상트페테르부르크 건설에 몰두했다. 상트페테르부르크는 러시아 북서쪽 발트해의 바닷가 늪지대를 메꾸어 만든 신도시였다. 상트페테르부르크는 이중적인 의미가 있는데, '상트페테르'가 성베드로와 표트르 대제를 동시에 의미하기 때문이다. 즉, 상트페테르부르크는 성베드로의 도시이기도 하고 표트르 대제의 도시이기도 하다. 우리나라 역사로 보자면 정조의 수원 화성 같은 곳으로 새로운 러시아를 상징하는 도시인 것이다.

표트르의 모든 개혁은 스웨덴과 벌인 폴타바 전투의 승리로 귀결된다. 대북방전쟁 20년 만에 러시아가 최종 승리한 것이다. 당시 스웨덴의 왕 칼 12세는 군사적 재능이 매우 뛰어난 황제였다. 러시아는 칼 12세와의 전투에서 승리함으로써 스웨덴 본국을 정복하고 노브고로드 공화국의 영토를 회복해 발트해 연안에서 강대국으로서의 자리를 굳혔다. 이때부터 표트르는 러시아를 제국으로 선포하고 임페라토르(황제)라는 칭호를 사용했다.

아들의 죽음과 권력 승계

표트르 대제의 외치(外治)는 나무랄 것이 거의 없었다. 러시아를 근대화시켰고, 대북방전쟁을 승리로 이끌었으며, 상트페테르부르크라는 새로운 도시까지 건설했으니 말이다. 그런데 내치(內治)는 문제가 있었다. 아무리 황제라도 마음대로 안되는 게 자식 문제였다. 표트르 대제와 그 아들 알렉세이 페트로비치 황태자의 관계는, 우리 역사로 보자면 영조와 사도세자의 관계와 비슷하다. 영조가 사도세자를 죽였듯이 표트르 대제도 아들을 고문해 죽였으니 말이다.

표트르 대제는 몇몇 여인으로부터 15명의 자식을 낳았는데 병으로 대부분 죽고 유년기까지 살아남는 자식은 딱 세 명이었다. 이 중 두 명은 딸이었고 아들은 알렉세이 하나였다. 표트르는 강한 황태자를 만들기 위해 알렉세이에게 강압적으로 서구식 교육을 하고, 직접 전쟁터에 데리고 다니며 전략과 전술을 가르쳤다. 그러나 알렉세이는 굉장히 소심하고 내성적이었기에 아버지의 방식을 받아들이기 힘들었다. 그런 알렉세이에게 몇몇 반동분자와 성직자가 접근해 표트르를 증오하게 했고, 결국 알렉세이는 표트르 대제의 서구화 정책에 반발하기에 이른다. 알렉세이가 자신을 폐위시키려는 음모를 꾸몄다고 판단한 표트르 대제는 알렉세이의 황태자 자격을 박탈하고 수도원으로 추방하려는 계획을 세웠다. 이 사실을 안 알렉세이는 1716년 오스트리아 빈을 거쳐 나폴리로 망명했지만 1717년 10월 표트르 대제가 파견한 특사의 거짓말에 속아 귀국했다. 귀국한 알렉세이는 재판에서 사형선고를 받고 황태자 직을 박탈당했는데 아버지의 채찍 고문으로 결국 사망하고 말았다. 표트르 대제는 하나밖에 없는 적통 후계자이자 친아들을 자기 손으로 죽인 것이다. 그 심정이 어땠을지 상상하기 힘들다.

알렉세이 페트로비치 황태자를 심문하고 있는 표트르 대제

알렉세이가 죽은 후 표트르 대제는 손자(훗날 표트르 2세)가 너무 어렸기에 아내 예카테리나를 후계자로 지목했다. 그러던 중 1724년 12월, 상트페테르부르크 건설 현장에서 병사를 구하려 차가운 바다에 뛰어들었다는 영웅적 일화가 전해지지만, 실제 사인을 질병으로 인한 요독증으로 보는 시각도 적지 않다. 전설이든 질병이든, 1725년 2월 그는 위대한 업적에 비해 참으로 허망하게 세상을 떠났다. 이후 예카테리나가 러시아 최초의 여황제로 즉위하며 표트르 대제의 시대는 막을 내렸다.

꿈꾸는 차르였던 표트르 대제의 일생을 살펴보았다. 러시아의 역사는 표트르 대제 전과 후로 나뉜다고 해도 과언이 아니다. 낙후된 러시아를 서구 근대화에 버금가는 강력한 국가로 만든 인물이기 때문이다. 그는 문자 혁명, 문화 혁명, 인쇄 혁명, 행정 개혁, 해군 창설, 상트페테르부르크 건설 등 몇 대의 황제에 걸쳐 이루어야 할 업적을 자신의 시대에 모두 해냈다. 그는 자신의 체면이나 권위를 내려놓고 가장 낮은 곳에서 본질을 배우려는 겸손한 태도로써 압도적인 실력을 키웠다. 우물 안 개구리로 남지 않기 위해 러시아의 아시아적 관습을 과감히 타파하고, 강대국의 꿈을 이루기 위해 서구의 과학과 시스템을 이식한 것이다.

'선장은 배의 운명과 함께한다'는 말이 있다. 표트르 대제는 러시아라는 큰 배의 선장이었고, 국민이라는 선원을 태우고 자신의 꿈을 현실로 만들기 위해 원 없이 항해했다. 우리 역시 모두 각자의 배를 이끄는 선장이다. 각자의 가정에서, 직장에서 혹은 단체에서 배를 이끈다. 그래서 우리에게는 배(조직)와 선원(구성원)들을 위해 꿈을 꾸고 그 꿈을 현실로 만들 의무가 있다. 그리고 우리가 그 꿈을 현실로 만들기 위해 일 궈낸 모든 업적은 우리의 사후에도 오랫동안 기억될 것이다. 우리가 한 번도 만나지 못한 세종대왕이나 스티브 잡스 등을 기억하는 것처럼 말이다. 나는 이것을 '인생 유효기간'이라고 이름 붙였다.

유효기간은 말 그대로 효과가 있는 기간이다. 이와 비슷한 용어로 유통기한과 소비기한이 있다. 이 세 단어를 우리 인생에 접목하면 어떻게 될까? 유통기한이 우리가 사회에서 가치를 인정받으며 활동할 수 있는 기한이라면, 소비기한은 우리 몸이 죽기 직전까지가 될 것이다. 그렇다면 우리의 '인생 유효기간'은 무엇일까? 나는 그것을 '영향력이 살아 있는 기간'이라고 생각한다. 우리가 세종대왕과 스티브 잡스를 기억하는 것은 그들의 영향력이 여전히 살아 있기 때문이며, 그 덕분에 그들의 인생 유효기간은 여전히 현재진행형이다.

'인생 유효기간'은 한 인생이 이룩한 업적이 결정한다. 우리가 한글을 읽을 때 세종대왕을 떠올리고, 아이폰을 볼 때 스티브 잡스를 떠올리는 이유는 그들이 이룩한 업적 덕분이며, 그들이 그러한 성취를 거둘 수 있었던 이유는 그들이 꿈꾸는 리더였기 때문이다. 즉, 꿈꾸는 리더의 '인생 유효기간'은 그들의 영향력이 살아 있는 한 계속 유지된다.

당신의 꿈은 무엇인가? 그 꿈이 무엇이든 당신이 당신 인생의 훌륭한 선장이 되길 바라는 마음으로 한마디를 남긴다.

"인생 유효기간을 늘리고 싶다면
먼저 꿈을 가져라!"

아편전쟁
:
변화는 선택이 아니라, 의무다!

19세기 세계사를 뒤흔든 최대의 무역전쟁은 영국과 청나라 사이에서 벌어진 아편전쟁이다. 아편전쟁에서 승리한 영국은 전리품으로 홍콩을 차지했다. 당시만 해도 인구 밀도가 낮은 평범한 농어촌이었던 홍콩은, 영국의 통치를 거치며 세계적인 금융 허브이자 무역항으로 변모했다. 말 그대로 황금알을 낳는 거위로 다시 태어난 셈이다.

1997년 7월 1일, 홍콩이 중국으로 반환되던 날 중국 국민은 열광했다. 홍콩은 아편전쟁으로 빼앗긴 중국의 상처받은 자존심이자 뼈아픈 역사의 기록이었기 때문이다. 영국도 마음이 편치만은 않았을 것이다. 잘 키운 딸을 남에게 보내는 기분이랄까. 그래서 영국은 중국 국가주석 장쩌민에게 홍콩 반환 조건으로 일국양제(1국 2체제)를 요구했다. 중국은 사회주의 체제였지만 홍콩은 영국이 심어놓은 자본주의 체제였기에 향후 50년 동안 그 체제를 유지해달라고 한 것이다. 그래서 홍콩의 정식 명칭은 '중화인민공화국 홍콩 특별행정구'가 되었다.

그렇다면 당시 무슨 일이 있었기에 중국은 영국에 홍콩까지 내주어야 했을까? 지금부터 하나씩 살펴보자.

건륭제

아편전쟁의 배경

　아편전쟁은, 청나라에 일방적으로 당하는 영국의 무역 적자 때문에 일어났다. 이를 무역 역조라고 한다. 영국은 왜 청나라와의 무역에서 만성 적자에 시달려야 했을까? 바로 '시누아즈리' 때문이다. 시누아즈리는 유럽에 불었던 중국 열풍을 일컫는 프랑스어다. 당시 유럽은 '메이드 인 차이나(Made in China)면 뭐든 좋다'는 분위기였다. 영국의 왕실과 귀족들이 추구하는 럭셔리 라이프의 결정판이 바로 청나라에서 만든 청화자기 찻잔에 중국 차를 담아 마시는 것이라고 할 정도다. 이렇게 차를 마시려면 그에 걸맞은 의상도 있어야 하는데 최고의 의상은 청나라 실크로 만든 옷이었다. 이렇게 준비된 차와 옷을 입은 영국 왕실과 귀족들은 '차이나 룸'이라는 별도의 공간을 만들어 뒤에 중국 병풍을 세워두고 청나라 찻잔을 전시한 공간에서 차를 즐겼다. 지금과 달리 18세기 청나라 시대의 '메이드 인 차이나'는 전 세계에서 가장 명품이었던 셈이다.

　이런 중국의 최고 전성기를 구가한 황제는 청나라 건륭제였다. 1792년 9월 26일, 영국 사신 조지 매카트니 일행은 건륭제의 생일을 빌미로 영국을 떠나 1793년 중국을 찾았다. 그 당시 영국은 산업혁명이 가속화되어 군사 대국으로 변모 중이었다. 그러나 청나라는 이런 변화를 감지하지 못하고 있었다. 교역을 위해 찾아온 매카트니에게 건륭제가 한 말이 이를 잘 보여준다.

"중국에는 무엇이든 다 있다. 없는 게 없는 나라가 바로 우리 중국이다. 우리는 무역이 필요 없는데 너희에게 무역이 필요하다니, 어디까지나 우리가 오랑캐에게 은혜를 베푸는 것이다."

건륭제는 교역을 청하러 온 외국을 아예 조공국 중 하나로 취급했던 것이다. 영국은 할 수 없이 청나라의 은혜를 입는 처지로 무역 항구를 하나 열었는데 광저우였다. 광저우는 눈을 볼 수 없는 더운 곳이었다. 운 나쁘게도 영국에서 가장 귀하게 팔리는 수출품이 모직물이었으니 잘 팔릴 리 없었다. 영국 상인들은 수출이 쉽지 않으니 수입품 하나라도 잘 건져야겠다는 생각으로 중국 차를 수입해서 유럽에 팔았는데 그 주력 회사가 영국의 동인도회사였다.

그런데 청나라는 딱 하나 열어놓은 이 광저우마저도 '광동십삼행(廣東十三行)'이라는 외국 무역 특허 상인 조합을 설정해 공식적으로 13개 상단만 독점으로 장사할 수 있게 허가했다. 이 상단들이 가장 많이 판매

매카트니의 영국 사절단을 접견하는 건륭제

한 것이 차였는데 1근에 13~15냥이었다. 당시 1냥은 청나라 서민의 한 달 생활비였으니 실로 어마어마한 가격이었다. 이때 가장 많은 부를 축적한 인물이 광동십삼행 중 '이화행'을 설립한 슈퍼리치 오병감이다.

오병감은 미국 〈월스트리트 저널〉에서 지난 1,000년 동안 가장 부자로 선정한 50인 중 1위를 차지한 인물이다. 당시 청나라 재정 수입의 반이 오병감의 재산이라는 말이 있을 정도였으니 그 부를 상상조차 하기 어려운데, 다음의 일화를 보면 아마 실감 날 것이다.

오병감이 이끌던 상단 이화행에서 불이 났다. 이 불 때문에, 창고에 넣어 놨던 은이 녹아내려서 강을 이루었는데 그 강의 길이가 2킬로미터였다.

오병감

오병감은 청이 아편전쟁에 패배해 영국에 배상을 해야 할 때 배상금의 반을 낼 만큼 대인배이기도 했다. 오병감보다 더 유명한 인물이 그가 아들처럼 아끼며 장사를 가르쳤던 제자, 존 머레이 포브스다. 포브스는 오병감 밑에서 8년 동안 장사를 배우고 멕시코 은으로 50만 냥을 받아 미국으로 돌아가 '철도왕'이 된 인물이다. 그가 청나라에서 벌어들인 막대한 자본은 이후 미국 대륙횡단철도 건설의 종잣돈이 되었고, 이는 곧 미국이 초강대국으로 성장하는 결정적인 토대가 되었다.

다시 이야기를 되돌려보자. 시누아즈리로 심한 무역 역조에 시달리던 영국은 이를 타개하기 위해 자국 식민지였던 인도에서 생산하는 아편을 중국에 밀반출하기 시작했다. 영국 상인들 생각에, 한 번 사면 계속 사지 않을 수 없는 상품이 아편이었던 거다. 그것도 식민지 인도에서 생산한 아편을 청에다 팔 수 있으니 일거양득이었다. 영국은 축구공 모양으로 만든 값싼 인도산 아편을 약상자에 넣어 밀무역으로 청나라에 유통했다. 청나라에서 아편은 약으로만 유통할 수 있었기 때문이다.

영국은 인도산 아편을 중국에 판매함으로써 약 1,000배의 이익을 남겼다. 이로써 청나라는 발등에 불이 떨어졌다. 청나라의 아편 가격은 폭락했고, 사회 최하층까지 아편에 손을 댐으로써 사회 기반이 무너지기 시작한 것이다. 당시 청나라의 아편 수입량은 1840년 아편전쟁 직전까지 2,500여 톤에 달했는데 이는 청나라 전체 인구가 동시에 흡입할 수 있는 분량이었으니, 끔찍한 일이 아닐 수 없었다.

청나라 사람들, 특히 광저우에 거주하는 사람들의 50퍼센트는 일은 하지 않고 아편굴에 드러누워 아편만 피워댔다. 심지어 처자식을 팔아 아편을 사는 일까지 벌어졌다. 당시 광저우에 거주했던 영국인 의사 다우닝은 '아편 흡연자가 1,250만 명이다'라고 기록했다. 이는 현재 우리나라 인구의 4분의 1 수준이다.

더 심각한 문제는 부정부패였다. 원래 아편 무역은 중국 법으로 금지되어 있었는데 지방 정부 관리의 20퍼센트 이상이 아편 흡연자이자 중독자였기에 밀무역이 판을 쳤던 거다.

1차 아편전쟁

당시 청나라 황제였던 도광제는 1838년 12월 31일, 아편 문제를 해결하기 위해 임칙서를 흠차대신(欽差大臣)과 광동수사로 삼았다. 당시 황실 친척과 고위 관료들 사이에서도 아편 중독자가 속출할 정도로 상황은 심각했다. 별명이 포청천일 정도로 청백리의 아이콘이었던 임칙서는 아편 2만 1,306상자를 압수해 폐기하고, 마약상인 60명을 체포했다. 그는 영국 상인들에게 아편 무역을 중단할 것과 아편 밀매를 하면 자산을 몰수하고 사형시키겠다고 했다. 그리고 영국 빅토리아 여왕에게 영국이 아편 무역에서 손을 떼도록 호소하는 편지를 썼다.

'질문하겠습니다. 당신의 양심은 어디에 있습니까?'

그러나 영국은 이를 받아들이지 않았고 1839년 11월 3일, 중국 광동성 주강하구 호문(虎門) 해협 입구에서 천비해전이 일어났다. 영국의 작은 무장상선 2척과 청나라 정크선 29척이 싸워 정크선 26척이 파괴된 사건이었다. 영국은 천비해전을 통해 청나라 군대가 형편없음을 알아채고는 아편전쟁을 일으키기로 결의했는데, 이때 아편전쟁에 찬성한 당시 휘그당의 영국 외무상 파머스턴은 이렇게 말했다.

"아편의 해악은 술보다 적습니다."

이에 훗날 영국의 수상이 되는 토리당의 글래드스턴은 "국가의 불의는 국가의 몰락을 앞당기는 가장 확실한 지름길입니다. 이 전쟁의 승리와 그 이득은 확실합니다. 그러나 아무리 그 이득이 크더라도 그로 인해 영국의 국왕과 대영제국이 입을 명예, 위신, 존엄성의 손실은 비교할 수가 없습니다"라고 맞섰다. 그러나 표결 결과 271대 262으로 아편전쟁 참전은 결의되었고, 1840년 1차 아편전쟁이 일어났다. 결의안이 통과되자 글래드스턴은 이렇게 비판했다고 한다.

제1차 아편 전쟁

"영국 양심의 무게가 고작 262표밖에 되지 않다니!"

당시 세계 최강의 해군을 보유했던 영국이 끌고 온 배는 네메시스(그리스 신화 속 복수의 여신)호였다. 네메시스호는 길이 56미터, 폭 8.8미터, 적하 중량 660톤의 철제선으로, 60마력짜리 포레스트 증기엔진 2대와 2개의 돛대를 활용해 풍력과 증기 에너지를 동시에 사용하는 배였다. 이 배에는 요새의 성벽에 구멍을 낼 수 있는 화력을 자랑하는 회전포를 비롯해 포 5문, 캐논포 10문, 로켓발사대 1개가 장착되어 있었다. 내부는 격벽으로 7개의 방수격으로 나뉘어 있어 선체에 구멍이 나도 쉽게 수리할 수 있는 구조였다. 한마디로 증기기관을 탑재한 철제선이었다. 반면 이에 맞선 청나라 배는 바람을 이용하는 목제 범선이었다.

네메시스호가 주강을 거슬러 올라가며 포격하자, 중국인들은 공포에 질려 베이징 조정에 '악마의 배'가 왔다고 보고하며 도망가기에 바빴다. 이렇게 영국이 중국의 숨통을 조이기 위해 양쯔강과 베이징을 연결하는 대운하의 길목을 장악하고 수도 베이징을 압박하자 청나라 황실은 결국 항복하고 말았다.

난징조약

수천 년의 중국 역사상 중국은 항상 '갑'이었다. 그래서 중화사상(중국이 세계의 중심이라는 사상)이라고 하지 않는가. 그러나 이 사건으로 중국은 처음으로 '을'이 되고 말았다. 1842년 8월 29일 중국은 영국과 난징조약을 체결해야 했기 때문이다. 다음은 난징조약의 핵심 내용이다.

① 양국은 평화·친목을 유지하며 상호 재산·생명의 보호를 받는다.

② 청나라와 영국 두 나라의 관리는 대등한 자격으로 교섭한다.

③ 홍콩 섬을 영국에 할양한다.

④ 광저우, 샤먼, 푸저우, 닝보, 상하이 다섯 개 항구를 개항한다.

⑤ 개항장에 영국인 가족의 거주를 허가하고, 영사관을 설치한다(조계개항장에 외국인이 자유로이 통상 거주하며 치외법권을 누릴 수 있도록 설정한 구역를 허용한다).

⑥ 전비 배상금으로 1,200만 달러, 몰수당한 아편의 보상금으로 600만 달러 등 총 2,100만 달러를 영국에 지불한다..

⑦ 행상(行商), 즉 공행(公行)과 같은 독점 상인을 폐지한다. 또한 공행이 영국 상인들에게 진 빚에 대한 보상금으로 300만 달러를 지불한다.

⑧ 수출입 상품에 대한 관세율은 양국이 협의하여 결정한다.

　지금까지 1차 아편전쟁을 중심으로 세계의 중심이었던 청나라가 몰락하는 과정을 간략히 살펴보았다. 당신은 이 아편전쟁을 통해 어떤 교훈을 얻었는가? 아편전쟁은 변화를 거부하고 빛나는 과거에만 매달려 있으면 항상 가혹한 운명을 맞이한다는 것을 증명하는 중요한 역사적 사건이다. 만약 청나라가 세계의 변화를 미리 감지했다면 영국에게 이런 식으로 당하지는 않았을 것이다. 청나라는 자신이 과거에도 빛났고, 지금도 빛나고 있으니, 미래에도 빛날 것이라고 착각한 것이다. 즉, 변화는 하고 싶을 때 하는 '선택'이 아니라 살아남기 위해 반드시 해야 하는 '의무'이다.

　우리 인생도 마찬가지다. 우리는 변화를 이끌어가는 삶을 살지, 변화에 굴복하는 삶을 살지를 결정해야 한다. 미국 기업인 레이 노이다의 말이 당신의 선택에 도움이 되길 바란다.

　"변화를 일으키면 지도자가 되고, 변화를 받아들이면 생존자가 되지만, 변화를 거부하면 죽음을 맞이하게 될 뿐이다."

　레이 노이다의 말처럼 결국 우리의 미래는 변화에 어떻게 대처하느냐에 달려 있다. 외부의 충격에 의해 억지로 바뀌는 것은 고통스럽고 치욕적이다. 하지만 스스로 한계를 깨고 혁신하는 것은 '성장'이다. 고통이 오기 전에 먼저 스스로를 깨뜨리는 주도성이 필요하다. 그런데도 변화하지 않으려는 사람이 있다면 이런 말을 해주고 싶다.

"변화에 반응하지 않겠다는 것은
서서히 죽겠다는 것과 같다!"

루이 16세와 마리 앙투아네트
:
통치자는 배와 같고 백성은 물과 같다!

파리의 랜드마크는 누가 뭐라 해도 에펠탑이다. 에펠탑은 전 세계 젊은이들이 가장 프러포즈를 받고 싶은 장소이자, 첫 키스를 나누고 싶은 장소 1위를 차지할 정도로 인기다. 에펠탑은 1889년 프랑스 혁명 100주년을 기념해 개최된 파리 만국박람회 때 구스타브 에펠의 설계로 세워졌다. 낭만적인 에펠탑의 뿌리에 처절했던 혁명의 역사가 흐르고 있다는 사실은 시사하는 바가 크다. '통치자는 배와 같고 백성은 물과 같다'는 말처럼, 물은 배를 띄우기도 하지만 때로는 배를 뒤집어버린다. 절대 권력을 가졌던 루이 16세와 마리 앙투아네트가 왜 결국 '민심'이라는 거대한 파도에 휩쓸려 역사 속으로 사라졌는지, 그 비극이 우리에게 주는 메시지를 살펴보자.

바스티유 감옥 습격

프랑스 혁명

프랑스 혁명은 '앙시앵 레짐'이라는 불합리한 구체제 때문에 일어났다. 얼마나 불합리했기에 혁명까지 일어난 걸까? 당시 프랑스 사회에는 3개의 계급이 있었는데, 인구의 2퍼센트 정도인 성직자(제1 신분)와 귀족(제2 신분)이 전체 토지의 40퍼센트를 차지하고 권력과 부와 명예를 누리면서 세금은 한 푼도 내지 않았다. 그런데 인구의 약 98퍼센트를 차지하던 평민(제3신분)은 무거운 세금을 부담하면서 정치에서조차 배제되었다. 형식적으로는 정치에 참여 가능한 삼부회(귀족·가톨릭 고위 성직자·평민 세 신분의 대표자가 모여 중요 의제를 토론하는 장으로서, 근대에 이르기까지 존재했던 신분제 의회)가 있었지만 175년간 소집되지 않았다. 그런데 왜 하필 1789년에 프랑스 혁명이 일어났을까? 구제도는 수백 년 동안 계속 내려왔던 세금 제도였는데 말이다.

프랑스 시민들이 각성했기 때문이다. 계몽 사상가인 장 자크 루소와 백과전서파인 볼테르 등이 구체제의 모순을 설파했고, 이에 프랑스 시민들이 공감하며 각성했다. 또 18세기에 일어난 과학 혁명은 프랑스 시민들의 이성적 사고를 일깨웠고, 시민들은 더 이상 성직자들의 말에 놀아나지 않게 되었다.

프랑스 시민들이 각성함으로써 정부에 대한 불만이 점차 커지던 1787년, 빵의 품귀와 물가 폭등으로 민중의 불만은 극에 달했다. 당시 프랑스는 루이 14세가 치른 수많은 영토 확장 전쟁과 루이 15세의 7년 전쟁으로 국가 재정이 좋지 않았는데, 루이 16세는 여기에 더해 영국의 아메리카 대륙 진출을 견제하고자 미국 독립 전쟁까지 지원하며 프랑스 경제를 파탄 일보 직전까지 내몰았다. 이를 타개하기 위해 루이 16세는 144명의 제1, 제2신분으로 구성된 명사회를 소집해 성직자와 귀족들도 세금을 낼 것을 제안했지만 거부당했다. 결국 모든 세금은 제3신분에게 부과되었다. 한마디로 굶어 죽게 생긴 98퍼센트의 시민들에게 세금까지 더 부과한 것이다.

성직자와 귀족으로만 구성된 명사회를 통해서는 자신의 제안을 관철할 수 없다고 판단한 루이 16세는 1789년 5월 5일 베르사유 궁전에서 175년 만에 삼부회를 소집했다. 평민들의 동의로 자기 의사를 관철하려 한 것이다. 삼부회에는 성직자 290명, 귀족 270명, 평민 585명의 대표가 참석했다. 머릿수 표결 방식이 채택되지 않자, 평민 대표들은 자신들이 국민의 98퍼센트를 대표한다며 6월 17일에 별도로 '국민의회'를 결성하고 어떤 세금도 자신들의 동의 없이 징수할 수 없다고 선언했다. 이로써 루이 16세의 계획은 완전히 엉뚱한 방향으로 흘러갔다. 화가 난 루이 16세는 국민의회 해산을 명하고 회의장을 폐쇄해버렸다.

회의장이 폐쇄되자 국민의회는 1789년 6월 20일 테니스 코트로 이동하여 헌법이 제정될 때까지 국민의회를 해산하지 않겠다고 선언하고 서약문을 작성했는데 이것이 바로 '테니스 코트 서약'이다. 이후 7월 9일, 국민의회는 '제헌국민의회'로 명칭을 바꾸고 인민의 최고 입법 기관으로서 프랑스 헌법 제정에 착수했다. 여기에는 깨어 있는 일부 성직자와 귀족도 참여했다.

만약 루이 16세가 제헌국민의회의 주장에 공감하고 인정해주었다면 프랑스 혁명은 일어나지 않았을 것이다. 그러나 왕당파가 군대를 결집

테니스 코트 서약

해 파리 주변을 에워싸고 제헌국민의회를 해산하려 한다는 소문이 돌았고, 결국 이에 분노한 프랑스 시민들은 무기를 탈취하기 위해 바스티유 감옥을 습격했다. 이것이 바로 1789년 7월 14일 아침에 일어난 프랑스 혁명이다.

혁명의 여파는 지방으로 확산됐고, 지방 중소도시에서는 자치위원회와 국민방위대를 조직해 정치범 수용소나 요새 및 성 등을 장악했다. 국왕이 임명한 지사나 군사령관들은 국민방위대에 저항하지 않고, 방임으로 일관했다. 이로써 루이 16세의 권위는 지방에서도 땅에 떨어지고 말았다. 농민들도 가만있지 않았다. 농기구를 들고 성들을 약탈하고 자신들의 족쇄였던 문서를 불살랐으며 영주와 지주를 공격했다. 당황한 제헌국민의회는 민중과 농민의 급진적인 행동으로 인한 무질서를 조속히 해결하기 위해 8월 4일 봉건제 폐지를 선언했고, 8월 26일 주권

재민·사상의 자유·법 앞의 평등·투표권 인정·과세의 평등·소유권의 신성 등 새로운 사회 질서의 원칙과 혁명의 정신이 담긴 인권선언문을 발표했다. 이 인권선언은 자연권 사상과 계몽사상을 표현한 것으로 미국 독립 혁명의 영향을 많이 받은 것으로 보인다.

그러나 루이 16세는 봉건제 폐지와 인권선언의 재가를 거부하며 군대를 베르사유로 이동시켰다. 이 시기 파리는 대흉작으로 빵값이 치솟아 시민들의 궁핍한 생활이 이어지고 있었는데 베르사유에서는 플랑드르 군대를 위한 호화로운 연회가 벌어졌다. 이때 군인들이 혁명의 상징이라고 할 수 있는 삼색기를 훼손하였는데 이 소식에 분노한 파리 시민들은 다시 일어섰다. 이번에는 빵값 폭등으로 화가 난 여인 7,000여 명이 전면에 나섰다. 이들은 파리 시청으로 모여들어 "빵을 달라"고 외치며 10월 5일, 베르사유 궁전을 향해 20킬로미터가 넘는 행진을 시작했다. 이것이 그 유명한 '베르사유 행진'이다. 당황한 루이 16세는 결국 인권선언문에 사인할 수밖에 없었고, 이는 구제도의 사망 증명서이자 현대 민주주의의 토대가 되었다. 이슬을 맞으며 노숙한 여인들은 다음 날 베르사유 궁전에 난입하여 국왕 일가를 파리의 튈르리 궁전으로 옮기고 감시했다. 이 시기 탄생한 삼색기는 프랑스 혁명기가 되었고 지금까지 프랑스의 국기로 유지되고 있다.

루이 16세

루이 16세는 선량하지만 우유부단하고 나약하여 의지와 추진력이 부족한 무능한 왕이었다. 게다가 내성적 성향이라 혼자 있기를 좋아했다. 물론 사냥 등 격한 스포츠도 좋아했지만 가장 좋아하는 취미는 대장간에서 자물쇠를 만드는 것이었다.

1770년 5월 16일, 루이 16세는 베르사유 궁전에서 마리 앙투아네트와 결혼했다. 이때 루이 16세는 15세였고, 마리 앙투아네트는 14세였다. 이 결혼은 부르봉 왕실(프랑스)과 합스부르크 왕실(오스트리아)의 정략결혼이었다. 프랑스는 영국을, 오스트리아는 신흥 프로이센을 견제하기 위해 성사시킨 결혼이었다. 루이 16세와 마리 앙투아네트는 장녀 마리 테레즈(1778), 장남 루이 조제프(1781), 차남 루이 샤를(1785), 차녀 소피 엘렌 베아트리스(1786) 등 네 자녀를 두었지만, 불행하게도 장녀와 차녀는 요절하고 말았다.

앞서 말했던 프랑스 혁명과 베르사유 행진으로 루이 16세는 전제군주가 아닌 입헌군주가 되었다. 그래서 어쩔 수 없이 제헌국민의회의 개혁과 새로운 기구 및 제도를 수용해야 했는데 이로 인한 자신의 권한 축소와 튈르리 궁에 갇혀 지내는 것에 대한 불만이 많았다. 그는 마리 앙투아네트의 고향인 오스트리아로 망명을 결심하고 1791년 6월 20일, 가족들과 함께 튈르리 궁을 빠져나왔다. 그러나 국경 근처인 바렌에서 발각되고 마는데, 그 이유가 두 가지 면에서 기가 막힌다. 첫 번째는 누구의 눈에도 왕의 행렬임을 알아볼 만한 대규모의 너무 화려한 행렬이었다는 점이고, 두 번째는 자기 얼굴이 동전에 새겨져 있음에도 불구하고 여

루이16세

70

권을 검색하는 바렌 마을의 우체국장 앞에서 마차 밖으로 얼굴을 내밀었다는 점이다. 결국 동전 속 얼굴과 닮은 국왕을 알아본 우체국장 때문에 루이 16세 일행은 잡히고 말았고, 제헌국민의회는 루이 16세를 다시 파리로 이송해 튈르리 궁전에 유폐해버렸다. 1791년 6월 25일의 일이었다. 이후 탕플 탑에 유폐된 루이 16세는 단두대의 이슬로 사라지기 전까지 가족과 함께 남은 인생을 거기서 살아야 했다.

1792년 9월 21일, 프랑스에는 새로운 의회가 구성되었는데 국민공회다. 이 의회는 공화제를 선포했다. 루이 16세는 새로 생긴 혁명 정부로부터 국가반역죄로 기소되었고, 1793년 1월 15일 국민공회 투표를 통해 압도적인 유죄판결을 받았다. 708명의 투표자 중 유죄 673명, 무죄 0명, 기권 35명이었다. 이로써 1793년 1월 21일, 루이 16세는 콩코르드 광장의 단두대에서 공개 참수당했는데, 단두대의 칼날에 목이 떨어지기 직전 그는 마지막 말을 남겼다.

"프랑스인들이여, 나는 무고하게 죽는다. 나는 기소된 모든 죄목으로부터 결백하다. 내 피가 프랑스 국민의 행복을 강화할 수 있기를 희망한다."

마리 앙투아네트 역시 같은 해 10월 16일 향년 38세에 참수당했다.

루이 16세가 마지막 남긴 말에 대해 어떻게 생각하는가? 정말 루이 16세는 죄가 없는가? 리더의 중요한 덕목 중 하나는 유능함이다. 다시 말해 리더가 무능하면 그건 죄라는 뜻이다. 그가 조금만 더 유능하고, 조금만 더 국민과 소통을 잘했다면 프랑스 혁명은 일어나지 않았을지도 모른다. 그러나 그가 숨이 끊어지기 전까지 의연한 모습을 보인 것은 높이 평가할 만하다.

마리 앙투아네트

마리 앙투아네트는 1755년 11월 2일, 오스트리아 빈에서 신성로마 제국의 황제이자 토스카나 대공인 프란츠 1세, 합스부르크 왕가의 상속녀이자 오스트리아 제국의 여제 마리아 테레지아 사이에서 15번째 자녀로 태어났다. 어린 시절부터 자유분방했던 그녀는 모국어인 독일어를 비롯해 프랑스어와 이탈리아어 등 다양한 언어를 구사할 줄 알았고, 음악과 미술을 좋아했으며, 하프 연주에도 소질이 있었다. 그렇게 상냥하고 아름다웠던 그녀의 인생은 루이 16세와의 정략결혼으로 완전히 바뀌었다.

프랑스인들은 오랜 기간 적대관계에 있었던 오스트리아 출신 왕비, 마리 앙투아네트를 좋아하지 않았다. 그래서 귀족이나 민중들은 사석에서 그녀를 부를 때 '오스트리아 여자', '적자 부인', 심지어 '오스트리아 암캐'라고까지 부르며 경멸하기 일쑤였다. 또 마리 앙투아네트는 사치와 욕망의 대명사처럼 인식되었는데 이는 사실과 다르다. 마리 앙투아네트 이전의 왕족과 귀족들은 재정 궁핍을 고려하지 않고 화려한 로코코 문화에 물들어 있었다. 특히 루이 15세의 정부였던 뒤바리 백작부인은 한 세트에 수천만 원을 호가하는 도자기 찻잔 세트를 사용하는 등의

열두 살의 마리 앙투아네트

72

사치를 누렸지만, 마리 앙투아네트는 왕실 예산의 10분의 1 정도만 사용할 정도로 검소했다. 특히 마리 앙투아네트가 했다는 말 중에 "빵이 없으면 케이크나 먹지"라는 말은 근거 없는 루머에 불과했다. 그럼에도 그녀가 적자 부인으로 불린 이유는 무엇이었을까?

당시 프랑스 왕실은 왕비가 옷을 갈아입는 것과 화장하는 모습까지도 모두 공개하는 문화가 있었다. 마리 앙투아네트는 프랑스 복식을 주도하고 유행을 선도할 정도로 센스가 뛰어나 베르사유 궁전은 왕비를 구경하려는 사람들로 매일 북새통을 이루었다. 이 때문에 적국에서 온 마리 앙투아네트는 사치와 욕망의 대명사라는 오해를 받았던 거다. 그런데 그런 그녀를 진짜 적자 부인으로 만든 결정적인 사건까지 벌어졌다. 1785년의 일명 '목걸이 사건'이다. 괴테가 이 사건을 '프랑스 혁명의 서곡이다!'라고 표현할 정도로 큰 사건이었는데 이 사건의 전말은 다음과 같다.

1772년 루이 15세는 애첩 뒤바리 백작부인에게 특별한 선물을 하기로 했다. 그는 파리의 유명 보석상 샤를르 뵈이머에게 최상급 목걸이를 주문했다. 647개의 다이아몬드로 만들어진 이 목걸이는 200만 리브르, 한화로 200억 원이 넘는 천문학적 가치의 보물이었다. 그런데 1774년, 루이 15세는 목걸이 완성 직전 갑자기 천연두로 사망했다. 루이 15세의 뒤를 이어 왕위에 오른 루이 16세는 마리 앙투아네트가 싫어했던 뒤바리 부인을 추방해버렸고 이 때문에 갑자기 목걸이 주인이 사라져버린 셈이 되었다. 전 재산을 투자해 목걸이를 만든 뵈이머는 마리 앙투아네트에게 대신 구매를 요청했지만 그녀는 목걸이를 살 돈으로 군함한 척을 사는 게 더 낫겠다며 거절했다. 이런 일화를 보자면 그녀는 소문처럼 적자 부인이 아니었음이 분명하다.

한편 마리 앙투아네트가 왕비가 되자 초조해하는 사람이 또 있었으니, 루이 드 로앙 추기경이다. 로앙 추기경은 그의 부정부패와 방탕한 생활은 물론이고 특히 마리 앙투아네트에 대한 악성 루머를 퍼뜨려 그녀에게 찍힌 인물이었다.

어느 날 로앙 추기경에게 한 여인이 찾아왔다. 마리 앙투아네트의 측근으로 알려진 라모트 백작부인이었다. 그녀는 추기경에게 왕비의 친필 편지를 전했는데 왕비가 그를 베르사유 궁전에 초청한다는 내용이었다. 이후 베르사유 궁전 비너스 상 앞에서 왕비와 추기경은 짧은 만남을 가졌는데 왕비는 과거의 일은 잊겠다는 약속만 남긴 채 사라졌다. 마리 앙투아네트가 자신을 만나주었다는 사실에 감격한 추기경은 라모트에게 마리 앙투아네트가 원하는 것이 무엇인지 물었고, 그녀는 마리 앙투아네트가 다이아몬드 목걸이를 원한다며, 현재 프랑스의 재정 상태가 좋지 않아 왕비가 공식적으로 구매하는 것은 국민의 눈치가 보이니 대신 구매해달라고 요구했다. 베르사유 궁전에 입성해 재상으로 출세하고 싶었던 추기경은 왕비의 친필 문서를 담보로 일부 계약금을 낸 후 목걸이를 구매해 라모트에게 넘겨주었다. 그러나 목걸이를 넘겨준 후에도 마리 앙투아네트에게서 아무런 연락이 없자 조급해진 추기경은 왕비를 직접 찾아갔는데 황당한 말만 들었다. 왕비는 목걸이를 바란 적도, 받은 적도 없다는 것이 아닌가. 계약금을 지불한 추기경 로앙, 계약금을 받고 목걸이를 넘겨준 보석상 뵈이머, 그리고 아무것도 모르는 마리 앙투아네트. 도대체 어떻게 된 일일까?

사건의 진실은 이렇다. 마리 앙투아네트의 측근으로 알려진 라모트 백작부인은 사실 귀족이 아닌 평민이었고, 스스로 자신이 마리 앙투아네트의 측근이라고 소문을 냈다. 다시 말해 마리 앙투아네트와는 전혀 모르는 사이였다. 라모트는 뵈이머가 엄청난 목걸이를 만들었다는 소문을 듣고, 마리 앙투아네트의 눈 밖에 나 초조했던 로앙 추기경을 이용해 다이아몬드 목걸이를 가로챌 계획을 세운 것이다. 베르사유 궁전에서 추기경을 만났던 왕비는 라모트가 섭외한 창녀 니콜이었고, 이 사기극을 통해 라모트는 보석도 챙기고 돈도 챙긴 것이다. 결국 재판을 통해 라모트의 사기행각은 만천하에 드러났다.

하지만 이 사건으로 프랑스는 발칵 뒤집혔다. 왕실에서 일어난 천문학적 가격의 목걸이 사기극 소식이 알려지자 최악의 흉년으로 빈곤에 시달리던 프랑스 국민의 분노는 극에 달했고, 그 분노의 화살은 모두 마리 앙투아네트를 향했다. 프랑스 국민은 마리 앙투아네트가 실제로 목걸이를 샀고, 그걸 덮기 위해 라모트에게 누명을 씌웠다고 믿었기 때문이다. 게다가 혁명군의 도움으로 탈옥해 영국으로 도망간 라모트가 자신은 분명 왕비에게 목걸이를 전달했고, 마리 앙투아네트가 자신에게 누명을 씌운 것이라고 거짓말까지 해버렸다. 목걸이는 자신이 분해해 모두 팔아버려놓고 말이다. 라모트의 이 거짓말 때문에 이 사건은 결국 프랑스 혁명의 도화선이 되었다. 싫다는 이유로 믿고 싶은 것만 믿는 것이 얼마나 엄청난 비극을 가져올 수 있는지 우리는 기억해야 한다.

1793년 10월 14일, 마리 앙투아네트의 재판이 시작되었다. 혐의는 국고 낭비, 부정부패, 적국과의 내통 등 다양했다. 그런데 기가 막힌 것은 8세 아들과의 근친상간 혐의까지 있었다는 거다. 그 어떤 혐의도 뚜렷한 정황이나 증거가 없는 마녀사냥이었다. 그러나 그녀는 자신의 혐의에 대해 반박하지 않았다. 다만, 근친상간 혐의에 대해서만 이렇게 말했다.

"엄마로서 이 혐의에 동의하지 않는 것은 당연한 일입니다. 나의 진심을 알아주기를 여기 있는 모든 어머니에게 호소합니다."

이 말을 듣고 재판장에 있던 모든 여성이 마리 앙투아네트에게 동조했다. 하지만 혁명 정부는 루이 17세를 지독하게 학대하고 마약까지 먹

마리 앙투아네트와 마리 테레즈, 루이 샤를(루이 17세)

여 거짓 자백을 하게 했고, 결국 마리 앙투아네트는 사형선고를 받은 이틀 뒤 단두대의 이슬로 사라지고 말았다.

과연 마리 앙투아네트는 단두대에서 처형당할 만큼 큰 죄를 지었을까? 그녀가 왕비로 있었을 때 국고가 파산지경이었던 것은 사실이다. 그러나 그것은 선대의 향락과 루이 16세의 미국 독립 전쟁 지원 때문이지 그녀의 사치 때문이 아니었다. 설령 사치했다 해도 이는 마리 앙투아네트뿐만 아니라 왕실과 모든 귀족에게 물어야 할 죄였다. 불행하게도 마리 앙투아네트는 목걸이 사건 때문에 세계에서 가장 비극적인 최후로 생을 마감한 왕비가 되고 말았다.

그렇다면 마리 앙투아네트의 진짜 모습은 어땠을까? 15세에 결혼한 그녀는 순수하고 행복한 소녀였다. 루이 16세가 그녀에게 선물한 쁘띠 트리아농 궁은 '사치와 환락의 궁전'으로 알려졌지만, 사실이 아니다. 실제 그녀는 이곳을 시골처럼 꾸며놓고 전원생활을 즐겼을 뿐이다. 그녀는 또 프랑스 왕실에서 소작인의 밭에 마차가 들어가지 못하도록 배려하고 루이 16세가 활을 쏘다가 실수로 농민을 다치게 했을 때도 직접 치료해준 유일한 왕비였다. 이처럼 그녀는 가난한 사람들에게 동정심을 가지고 있었으며 프랑스 왕비로선 이례적으로 빈민 구제와 프랑스식 농경 생활에 관심을 가졌다. 빈민 구제를 위해서 자기 드레스를 직접 팔고, 당시 악마의 음식이라고 불린 감자에 대한 혐오감을 없애기 위해 직접 감자꽃을 나눠주거나 머리에 꽂았으며, 딸 마리 테레즈에게 사치를 도외시하고 가난한 사람들을 이해하도록 가르칠 만큼 자애로운 왕비였다. 이런 왕비가 단지 적국의 공주라는 이유로 이렇게 모함을 당해 비참한 최후를 맞아도 되는 것일까?

프랑스 혁명 속 루이 16세와 마리 앙투아네트 이야기를 통해 국가, 왕, 리더 등 그 무엇이 되었건 민심을 읽지 못하면 어떤 일이 벌어지는지를 똑똑히 보았다. 또한 편협한 시선과 생각에 사로잡힌 민심이 얼마나 억울한 죽음을 만드는지도 확인했다. 이를 잘 표현한 문장이 《순자》〈왕제(王制) 편〉에 나온다.

'통치자는 배와 같고 백성은 물과 같아서, 물은 배를 안전하게 항해하도록 할 수도 있지만 배를 침몰시켜버릴 수도 있다.'

촌철살인적 표현이 아닐 수 없다.

그런데 문득 이런 생각이 든다.

'같은 물 위에 떠 있는 배라도 그 크기와 중심의 무게에 따라 그 흔들림이 덜하지 않은가. 만약 루이 16세와 마리 앙투아네트라는 배가 좀 더 크고 중심이 잘 잡혀 있었다면, 그렇게 허무하게 사라졌을까?'

즉, 크고 무거운 배는 파도가 일어도 쉽게 좌초되지 않고 제 갈 길을 잘 갈 수 있다는 뜻이다.

살다 보면 잘못된 집단 지성에 흔들릴 수도 있고, 잘못된 변화의 바람에 편승할 수도 있다. 그러니 파도를 잘 타고 넘어가려면 '나'라는 배는 커야 하고 무게 중심이 잘 잡혀 있어야 한다. 또 변화에 성공하려면 기준이 있어야 한다. 좀 더 유식한 말로 하자면, 정체성이 올바로 확립되어 있어야 한다는 말이다. 변화는 현재 상태보다 더 나은 상태를 만드는 것이지 단순히 바뀌는 것을 의미하지 않기 때문이다. 따라서 변화할 때는 반드시 무엇을 위한 변화인지 알아야 한다.

"무엇을 위한 변화인지 모르는 것은
방향키도 없이 열심히 노를 젓는 것과 같다!"

떠날 때를 아는 현인 범려
:
인생 3막을 준비하라!

춘추 시대는 중국 역사상 가장 혼란했던 시기였다. 각국은 부국강병을 위해 인재를 끌어모으는 데 여념이 없었다. 이 시기에 등장했던 특출난 인재 중 한 명이 범려다. 그는 오늘날 중국인들이 '가장 성공한 인생'의 표본으로 손꼽는 인물이다. 초나라 출신이지만 월나라에서 활약했던 그는, 단순히 한 나라를 부강하게 만드는 데 그치지 않았다. 정점에서 미련 없이 자리를 내려놓고 새로운 삶을 개척한 그의 행보는 위대한 결단이 무엇인지를 여실히 보여준다. 그의 인생 3막을 지금부터 살펴보자.

제1막: 패왕을 만든 책사

　범려의 인생 1막을 시작하기 전에 이 시기 경쟁 관계였던 오나라와 월나라의 인물들부터 살펴보자.

　월나라에 책사 범려가 있다면 오나라에는 오자서가 있었다. 오자서는 오나라 왕 합려를 섬겼고, 합려가 죽은 후에는 그의 아들 부차를 섬겼다. 그런데 오나라에는 오자서 같은 뛰어난 책사도 있었지만, 재상 백비 같은 간신도 있었다. 한편 월나라의 재상 문종은 일찍부터 범려의 비범함을 알아봤던 그의 오랜 벗이자 충신이었다. 범려와 문종은 월나라 왕 구천을 섬기고 있었다. 월나라는 오나라를 무너뜨리기 위해 중국의 4대 미인 중 한 명으로 손꼽히는 서시를 오나라 왕 부차에게 보냈다. 한마디로 미녀 스파이였던 셈이다. 이 인물들을 잘 기억해두기를 바라며, 이제 범려의 인생 1막을 시작해보겠다.

　합려는 당시 최고의 패왕이었다. 그는 초나라를 공격해 거의 무너뜨리기 직전까지 갔지만 초나라가 진나라에 도움을 요청하면서 되려 궁지에 몰렸다. 이 틈을 타 월나라는 오나라의 후방을 공격했고 이 때문에 합려는 초나라에서 철수할 수밖에 없었다. 화가 잔뜩 난 합려는 월나라를 공격했다. 마침 월나라의 왕 윤상이 죽었다는 소식이 들렸기 때문이다. 그러나 결과는 비참했다. 합려는 전쟁에서 패했을 뿐만 아니라, 자신도 상처를 입고 죽어버렸다. 월나라는 당시 패권 국가였던 오나라를 어떻게 이길 수 있었을까? 범려의 전략 덕분이었다.

범려는 월나라의 사형수들을 모두 불러 모아 이렇게 말했다.

"그대들은 어차피 죽을 몸, 나라를 위해서 죽어준다면 신원을 회복시켜주고 남은 가족들도 잘 살아갈 수 있게 도와주겠다. 그러니 그대들은 전장에 나가 스스로 목을 그어 자결하라!"

사형수들은 범려의 말대로 오나라 병사들이 보는 앞에서 자결했고, 이들이 사형수인 줄 몰랐던 오나라 병사들은 그들이 장렬하게 자결하는 모습에 사기를 잃고 도망쳐버렸다. 이것이 바로 '공격의 상식을 깨라'라는 범려의 전략이었다. 이렇게 오나라는 월나라에 무릎을 꿇었고 합려도 죽었다. 합려는 죽기 전 아들 부차에게 말했다.

"월 왕 구천이 아비를 죽였다는 사실을 잊지 말거라!"

새로 왕이 된 오나라 왕 부차는 부왕의 유명을 잊지 않으려고 매일 거친 나무와 지푸라기로 쌓은 섶 위에서 잠을 잤다. 여기에서 '와신(臥薪)'이라는 말이 나왔다.

이렇게 부차가 칼을 갈고 있다는 걸 구천도 알고 있었다. 그러나 승리에 취한 구천은 자신만만했기에 먼저 오나라를 공격하려 했다. 범려가 그를 말렸지만 구천은 그 말을 듣지 않고 오나라를 공격했다. 결국 구천은 궁지에 몰려 회계산에서 오나라 군사에게 포위당했다. 그는 신하들에게 끝까지 싸우다가 죽겠다고 했지만, 범려와 문종이 그를 설득했다.

"이렇게 죽을 것이 아니라 굴욕을 당하더라도 끝까지 살아남아서 월나라를 지키고 복수할 날을 기다려야 되지 않겠

구천

습니까?”

설득에 넘어간 구천은 부차에게 항복을 구걸했다. 그런데 책사 오자서는 부차에게 후한을 남기지 않으려면 지금 월나라 왕을 죽여야 한다고 했다. 이에 범려와 문종은 오나라의 재상 백비에게 많은 뇌물을 보냈고, 뇌물을 받은 간신 백비는 부차에게 월나라의 항복을 받아주고 구천을 데려다 노예처럼 부리면 되지 않겠냐며 설득했다. 결국 백비의 설득에 넘어간 부차는 구천의 항복을 받아주고 오나라로 끌고 왔다.

구천과 함께 오나라로 끌려온 범려는 노예의 삶을 살아야 했다. 오나라 사람들로부터 손가락질과 능욕을 당하며 합려의 무덤 옆 석실에 갇힌 채 무덤을 관리했고, 부차가 타는 수레의 말을 끌었다. 굴욕의 세월을 견디고 있었던 범려에게 부차가 제안을 했다.

“현명한 여인은 몰락한 집에 시집가지 않고, 뛰어난 선비는 멸망한 나라에서 벼슬하지 않는다. 구천은 이미 노예가 되었는데 그대는 치욕스럽지도 않은가? 오나라를 섬긴다면, 내가 그대에게 중임을 맡기겠노라.”

이에 범려가 대답했다.

“망국의 임금은 정사를 말하지 않고, 패전의 장수는 용맹을 말하지 않습니다. 신이 구천을 잘못 보좌해서 대왕께 죄를 지었습니다. 어찌 감히 부귀를 넘보겠습니까?”

범려는 정중하게 부차의 제안을 거절하고, 끝까지 구천 옆에서 인고의 세월을 함께 견뎠다. 그러던 중 부차가 병에 걸렸다는 소식이 전해졌다. 위중하지는 않으나 쉽게 낫지 않는 병이었다. 한편 범려는 그 병에 대해 잘 알고 있었다. 시간만 지나면 낫는 병이었기에 범려는 구천에게 부차가 변을 누면 찍어서 맛을 보고 이렇게 말하라고 제안했다.

“제가 의원을 통해서 변으로 병을 진단하는 지식을 좀 아는 바가 있습니다. 제가 이 변의 맛을 보니 부차 대왕의 병이 곧 나을 걸로 보입니다."

구천은 범려가 시키는 대로 했고 부차는 구천의 행동에 깜짝 놀랐다. 며칠 후 구천의 말대로 부차의 병은 씻은 듯이 나았다. 크게 감동한 부차는 두 사람을 용서하고 월나라로 보내주었다. 무려 3년 만의 일이었다.

구천이 회계산에서 자결하지 않고 굴욕의 세월을 견딘 후 다시 월나라로 돌아갈 수 있었던 것은 '치욕을 견디는 것도 용기'라며 설득한 범려의 지혜 덕분이었다. 월나라로 돌아온 구천은 매일 이렇게 자문했다.

'부차에게 당한 굴욕을 잊었는가?'

그는 짐승의 쓸개를 매달아두고 매일 그 쓴맛을 보며 자신이 견뎌야 했던 인고의 세월을 잊지 않으려 이를 갈았다. 여기서 나온 말이 '상담'이다. 우리가 자주 접하는 '와신상담(臥薪嘗膽)'이라는 말은 바로 부차의 '와신(臥薪)'과 구천의 '상담(嘗膽)'이 합쳐져 나온 사자성어로 복수를 위해 고난을 견디며 때를 기다린다는 뜻이다.

이후 구천과 범려는 월나라에서 가장 아름다운 여인을 모으기 시작했다. 2,500년 전에 이미 미스 차이나 대회를 연 셈이다. 최고의 미녀로 뽑힌 이는 서시였다. 서시는 많은 훈련을 거친 후 부차에게 보내졌다. 부차는 서시를 보고 한눈에 반했고, 곧장 빠져들었다. 부차의 모습을 보고 오자서가 말했다.

"하나라는 '말희'라는 여인 때문에 망했고, 은나라는 '달기'라는 여인 때문에 망했으며, 주나라는 '포사'라는 여인 때문에 망했습니다. 미인은 망국의 열쇠입니다."

그러나 부차는 오자서의 말을 귀담아듣지 않았다. 아니, 오히려 그를 멀리하기 시작했다. 그 틈을 타 월나라는 백비에게 많은 뇌물을 쏟아부었다. 그러자 백비는 부차의 옆에서 온갖 아첨을 떨면서 오자서와 부차 사이를 이간질했다. 결국 부차는 오자서에게 자결을 명하기에 이르렀다. 자결하기 전 오자서는 마지막 말을 남겼다.

"나의 눈알을 파내어서 동문에 걸어 월나라가 오나라를 멸망시키는 모습을 지켜보게 하라!"

오자서를 제거하는 데 성공한 월나라는 오나라에서 큰 궁궐을 다시 짓는다고 하자 월나라의 좋은 목재들을 오나라에 보내주었다. 또 월나라가 흉년이라며 오나라에 가서 곡식을 빌리기도 했다. 부차는 기꺼이 월나라에 곡식을 빌려줬고 월나라는 그것을 백성들에게 나누어주며 민심을 얻었다. 그리고 그다음 해에는 풍년이 들었다며 오나라에서 빌린 곡식을 갚았는데 월나라의 좋은 곡식 종자들도 함께 선물로 주었다. 부차는 그 종자를 오나라에 심었지만, 농사가 잘 안되었다. 범려가 종자를 살짝 쪄서 보냈기 때문이다. 이런 사실을 몰랐던 부차는 그 원인을 월나라와 오나라의 토양 차이라고 생각했다. 범려는 이런 식으로 오나라의 곳간을 점점 비게 만들고 덩달아 부차가 민심을 잃도록 했다.

또한 범려는 재상 문종과 함께 월나라의 부국강병을 위해 많은 인재를 등용했는데, 남녀를 가리지 않았다. 그는 아주 이름난 여성 무사 '월녀'를 등용해 월나라의 많은 장군과 병사 들을 훈련시키도록 했다. 한편 구천은 몸소 농사를 지었고, 왕후는 몸소 길쌈을 하면서 나라에 농업을 장려했다. 월나라는 이처럼 부국강병을 위해 노력하는 동시에 인구를 늘리기 위해 출산도 장려했다. 백성이 출산하면 나라에서 의원을 보내주고 아들을 낳으면 술 2병과 개 1마리를, 딸을 낳으면 술 2병과 돼지 1마리를 상으로 내렸다. 딸을 많이 낳아야 인구가 더 많이 늘 테니 딸을 낳으면 더 큰 선물을 준 것이다. 물론 쌍둥이 이상을 낳으면 더 큰 상을 주었고 다자녀 가구에는 그 자식을 함께 키워주는 복지 정책도 시행했다. 벌써 2,500년 전에 말이다. 또 밖으로는 제나라·초나라와 동맹을 맺고, 진나라를 상국으로 섬기면서 오나라를 에워싸는 외교 정책을 펼쳤다. 범려는 나라 안팎으로 차곡차곡 전쟁 준비를 해나간 것이다.

몇 년 후 드디어 기회가 찾아왔다. 오나라가 제나라를 상대로 전쟁을 벌인 것이다. 애타게 때를 기다리던 구천에게 범려가 말했다.

"드디어 때가 되었습니다."

범려의 말대로 군사를 일으킨 구천은 군사들에게 이렇게 말했다.

"이 중에 부자가 다 군인이라면, 그 아버지 되는 사람은 고향으로 돌아가거라. 형제가 모두 군인인 경우, 그 형 되는 사람은 고향으로 돌아가거라. 부모가 살아 있는데 그 부모를 모실 형제가 없는 자도 고향으로 돌아가거라."

구천이 이렇게 백성을 아끼는 마음을 보여주자, 병사들의 사기는 충천했고 그 함성이 땅을 울렸다. 구천은 제나라를 정복한 부차의 퇴로를 차단하고 오나라의 수도를 공격했다. 이 오월 전쟁은 월나라의 승리로 돌아갔고 부차는 고소산에서 포위되었다. 부차는 과거 회계산에서 자신이 구천을 용서해주고 항복을 받아주었으니, 자신의 항복도 받아주는 은혜를 베풀어달라고 구걸했다. 구천은 부차에게 자신이 당한 굴욕을 그대로 되갚아주고 싶었지만, 범려가 반대했다.

"대왕은 회계산의 일을 잊지 말아야 합니다. 회계산에서 하늘은 부차에게 월나라를 주려 했으나 그는 받아들이지 않았습니다. 지금은 하늘이 월나라에게 오나라를 주려 하고 있습니다. 이는 하늘의 뜻입니다. 이십여 년의 고생을 헛되이 하지 마시옵소서."

범려의 말이 옳다고 생각한 구천은 부차를 죽이기로 했고, 이에 부차는 "내가 저승에 가서 무슨 명목으로 오자서를 만나겠는가. 내가 죽은 후에 비단으로 나의 얼굴을 세 겹만 싸다오"라며 마지막 유언을 남기고 자결했다.

춘추전국 시대의 패자가 된 구천은 범려에게 제안을 했다.

"월나라의 재상이 되어주시오. 그리고 나와 함께 땅을 나누어 이 월나라를 다스립시다."

범려가 대답했다.

"소원을 이루었으니 저는 더 이상 폐하께 필요치 않습니다. 신하 된 도리로 주군이 그 옛날 오나라에서 당한 수모를 지켜보았으니 이 또한 불충입니다. 늦었지만, 이제라도 죄를 청하고 떠나기를 원합니다."

그렇게 범려는 사직했고 자기 벗이자 능력을 알아봐주었던 문종에게 다음과 같은 편지를 남기고 월나라를 떠났다.

'교활한 토끼를 잡고 나면 사냥개를 삶아 먹는 것처럼 적국이 망하면 공신들은 죽임을 면치 못하는 법일세. 월 왕은 원수의 굴욕을 견뎌낼 수는 있어도 공을 세운 대신들을 인정할 위인은 못 되네. 우리는 그와 고통을 함께할 수는 있지만 즐거움을 함께할 수는 없을 걸세. 그러니 자네도 관직을 내어놓고 월나라를 떠나시게.'

이 편지가 토사구팽의 어원이다. 편지에는 문종을 아끼는 범려의 진심이 그대로 담겨 있다. 그러나 문종은 그 자리를 내려놓고 싶지 않아 머물렀기에 결국 칼을 하사받고 자결해야만 했다.

오나라의 오자서와 월나라의 범려는 둘 다 뛰어난 책사였지만 너무나 다른 인생을 살았다. 두 사람의 처세가 달랐기 때문이다. 오자서는 합려와 부차, 두 왕을 섬기며 스승이 제자를 가르치듯이 왕을 대했다. 부차는 그런 오자서를 점점 멀리했고, 자신에게 온갖 아첨과 좋은 말을 해대는 백비를 곁에 두고 함께 자신의 세상을 열고자 했다. 결국 오자서의 말을 듣지 않은 부차는 몰락했고 오자서 역시 비참한 죽음을 맞아야만 했다. 하지만 범려는 달랐다. 범려는 책사의 역할에 충실했고, 필요할 때는 적극적으로 어필했지만 절대 선을 넘지는 않았다. 나아갈 때와 물러날 때를 알았던 것이다. 그래서 범려는 오자서, 문종과 달리 월나라를 떠나 제2의 삶을 살 수 있었다.

제2막 대부호

범려의 인생 제2막은 '대부호'다. 범려는 월나라를 떠나 바닷가에 인접한 제나라로 갔다. 그는 자신의 신분을 숨기고 '치이자피'라는 가명을 썼다. 치이자피는 말가죽으로 만든 자루라는 뜻인데 오나라 왕이 오자서의 시신을 짐승의 가죽으로 만든 자루에 넣어 강물에 버리라고 한 데서 유래된 말이다. 범려가 치이자피를 자신의 이름으로 쓴 이유를 오자서에 대한 존경과 미안함, 그리움 때문이라고 보는 사람도 있다.

제나라에서 범려는 바닷가를 개간해 농토로 만들고 여기서 소금을 생산해 대부호가 되었다. 그리고 그 부를 주변 사람들과 나누면서 많은 칭송을 얻는다. 이에 제나라 왕이 범려를 찾아와 재상 자리를 제안했다. 월나라의 재상 자리도 마다했던 범려가 아닌가.

"사사롭게는 부자가 되었기도 하고 벼슬로는 재상의 지위에도 올라봤습니다. 하지만 존귀한 명성을 오래 갖고 있는 것은 상서롭지 못합니다."

범려는 제안을 정중히 거절했고, '여기도 더 이상 있을 곳이 아니구나'라며 제나라를 떠났다.

제3막 상신(商神)

　범려의 인생 3막은 '장사의 신'이다. 범려는 제나라를 떠나 천하의 중심지로 불리던 송나라의 '도(陶)'라는 곳에 정착해 '도주공'으로 이름을 바꾸었다. 송나라는 주변의 많은 나라와 물길 또는 바닷길로 이어져 있어 장사하기에 아주 입지가 좋았다. 범려는 이곳을 어떻게 알았을까?

　범려는 과거 월나라에 있을 때 주변 나라들과 외교관계를 맺으면서 많은 지역의 자연환경, 입지 조건 등을 눈으로 확인해두었다. 그 지식과 경험을 바탕으로 장사를 하면서 물자의 가격이 올라 일정 수준이 넘으면 썩은 흙 버리듯 아낌없이 내다 팔고, 가격이 내려가 일정한 수준에 이르면 마치 진주 보듯 주저 없이 사들였다. 보통의 사람들은 가격이 올라가면 더 올라가기를 기다리고, 가격이 내려가면 더 내려가길 기다리다 시기를 놓쳐버리기 일쑤인데 범려는 타이밍을 기막히게 알고 행동했다.

　범려의 이런 능력은 스승 '계연(計然)' 덕분이었는데, 그는 이렇게 가르쳤다.

　"큰 가뭄이 있고 난 뒤에는 반드시 홍수가 있으니 미리 배를 잘 준비해두고, 큰 홍수가 있고 난 뒤에는 반드시 가뭄이 있을 것이니 미리 수레를 준비해야 한다. 흉년이 들 때는 다음에 풍년이 들 때를 예상하고 풍년이 들 때는 흉년이 들 때를 대비해서 준비해야 한다. 쉽게 저장할 수 있는 물건을 견실하게 비축하되 지나치게 오래 보관하지 않음으로써 자금 회전을 해야 하고, 쉽게 부패하거나 부식되는 물자는 오래 비축하지 말 것이며, 특히 희귀한 물건을 쌓아놓고 이익을 노려서는 안 된다. 사치스러운 물건으로 큰 부를 만들면 안 된다. 자연의 이치와 인간의 순리에 맞춰 장사하는 것이 큰 부를 쌓는 가장 이상적인 방법이다.”

범려는 이런 식으로 세 번 큰 재산을 모아 세 번 모두 사람들에게 나눠줬다. 이런 범려의 행동을 두고 사람들은 ‘삼취삼산’이라며 범려를 ‘장사의 신’으로 받들었다. 참고로 중국 사람들은 재물의 신과 장사의 신을 굉장히 떠받든다. 대표적인 재물의 신으로 ‘관우’가 있는데 관우는 재물을 지키는 신이고, 범려는 재물을 모으게 도와주는 신이다.

지금까지 범려의 인생 3막을 살펴보았다. 《사기》를 저술한 사마천은 범려를 다음과 같이 평가했다.

“범려는 세 번이나 다른 선택을 하고도 천하에 이름을 떨쳤다. 그는 떠나기만 한 것이 아니라 머문 곳에서도 예외 없이 이름을 떨쳤다.”

사마천의 말대로 범려는 정치, 군사, 농업, 상업에 이르기까지 그가 손대는 것마다 모두 성공시켰다. 이러한 성공 비결은 과연 무엇일까? 바로, ‘때(時)’를 알았기 때문이다. 올라갈 때와 내려갈 때를 알았고, 나아갈 때와 물러날 때를 알았으며, 팔아야 할 때와 사야 할 때를 정확히 꿰뚫고 있었다.

많은 사람이 성공의 정점에서 그 자리를 지키려다 추락하곤 한다. 하지만 진정한 고수는 자신이 물러나야 할 때를 정확히 알고, 다음 단계를 위해 과거의 영광을 기꺼이 내려놓는다. ‘박수 소리’에 취하지 않고 자신의 다음 무대를 설계하는 냉철한 현실 감각을 갖추고 있었던 것이다. 이것이 바로 범려가 성공적인 인생 2막, 3막을 살 수 있었던 비결이다.

범려가 몇 살에 죽었는지는 알 수 없으나 지금 우리는 120세 시대를 살고 있으니 최소한 범려보다는 오래 살 것이다. 그러면 우리는 인생 3

막 이상을 살게 될 수도 있다. 문제는 어떻게 준비해야 하는가이다. 나는 변화만으로는 부족하다고 생각한다. 혁신이 필요하다.

　변화와 혁신의 가장 큰 차이점은 단절에 있다. 범려는 재상 자리를 단절하고 상인이 되었다. 혁신한 것이다. 나도 마찬가지다. 나는 사범대를 나왔지만, 교직과 단절하고 IT 회사에 취직했고, IT 회사와 단절하고 강사를 양성하는 유튜버가 되었다. 그 덕분에 정년과 상관없이 평생 하고 싶은 일을 하며 살고 있다. 그래서 당신에게도 자신 있게 권한다. 인생 2막, 3막, 어쩌면 그 이상의 삶을 풍요롭게 살고 싶다면 혁신하라고!

"흐르는 물에서 헤엄치지 않는 건,
현실에 안주하는 것이 아니라,
도태되는 것이다!"

Japan
England
Italy
France
Italy
Thailand
Germany
Russia
Egypt

PART 3

자기 삶의

주인으로

산다는 건

해리엇 터브먼
:
스스로 선택한 삶을 사는 것!

2016년 오바마 정부는 미국 20달러 지폐에 들어갈 새로운 주인공으로 해리엇 터브먼을 선정했다. 해리엇 터브먼이 국가 발전에 지대한 공헌을 했다는 방증이기도 하다. 태어날 때부터 흑인 노예였던 해리엇 터브먼이 미국 역사에 얼마나 큰 업적을 남겼기에 화폐의 주인공으로 선정된 것일까? 지금부터 그녀의 놀라운 생명력과 업적을 하나씩 살펴보자.

모태 노예

해리엇 터브먼은 미국 메릴랜드주 도체스터 카운티의 한 농장에서 태어났다. 그녀의 조부모는 단지 흑인이라는 이유로 아프리카에서 '사냥' 당해 강제로 미국으로 끌려왔다. 그러니 그녀의 부모는 노예 2세대였고, 해리엇 역시 태어날 때부터 자유를 강탈당한 노예일 수밖에 없었다. 그녀는 태어나기 전부터 이미 노예였던 거다.

가족이 여기저기로 팔려가고 상습적으로 구타를 당하는, 짐승보다도 못한 취급을 받으며 하루하루 살아가던 해리엇에게 어렴풋이 자유에 대한 갈망과 자각이 생겨나기 시작했다. 그즈음 링컨이 미국 대통령이 되었고 미국은 남과 북으로 나뉜 채 북쪽에서는 흑인들의 자유를 보장해주는 지역이 늘어가는 추세였다. 해리엇은 주변의 흑인 노예가 자유를 찾아 북쪽으로 도망치는 모습을 자주 목격했고, 그 영향으로 자유를 동경하기 시작했다.

어느 날, 예민한 사춘기 시절인 15세의 해리엇은 도망치는 노예를 돕기 위해 주인을 막아서다가 커다란 둔기로 머리를 얻어맞고 실신했다. 그녀는 이 사건으로 이마의 뼈가 부서져 미간이 움푹 팬 흉터를 평생 안고 살아야 했으며, 수면 발작이라는 치명적인 병을 얻고 말았다.

자유인

해리엇 터브먼은 한때 노예에서 자유인이 된 흑인 남성 존 터브먼과 결혼했지만, 그녀는 여전히 노예였고 짐승보다 못한 고통스러운 삶은 계속되었다. 그러나 그녀를 정말 참을 수 없게 만든 건 그런 노예의 삶이 대물림될 거라는 사실이었다. 자고 일어나면 어디론가 팔려가거나 매를 맞아야 하는 생활도 끔찍한데 이런 삶을 대물림까지 해야 한다는 것을 그녀는 도저히 받아들일 수 없었다. 그래서 그녀는 탈출을 결심했다.

그 당시 미국 백인사회는 흑인 노예의 노동력을 착취해 거대한 목화 농장을 경영하는 남부, 산업자본주의를 바탕으로 임금 노동자들의 노동력으로 공장을 운영하는 북부로 나뉘어 있었다. 남부의 백인들은 힘든 목화 농장 일을 공짜로 해줄 흑인 노예가 절대적으로 필요했고, 북부의 백인 공장주들은 적은 임금으로 열악한 공장 노동을 해줄 인력이 시급했다. 북부나 남부 모두 흑인의 자유와 인권에는 관심이 없었지만, 그나마 북부의 공장주들은 당장 급한 노동력 확보를 위해 남부의 흑인 노예들을 자유라는 당근으로 유혹했다. 흑인 노예들 처지에서는 이런 북부가 임금과 자유를 보장하는 낙원처럼 보였다.

해리엇 터브먼 역시 북부로의 탈출을 여러 방향으로 시도하고 있었다. 그 당시 북부에서는 백인 일부와 노예에서 해방된 흑인 노예들이 남부의 흑인 노예들을 북부의 자유 지대로 탈출시키는 일을 시작했다. 이 일을 하는 조직을 그들은 '지하철도(Underground Railroad)'라고 불렀다. 이 비공식적인 조직은 자유 흑인, 백인 노예 폐지론자 그리고 기독교인 운동가 등으로 구성되어 있었다. 지하철도에서 하는 일은 모두 은어로 불렸는데 탈출 경로는 '철로', 도망 중인 흑인 노예를 숨겨주는 집

1870년 무렵의 터브먼

은 '역', 흑인 노예들을 북부로 안전하게 탈출시키는 인도자는 '차장'이다. 해리엇은 지하철도의 차장 중 한 명의 도움을 받아 무려 145킬로미터에 달하는 경로를 무사히 빠져나와 북부 필라델피아로 탈출하는 데 성공했다. 꿈에 그리던 자유인이 된 것이다. 이때 그녀는 29세였다. 탈출에 성공한 몇 년 후 그녀는 주 경계선을 넘었을 때의 경험을 이렇게 회고했다.

'주 경계선을 넘었다는 것을 알았을 때, 나는 두 손을 펼쳐 자유의 몸이 된 내가 예전과 똑같은 나인지 살펴보았다. 모든 것이 찬란하게 반짝였다. 들판 위와 나무 사이로 태양이 황금처럼 빛났다. 마치 천국에 있는 것만 같았다.'

얼마나 감동적이었으면 자유의 몸이 된 자신이 진짜 자신인지 살펴보았을까? 그녀는 태어날 때부터 자유인이었던 우리는 상상도 못 할, 어떤 아름다운 단어로도 표현할 수 없는 행복을 느꼈을 것이다.

노예들의 모세

필라델피아에 도착한 후, 터브먼은 가족 생각에 골몰했다.

'나는 낯선 땅에 있는 낯선 사람이었다. 아버지, 어머니, 형제와 누이, 친구들 모두 메릴랜드에 있었다. 나는 자유였고, 그들도 자유로워야 할 권리가 있었다.'

그녀는 가족을 비롯한 다른 노예들에게도 자신이 경험한 자유의 공기를 마시는 천국을 선물하고 싶었다. 그래서 열심히 돈을 모으기 시작했다.

1850년대에 들어서면서 해리엇은 누구보다 열심히 잡역부와 청소부 일을 하면서 쥐꼬리만 한 임금을 차곡차곡 모았다. 여름과 겨울 동안 열심히 일하던 그녀는 봄과 가을이 되면 홀연히 사라졌다. 그리고 다시 나타날 때는 돈을 모두 탕진한 상태였다. 왜 그랬을까? 그녀는 봄과 가을이 되면 자기가 탈출한 그 끔찍한 남부의 노예 지역으로 다시 들어가 다른 흑인 노예들을 북부로 탈출시키는 일을 했기 때문이다. 그것도 자비를 털어서 말이다.

사실 그녀는 탈출 직후인 1849년부터 앞서 말한 '지하철도'의 차장 일을 시작했다. 그리고 처음부터 과감하게 메릴랜드로 잠입해 천천히, 한 번에 한 그룹씩, 자기 가족과 친척들을 주 밖으로 탈출시켰다. 해리엇은 1850년부터 1860년까지 무려 19차례나 지하철도의 차장으로 활동했고, 무려 300명이 넘는 흑인 노예를 북부로 탈출시켰다. 더 놀라운 것은 그녀가 그 많은 흑인을 탈출시키는 동안 단 한 명의 낙오자나 부상자도 만들지 않았다는 사실이다. 그녀는 이런 사실을 이렇게 은유적으로 표현했다.

"나는 지하철도의 차장으로서 한 번도 손님을 놓친 적이 없었다."

그녀의 자부심이 느껴진다. 이런 그녀를 사람들은 '노예들의 모세'라고 불렀다. 이것은 사람들이 말로 표현할 수 있는 최고의 칭찬이자 존경이었다. 이는 출애굽기에서 모세가 해방하시는 하나님 야훼의 뜻에 따라 이집트에서 억압과 착취를 받던 민중을 해방한 것에 빗댄 것이다. 그녀는 백인 농장주들에게는 극악무도한 적이었지만 흑인 노예들에게는 모세와 같은 존재였고, 지하철도의 위대한 차장이었다.

터브먼 장군

1858년 4월, 해리엇 터브먼은 노예 제도를 없애기 위해서라면 폭력도 불사해야 한다는 노예 폐지론자이자 반정부 운동가인 존 브라운을 소개받았다. 존 브라운은 곧 노예 소유자들에 대한 공격을 감행하기 위해 지지자를 모았고, 터브먼도 참여했다. 이후 해리엇은 '터브먼 장군(General Tubman)'이라는 별명으로 불렸는데 존 브라운이 그녀에게 붙여준 별명이다. 그러나 존 브라운은 혁명에 실패했고, 1859년 12월에 반역죄로 교수형 당하고 말았다. 그녀는 그를 두고 이렇게 칭송했다.

"그는 죽음으로써 백명의 살아 있는 사람보다 더 많은 것을 하였다."

이후 1861년 미국에서는 남부 노예주와 북부의 자유주가 경제 문제와 노예 문제로 대립하면서 남북전쟁이 일어났다. 백인들에게는 경제적 주도권을 가지기 위한 전쟁이었지만 흑인들에게는 생존과 인권, 운명이 달린 전쟁이었다.

흑인 노예 해방을 누구보다 원했던 해리엇 터브먼은 북군에서 종군했다. 그 당시 40세 전후였던 그녀는 북부 연합군을 위해 요리사, 간호사, 무장 정찰병, 스파이 등 1인 4역을 하며 눈부신 활약을 했다. 사우스

캐롤라이나에 북부 스파이로 잠입해 남부의 병력과 군사 기지 등 중요한 정보를 빼돌려 북부 군대가 크게 승리할 수 있도록 돕는가 하면, 여성으로는 처음으로 탐험대를 이끌고 콤바히강을 습격하여 700명 넘는 노예들을 구출하는 등 혁혁한 전공을 세웠다. 더불어 그녀가 구출한 노예들 대부분이 북군에 참여한 덕분에 북군의 전력 강화에도 큰 보탬이 되었다. 이로써 그녀가 구한 목숨은 모두 1,000명이 넘는다. 이런 그녀의 눈부신 활약상에 북부 군인들 역시 그녀를 '터브먼 장군'이라고 불렀다. 터브먼 장군은 이후 2년 더 북부 연합군에 머물며 새로 자유를 찾은 흑인들을 돌보고, 동맹군 영역을 정찰하고, 버지니아주에서 부상한 군인들을 간호했다.

4년에 걸친 전쟁은 1865년 해리엇 터브먼과 많은 흑인의 바람대로 북부의 승리로 끝났다. 그러나 그녀의 이러한 활약에도 불구하고, 그녀는 일정한 급여를 받지 못했으며 연금 대상에서도 제외되었다. 그녀의 비공식적인 지위와 흑인이라는 이유 때문이었다. 그래서 그녀는 남북전쟁에서의 혁혁한 공에도 불구하고 오랫동안 가난한 노동자의 삶을 살아야만 했다.

해리엇 터브먼의 집

남북전쟁 이후 흑인들은 법적으로는 자유와 평등을 보장받고 노예 신분에서 해방되었다. 그러나 현실 사회에서 자유와 평등은 그다지 실현되지 못했다. 미국은 오랫동안 '동등하게 대우하지만 분리한다'라는 이상한 정책으로 여전히 흑인들을 차별했기 때문이다. 이런 와중에 은퇴한 해리엇 터브먼은 뉴욕 오번의 자기 집으로 돌아가 노부모를 돌보며 생계형 하숙을 쳤다. 그러던 중 22세 연하의 넬슨 데이비스를 만나 사랑에 빠졌고 그와 결혼해 20년을 함께 살았다.

은퇴 후에도 해리엇은 사회활동을 멈추지 않았다. 그녀는 병 때문에 더 이상 거동할 수 없을 때까지 여성 참정권을 위해 열심히 싸웠다. 여성 참정권을 위한 회의에 참여했고, 뉴욕·보스턴·워싱턴 D.C. 등을 돌며 여성 투표권을 지지하는 발언을 했다. 이러한 그녀의 여성 참정권 운동은 미국 언론 사이에서 해리엇 터브먼을 향한 새로운 존경의 분위기를 만들었다. 잡지 〈여성 시대〉에서는 그녀를 뛰어난 여성이라고 칭송했고, 여성 참정권론을 지지하는 한 신문에서는 그녀가 나라에 얼마나 많이 공헌했는지 소개하는 기사를 싣기도 했다. 이러한 칭송이 무색하지 않게 그녀는 평생 모은 돈으로 1908년 '해리엇 터브먼 양로원'

터브먼(가장 왼쪽), 데이비스(지팡이 짚고 앉아 있는 사람), 양딸 거티(터브먼 옆) 등이
1887년 경 오번의 터브먼 집에 모여 찍은 사진

을 완성했다.

양로원은 해방된 흑인들의 안정된 정착과 경제적 자립을 도와주기 위해 만든 곳이었다. 1911년 몸이 매우 쇠약해진 해리엇도 그곳으로 들어가 함께 살았다. 한 뉴욕 신문사에서는 그런 그녀의 생활에 대해 이렇게 표현했다.

'아픈 데다가 빈털터리.'

평생 봉사로 점철된 삶을 산 그녀였기에 아픈 데다가 빈털터리일 수밖에 없었다.

1913년 3월 10일, 누구도 흉내 낼 수 없을 만큼 위대한 삶을 살았던 해리엇은 친구들과 가족들이 지켜보는 가운데, 92세에 폐렴으로 사망했다. 죽기 전 그녀가 마지막 남긴 말은 "여러분을 위해 마련된 장소로 내가 먼저 가겠네"였다. 그녀는 오번의 포트 힐 공동묘지에 묻혔다.

미국의 우상

살아생전에도 흑인 여성으로서는 매우 유명했던 해리엇 터브먼은 사후 미국의 우상이 되었다. 그녀는 자유와 평등 그리고 인권을 지키기 위해 싸우는 여러 세대의 흑인들에게 영감을 주었고, 정치 리더들의 칭송을 받았다. 포트 힐 공동묘지가 있는 오번 시는 시청사에 그녀의 기념 액자를 설치해 그녀를 기리기도 했다.

영문도 모른 채 낯선 백인들에게 포획되어 머나먼 아메리카 땅으로 실려와 노예의 삶을 시작했던 아프리카 흑인들에게 자신을 하얗게 불태워 자유와 평등을 선물하고 숨을 거둔 해리엇 터브먼. 그녀는 미국 역사에서 영원히 자유와 평등의 상징으로 기억되어야 할 것이다.

2016년 4월 20일, 오바마 행정부의 재무장관 제이콥 루는 20달러 지폐의 초상을 앤드루 잭슨 전 대통령에서 해리엇 터브먼으로 바꿀 것이라고 발표했다. 그러나 앤드루 잭슨 대통령을 영웅으로 생각하는 트럼프 행정부가 들어서면서 이 계획은 무산되었다. 앤드루 잭슨 대통령은 노예제를 유지하고 백인 정착을 위해 아메리카 원주민을 보금자리에서 무자비하게 몰아내는 정책을 편 인물이었기에 오바마 행정부가 그 대신 해리엇으로 화폐 인물을 교체하려고 했던 것인데 참으로 안타까운 일이 아닐 수 없었다. 그러나 세상만사 '새옹지마'라고 하지 않는가. 다행히 바이든 정부에서는 다시 해리엇의 초상을 20달러 지폐에 넣겠다고 공언했다. 그 지폐가 어떤 모습으로 발행될지 기대하는 바, 2025년부터 재집권한 트럼프가 또 무산시키지 않기를 바란다.

지금까지 해리엇 터브먼의 일생과 업적에 대해 살펴보았다. 그녀는 노예로 태어나 위인으로 숨을 거두었다. 태어날 때 신분은 선택할 수 없었지만, 죽을 때의 이름 '자유인'은 스스로 선택한 것이다. 모두가 방법이 없다고, 어쩔 수 없다고 말하며 노예의 삶을 살 때 그녀는 인간다운 삶을 살기 위해 자신이 가진 모든 것을 던졌다. 그리고 미국 역사를 바꾸었다.

그런 그녀 덕분에 헤아릴 수 없이 많은 흑인 노예와 여성 들이 미국에서 자신의 인권을 누리며 살고 있다. 그녀가 지폐 속 주인공이 된 진짜 이유는 단순히 사람들을 구해서가 아니라 '아무도 나를 주인으로 대접하지 않을 때 스스로를 주인으로 선언한 용기' 때문이다.

지금 우리는 어떠한가? 삶이 조금만 힘들어도 포기할 생각부터 하지는 않는지, 자신이 인생의 주인으로 사는지 노예로 사는지 구분조차 못하고 있지는 않은지, 깊이 생각해보아야 할 것이다.

그녀의 정신을 상징하는 격언처럼 내려오는 말이 있다.

"나는 천 명의 흑인 노예를 해방시켰다. 그들이 자신이 노예인 줄 알았더라면 천 명은 더 해방시킬 수 있었을 것이다."

나는 이런 말을 남기고 싶다.

"세상에는 수많은 종류의 삶이 존재하지만
당신이 살게 될 삶은 단 하나,
당신이 선택한 삶이다!"

오스트리아 황후 엘리자베트
:
환경에 휘둘리지 않는 것!

엘리자베트는 오스트리아의 황후이자 헝가리 왕국의 왕비였다. 엘리자베트 황후는 당대 유럽에서 가장 아름다운 황실 여성으로 정평이 나 있었다. 그녀의 본명은 독일식 발음으로 '엘리자베트 아말리 오이게니'였으나, 우리에게는 '시씨(Sisi)'라는 애칭으로 더 널리 알려져 있다. 오스트리아 빈의 호프부르크 궁전에는 그녀의 삶을 기리는 '시씨 박물관'이 있다. 그 안에는 시씨가 생전에 입던 드레스나 사용하던 물품들, 심지어 그녀를 살해한 흉기까지 전시되어 있다. 쉔브룬 궁전에는 시씨가 머물던 방과 생활 흔적 등이 고스란히 남아 있다. 또한 오스트리아의 기념품점에서는 드레스를 입은 시씨의 미니 동상이나 흉상, 초상화 등 다양한 기념품을 팔고 있는데, 여행객들이 구매하는 대부분의 물품에 그녀의 초상화가 그려져 있을 만큼 엘리자베트의 인기는 여전히 독보적이다.

비극의 잉태, 결혼

　엘리자베트는 1837년 12월 24일 바이에른의 공작 막시밀리안 요제 프와 바이에른의 루도비카 공주 사이에서 5남 5녀 중 넷째이자 차녀로 태어났다. 친가와 외가 모두 비텔스바흐 가문 출신으로 엘리자베트는 어린 시절 시골에서 자유롭게 하고 싶은 대로 놀며 자랐다. 바이에른 왕의 외손녀인 왕가에 속했지만 방계였기에 쟁쟁한 왕족 친척들 사이에서는 낮은 취급을 받아 고된 에티켓이나 교육을 받지 않고 시골 아이들과 뒹굴고 놀았던 거다. 그래서 사고방식도 평민 같았는데, 이것은 훗날 엘리자베트가 오스트리아 황후가 되었을 때 오스트리아 궁정에서 겉도는 원인 중 하나가 되었다. 엘리자베트의 아버지는 굉장히 감성적이고 자유로운 기질을 가지고 있었다. 그는 동물과 승마, 시와 문학을 좋아했는데, 엘리자베트는 이 기질을 닮아 아버지와 함께 말을 타고 넓은 들판을 달리며 행복한 어린 시절을 보낼 수 있었다. 그러나 그녀의 행복한 순간은 이 어린 시절이 전부였다.

　엘리자베트의 언니 헬레나는 준비된 예비 황후였다. 어릴 때부터 정숙하게 오스트리아의 예법을 배우며 차기 오스트리아 황실의 며느리 될 준비를 하고 있었기 때문이다. 때가 되자 오스트리아에서 상견례를 위한 무도회를 열었다. 그 당시 헬레나의 예비 남편은 요제프 황제였다. 그런데 요제프 황제는 헬레나가 아니라 엘리자베트한테 첫눈에 반했고, 둘은 곧 사랑에 빠졌다. 그때 엘리자베트는 16세였지만, 1854년 두 사람은 오스트리아 황실의 반대에도 불구하고 결혼했다. 참고로 요제프 황제는 엘리자베트의 이종사촌 오빠이기도 했다.

시월드 입성과 고부 갈등

결혼한 엘리자베트는 시어머니 조피와 고부 갈등에 휩싸인다. 조피는 엘리자베트의 이모이자 시어머니인 오스트리아의 대공비였다. 오스트리아에서 '제국의 유일한 사내'라고 불릴 만큼 여장부였던 조피는 시어머니가 되자 엘리자베트에게 엄격한 황실 예법을 강요하며 늘 이렇게 말했다.

"내 모든 행동은 왕가를 지키기 위함이다."

조피 프레데리케 폰 바이에른 왕녀

조피의 말과 행동에는 다 이유가 있었다. 하나씩 살펴보자.

조피의 삶을 송두리째 흔들었던 세 남자가 있었다. 첫 번째 남자는 그녀의 남편 프란츠 카를 요제프 대공이다. 요제프 대공은 대단히 볼품없는 외모에 무능하기까지 했다. 그래서 조피는 그에게 황위 계승을 포기하게 만들고 대신 아들 프란츠 요제프 1세에게 오스트리아 황제 자리를 물려주었다.

두 번째 남자는 조피 대공비와 염문설이 있었던 나폴레옹 2세다. 그렇다. 우리가 잘 알고 있는 나폴레옹 보나파르트의 아들이다. 그의 어머니는 마리 루이즈로 조피 남편의 누나였다. 다시 말해 나폴레옹 2세는 조피의 시누이의 아들이었다. 나폴레옹 2세는 부모가 죽자, 자신의 외가였던 오스트리아 황실에서 시간을 보냈다. 그 당시 오스트리아 빈에는 조피와 나폴레옹 2세가 사랑을 나누는 사이라는 소문이 파다했을 정도였다. 그러나 나폴레옹 2세는 1832년 21세에 폐렴으로 사망하고 말았다. 이때부터 조피는 대단히 냉정한 성격으로 바뀌었다고 한다.

세 번째 남자는 막시밀리안 1세다. 그는 조피 대공비의 차남으로 멕시코 황제가 되었는데, 프랑스의 나폴레옹 3세가 멕시코 정복 후 막시밀리안 1세에게 황위 자리를 물려주었기 때문이다. 이후 멕시코에서는 군부 혁명이 일어났고, 군부는 막시밀리안을 처형하였다. 장남보다 차남을 더 사랑했던 조피는 차남의 처형 소식에 하늘이 무너지는 심정이었을 거다. 결국 그녀는 정치에서 손을 떼고 시름시름 앓다가 뇌종양으로 사망했다.

이렇게 강한 성향의 시어머니 밑에서 엘리자베트는 심한 갈등을 겪었지만, 남편 프란츠 요제프는 그녀의 방패막이가 되어주지 못했다. 그래서 오스트리아 황실은 그녀에게 감옥 그 자체였다. 그런데 1년 뒤 애타게 기다리던 아이가 태어났다. 결혼 1년 만에 얻은 첫째 딸이었다. 그런데 조피는 엘리자베트의 동의도 구하지 않고, 손녀의 이름을 자신과 같은 조피라고 지었다. 이뿐만이 아니었다. 조피는 엘리자베트에게서 딸의 양육권마저 빼앗아버렸다. 엘리자베트가 아직 어리고 교양이 부족하다는, 말도 안되는 이유로 말이다.

조피를 낳고 1년 후 엘리자베트는 둘째 딸 기젤라를 낳았다. 엘리자베트는 두 딸을 데리고 헝가리 여행을 떠났는데 당연히 시어머니가 반대했다. 그런데 이 여행에서 첫째 딸 조피가 열병에 걸려 사망하고 말았다. 그러자 시어머니는 엘리자베트에게 독설을 퍼부었다.

"엘리자베트, 넌 어미로서 자격 미달이야! 앞으로 기젤라도 내가 양육하겠다. 아직도 오스트리아 황태자를 낳지 못하다니!"

자식을 잃은 것도 감당할 수 없을 만큼 큰 슬픔인데 시어머니는 엘리자베트의 가슴에 대못을 박은 셈이다.

4년 후 엘리자베트는 조피가 원하는 대로 루돌프 황태자를 낳았다. 그러나 조피는 루돌프마저 자신이 양육하겠다고 했다. 이 일로 엘리자베트는 극도의 스트레스를 받아 우울증에 빠지고 만다. 아이 셋을 낳았지만 자기 손으로 키운 아이가 한 명도 없는 엄마의 심정은 감히 상상하기 어려울 만큼 우울했을 것이다. 그때부터 그녀는 오직 자기 외모 가꾸는 일과 헝가리의 독립에만 집착하기 시작했다.

외모와 헝가리에 집착한 황후

엘리자베트의 외모 집착은 사람들에게 자기 관리가 철저한 것으로 비쳤다. 그녀의 키는 무려 173센티미터였지만, 코르셋 착용 기준으로 늘 19인치에서 20인치의 허리를 유지했다. 또 체중 관리를 위해서 황실에 피트니스센터를 설치하고 체중을 항상 46킬로그램에서 49킬로그램으로 유지했는데 그 비결은 철저한 식단 관리에 있었다. 엘리자베트의 하루 식사는 우유와 오렌지 여섯 개가 전부였다. 엘리자베트는 머리카락 관리도 철저하게 했는데 그녀의 머리카락은 스스로 감거나 손질할 수 없을 만큼 길었다. 그래서 늘 시종의 도움을 받아 평균 세 시간 동안 손질했다고 한다. 이렇게 코르셋으로 허리를 졸라매고, 먹는 즐

시시의 초상화

거울을 잊은 채, 외모 가꾸는 데만 집착하던 엘리자베트는 숨 막히고 지루한 황실 생활에서 벗어나기 위해 자주 승마를 즐겼다. 그녀가 승마를 할 때면 많은 사람이 그녀를 보러 몰려오곤 했는데 그럴 때마다 엘리자베트는 부채로 자기 얼굴을 가렸다. 32세 이후의 퇴색한 아름다움을 사람들에게 보여주기 싫어서였다.

그녀가 외모 가꾸기와 함께 집착했던 것이 헝가리의 독립이었다. 왜 그랬을까? 늘 자유를 갈망했던 엘리자베트에게 오스트리아 식민지인 헝가리의 상황은 마치 자신이 처한 상황처럼 느껴졌기 때문이다. 그래서 엘리자베트는 헝가리의 독립을 돕기 위해 헝가리어를 배우고, 자신의 시녀와 시종을 모두 헝가리 사람으로 바꾸는 등 헝가리와의 관계 개선을 위해 앞장섰다. 그 결과 엘리자베트는 마침내 오스트리아 헝가리 제국 탄생의 주역이 되었다. 오스트리아 헝가리 제국은 1867년, 이런 슬로건 하에 탄생했다.

'결코 갈라질 수도 결코 분리될 수도 없다.'

이후 오스트리아 헝가리 제국의 탄생과 함께 프란츠 요제프와 엘리자베트의 대관식이 거행되었는데 이때 요제프 황제는 이런 말을 했다.

"국방, 재무, 외교를 제외한 모든 분야에서 헝가리 왕국의 자치를 허락하노라!"

이렇게 헝가리는 엘리자베트의 노력으로 마침내 자유를 얻었다. 그러나 엘리자베트의 비극은 아직 끝나지 않았다.

계속되는 비극들

엘리자베트의 남편 프란츠 요제프 1세는 헝가리와의 악연으로, 오스트리아에서 저주받은 황제로 불렸다. 그 악연은 요제프 황제가 1848년 헝가리 독립혁명을 무자비하게 진압하면서 시작되었다. 이 진압으로 희생된 아들에 대한 비통함으로 한이 맺힌 카롤라이 백작부인이 요제프 1세에게 저주를 퍼부었다.

"네가 내 아들을 죽였어. 네 놈이 그 자리에 있는 한 네가 사랑하는 이들은 모두 비극적인 죽음을 맞이할 것이다."

이 저주는 현실이 되고 말았다. 루돌프 황태자가 사망한 것이다.

앞서 말했듯 루돌프 황태자의 양육을 맡은 사람은 조피 대공비였다. 그녀는 군인 출신 인물을 루돌프 황태자의 교관으로 뽑아 루돌프 황태자가 어릴 때부터 엄격하게 군인 식으로 교육했다. 어린 루돌프는 엄마한테 가고 싶어 했고, 그럴 때마다 조피는 이렇게 말했다.

"넌 군인이 되어야 해, 응석은 받아줄 수 없다."

루돌프 황태자는 지금으로 말하면 아동학대에 가까운 교육을 받았다. 권총으로 잠을 깨우고, 찬물을 끼얹고, 숲속에 홀로 두는 등 일곱 살 난 어린아이가 감당하기 힘든 교육 방식이었다. 얼마나 무서웠을까! 그러나 그때마다 어머니와 아버지는 부재중이었다. 아버지는 워커홀릭이었고, 어머니는 여행 중이었기 때문이다. 그래서 유년 시절의 루돌프는 애정 결핍, 우울증, 공황장애, 불안증, 노이로제 증상에 시달렸다.

그나마 엘리자베트는 상황의 심각성을 알고 남편에게 "교관을 바꿀 수 없다면 차라리 나를 내쫓아라!"라고 강력하게 항의했고, 그제야 요제프 1세는 조피 대공비를 설득해 교관을 좀 더 관대한 사람으로 바꿨다. 덕분에 루돌프는 새 교육팀을 아버지보다 더 가깝게 따랐지만, 신분상 이들은 루돌프를 도와줄 세력이 될 수는 없었다. 나중에 루돌프는 이들에게도 감사를 표하는 작별 유서를 남겼지만, 자신을 극한으로 몰아넣은 아버지는 없는 사람 취급하는 것으로 복수했다.

요제프 1세는 친독파이고 루돌프 황태자는 친불파에다 자유주의자였기 때문에 항상 갈등이 잦았다. 또 요제프 1세는 매우 권위적이고, 보수적이고, 독일 위주의 외교 노선을 취했다면 루돌프는 자유주의적 사고방식으로 영국과 프랑스와의 외교를 주장했다. 그래서 요제프 1세는 아들이 공부를 너무 많이 하는 걸 싫어했다. 머리에 든 게 많아지면 자신에게 기어오를 것이 걱정되었기 때문이다.

루돌프 황태자는 벨기에 국왕 레오폴드 2세의 딸인 스테파니 공주와 정략 결혼했다. 당연히 이 결혼에는 사랑이 없었고, 두 사람은 성격까지 맞지 않아 수시로 부딪혔다. 거기다 엘리자베트까지 스테파니가 신생 국가였던 벨기에의 공주여서 대제국 오스트리아 합스부르크 황실의 며느리로는 격이 맞지 않다며 무시했기 때문에 둘 사이는 더욱 나빠졌다. 그래서 루돌프는 이런 스트레스, 싸움, 쪼아대는 가족에 지쳐 툭하면 궁 밖으로 도망쳤고 평민들과 어울리며 방황을 거듭했다.

프란츠 요제프 1세

116

그러다가 루돌프는 라리쉬 백작부인에게서 알빈 폰 베체라 남작의 딸 마리 알렉산드린 폰 베체라 여남작을 소개받았다. 둘은 곧 사랑에 빠졌고, 당연히 요제프 1세는 두 사람 사이를 반대했다. 그러나 마리와 사랑에 빠진 황태자는 교황 레오 13세를 찾아가 '스테파니 황태자비와의 혼인을 무효화해달라'고 부탁했고 대경실색한 레오 13세는 미친 소리 말라며 이를 거절했다. 그리고 레오 13세가 이 사실을 요제프 1세에게 말하면서 상황은 더욱 심각해졌다. 격노한 요제프 1세는 루돌프를 불러 이렇게 말하며 나가버렸다.

"너 같은 놈의 얼굴은 보고 싶지도 않다. 제발 가정에 충실해라!"

이 때문에 어릴 적부터 축적된 스트레스와 분노, 외로움이 폭발한 루돌프는 마리와 함께 사냥용 별장이 있는 마이얼링으로 밀월여행을 떠났고 여기서 마리를 죽인 뒤 권총으로 자기 머리를 쏴 동반자살하고 말았다. 이때 루돌프는 만 30세였고, 마리는 만으로 겨우 16세였다. 이 동반자살 사건이 바로 1889년의 '마이얼링 사건'이다.

당시 이 마이얼링 사건은 오스트리아 황실에서 '누구도 루돌프의 죽음에 대해서 언급하지 말라'며 강력하게 언론을 통제했기 때문에 잘 알려지지 않았었다. 루돌프의 죽음은 자살이었고, 간통 사건에도 연루되어 있었을 뿐만 아니라, 마리를 죽인 살인 사건이기도 했으니 오스트리아 황실에서는 그럴 수밖에 없었다. 아들의 죽음 이후 엄청난 충격을 받은 엘리자베트는 죽을 때까지 검은 상복을 벗지 않았다고 한다.

황후 엘리자베트의 최후

1898년 9월 엘리자베트는 살기 위해 여행을 떠났다. 그러나 이 여행

은 그녀의 마지막 여정이 되고 말았다. 살기 위해 떠난 여행에서 죽음을 맞은 것이다. 그 전말은 이렇다.

엘리자베트는 비밀리에 스위스를 여행 중이었는데 스위스의 한 신문사에 신분이 노출되고 말았다. 그래서 오스트리아 황후의 여행 이야기라는 기사가 실렸고, 암살범 루이지 루케니가 이 기사를 읽었다. 루케니는 엘리자베트 앞을 지나가면서 가는 송곳으로 엘리자베트의 가슴을 찌르고 도망쳤는데 엘리자베트는 한참 동안 자신이 찔렸는지조차 몰랐다. 그저 소매치기라고 생각했던 거다. 검은 상복과 그 안에 받쳐 입은 코르셋 때문에, 가슴에 난 작은 상처에서 계속 피가 흘러나왔음에도 출혈의 심각성을 눈치채지 못한 것이다. 엘리자베트가 송곳에 찔려 비틀거렸을 때도 심지어 시녀와 목격자 들 역시 코르셋이 너무 조여서 그런 것으로 생각했다. 비틀거리던 엘리자베트는 스위스를 떠나는 배에 몸을 실었고, 마침내 꽉 조였던 코르셋을 풀고 나서야 자신에게 심각한 문제가 생겼음을 깨닫고 혼절했다. 코르셋을 풀자마자 과도한 출혈이 시작된 것이었다. 그러나 배에는 의사도, 간호사도 없었다. 시녀가 급히 선장에게 엘리자베트의 신분을 알리고 회항해 호텔로 옮기고는 급히 의사를 불렀지만, 엘리자베트는 단 한 번 정신을 차린 후 한마디만 남기고 사망했다.

"무슨 일이 일어난 거야?"

그녀의 마지막 유언 아닌 유언이다.

엘리자베트의 사망 소식을 들은 요제프 1세는 충격을 받아 책상에서 정신을 잃었다. 그런데 요제프 1세는 엘리자베트가 자살하지 않고 살해당했다는 점에서 오히려 위안을 얻었다고 한다. 왜냐하면 그는 항상 엘리자베트가 루돌프를 따라 자살할까 봐 두려웠고, 자살하면 가톨릭 교리에 따라 천국에 갈 수도, 구원받을 수도 없다고 생각했기 때문이다. 이후 요제프 1세는 "내가 얼마나 그녀를 사랑했는지, 그녀가 내게 얼마나 중요한 사람인지 그녀는 모를 것이야"라고 말하며 죽을 때까지 재혼하지 않고 홀로 살았다고 한다.

그런데 암살범은 왜 엘리자베트를 죽인 걸까? 다음은 그의 말이다.

"나는 신념에 따른 무정부주의자다. 나는 고통받는 사람들, 그리고 자신의 지위를 개선하기 위해 아무런 행동도 하지 않는 사람들에게 본보기를 보여줄 목적으로 군주를 죽이기 위해 제네바에 왔다. 내가 누구를 죽여야 하는지는 중요하지 않았다. 내가 찌른 것은 여자가 아니라 황후였다. 그것은 내가 보기엔 왕관이었다."

빈에서 거행된 엘리자베트 황후의 장례 행렬에 수많은 오스트리아인이 슬픔을 함께했다. 또 이 모든 비극을 겪은 86세의 요제프 1세는 68년간 제국을 이끌다 쇤브룬 궁전에서 눈을 감았다. 그의 관은 비엔나 황실 묘지에 안치되었는데 아내와 아들이 양옆에 나란히 누워 있다. 평생을 서로 겉돌다가 죽어서야 함께 모인 셈이다.

엘리자베트는 살아생전 이런 말을 했다.

"아무것도 모르는 열여섯의 나이에 팔려 가 이해하지 못하는 말들로 맹세하고 그 후 삼십 년간 후회하며 사는 것이 결혼이었다."

그렇다. 엘리자베트에게 결혼은 30년간 후회하며 사는 것이었다. 뮤지컬 〈엘리자벳〉에서는 주인공 엘리자베트가 이런 노래를 부른다.

당신들의 끝없는 강요 속에 내 몸이 묶인다 해도 내 영혼 속 날갠 꺾이지는 않아. 내 삶은 내가 선택해. 새장 속 새처럼 살아갈 수는 없어. 난 이제 내 삶을 원하는 대로 살래. 내 인생은 나의 것. 나의 주인은 나야. 난 자유를 원해! 자유!

마치 백여 년 전에 죽은 엘리자베트의 심경을 대변하는 것만 같다.

▼

지금까지 황후 엘리자베트에 관해 알아보았다. 엘리자베트는 죽어서야 영원한 자유를 얻을 수 있었다. 그리고 그녀는 영원한 오스트리아의 여인으로 남아 있다. 그런데 문득 이런 생각이 든다.

'죽어서 영원한 무엇으로 남는 것이 무슨 소용인가. 평생 자유롭게 살지 못하고 사랑하는 사람을 먼저 보내는 불행한 삶을 살았는데.'

인간은 과거도 미래도 살 수 없다. 과거는 지났으니 살 수 없고, 미래는 타임머신이 없으니 살 수 없다. 그러나 우리는 가끔 미래를 살 수 있다고 착각한다. 그래서 이런 말을 자주 한다.

"앞으로 잘 살기 위해서…."

'앞으로'는 미래다. 나는 지금까지 미래를 살아본 사람을 한 번도 보지 못했다. 당연하다. 앞서 말했듯 우리는 미래를 살 수 없기 때문이다. 그러나 미래는 분명 존재한다. 그래서 나는 미래에 대해 이렇게 정의한다.

'미래란 다가올 현재다.'

우리가 말하는 미래는 언제나 현재에서만 만날 수 있기 때문이다. 좀 더 엄밀히 말하면 현재는 '지금'이고 지금은 '찰나의 순간'이다. 그래서 미래를 가장 잘 사는 방법은 현재를 잘 사는 것이다. 그럼에도 사람들은 반대로 말한다. 내일 행복하기 위해서 오늘 받는 스트레스는 참아야 한다고.

생각해보라. 오늘 받는 스트레스를 참으면 내일이 행복하겠는가, 열받겠는가? 내일 행복해지려면 오늘을 행복하게 살아야 한다. 그래서 우리는 미래를 미리 알 수 있다. 오늘 내가 하는 말과 행동이 바로 나의 미래이기 때문이다.

황후 엘리자베트가 '지금' 루돌프에게 사랑을 충분히 주었다면 그는 자살하지 않았을 것이다. 요제프 1세가 '지금' 아내 편을 들며 조피로 부터 아내를 지켜주었다면 엘리자베트는 불행하지도, 도피성 여행을 다니지도 않았을 거다. 그러니 어떤 환경에서건 우리가 행복할 수 있는 유일한 방법은 지금, 이 순간을 행복하게 사는 방법밖에 없다. 그래서 이렇게 한마디 남겨본다.

"지금 내 모습은
과거에 내가 한 선택의 결과물이고,
미래의 내 모습은
지금 내가 하는 선택의 결과물이다.
가장 확실하게 미래를 준비하는 법은
현재를 만드는 것이다!"

아라곤의 캐서린
:
신념을 잃지 않는 것!

아라곤의 캐서린(스페인어로 Catalina de Aragón) 이야기 전에 배경지식 삼아 영국 이야기부터 들어가보자. 영국은 유럽 대륙 서북쪽의 섬나라로, 그레이트 브리튼 섬에 있는 잉글랜드, 스코틀랜드, 웨일스, 아일랜드섬 북쪽의 북(北)아일랜드 등 총 4개 지역으로 이루어져 있다. 그래서 공식 명칭은 '그레이트 브리튼 및 북아일랜드 연합왕국'인데, 보통 유나이티드 킹덤(United Kingdom), 줄여서 'UK'라고 부른다. 이곳에 사는 영국인을 영어로 브리티시(British)라 한다. 그러나 영국은 지역색이 매우 강해 잉글랜드인들은 자신들을 '브리티시'라 부르는 데 거부감이 없지만, 나머지 세 지역은 그렇게 일컫지 않는다. 스코틀랜드인들은 '스코티시(Scottish)', 웨일스인들은 '웰시(Welsh)', 북아일랜드인들은 '노던 아이리시(Northern Irish)'라고 한다.

이들은 같은 국가에 소속되어 있음에도 왜 이렇게 각자의 정체성과 문화를 고집하는 걸까? 그 이유는 UK가 완성되기까지의 역사를 보면 알 수 있는데, 단순하게 표현하면 잉글랜드가 나머지 세 나라를 강제로 편입시켰기 때문이다. 그래서 스코틀랜드, 웨일스, 북아일랜드는 반(反)잉글랜드 정서가 강하다. 이런 현상은 스포츠에서 더욱 극명하게 나타나는데 예를 들어 잉글랜드가 웨일스와 경기하면 스코틀랜드 사람들은 웨일스를 응원한다. 다시 말해 '잉글랜드만 아니면 괜찮다(Anyone but England)'는 식이다.

그 나라의 정체성을 알고 싶다면 '국기'를 보라는 말이 있다. 이들의 역사는 영국기에도 잘 나타나 있다. 영국 국기를 '유니언 잭(Union Jack)'이라고 한다. 유니언 잭은 잉글랜드, 스코틀랜드, 아일랜드의 기가 배합된 디자인이다. 잉글랜드를 대표하는 흰 바탕에 붉은색 성 조지의 십자가와 스코틀랜드의 푸른 바탕에 하얀 X자형 성 앤드루의 십자가, 북아일랜드를 나타내는 흰 바탕에 붉은 X자형 성 패트릭의 십자가가 합쳐져 현재의 유니언 잭이 되었다. 참고로 성 조지, 성 앤드루, 성 패트릭은 각 지역의 수호성인이다.

그런데 유니언 잭에 웨일스의 상징은 없다. 왜냐하면 웨일스는 유니언 잭이 만들어지기 훨씬 전인 에드워드 1세 때부터 이미 잉글랜드의 일부로 편입되어 있었고, 왕국보다 급이 낮은 공국이었기 때문이다. 또 특이한 건 국기 이름에 잘 사용하지 않는 '잭'이라는 표현이다. 잭은 '제임스 1세'의 제임스를 줄여 표현한 단어로, 상징성을 지닌다. 제임스 1세는 스코틀랜드의 국왕이었던 제임스 6세가 잉글랜드의 왕으로 공동 즉위하며 붙여진 이름이기 때문이다. 이제 본격적으로 아라곤의 캐서린 이야기로 들어가보자.

최고 권력자의 딸

아라곤의 캐서린은 아라곤 국왕 페르난도 2세와 카스티야의 여왕 이사벨 1세의 넷째 딸로, 튜더 가문으로 시집을 갔다. 현재 영국 왕실의 문장 '튜더 로즈'가 바로 튜더 가문의 것이다. 튜더 왕조는 영국의 역대 왕조 중 하나인 웨일스계 왕조로, 영국 역사상 가장 강력한 왕권을 휘두른 '절대 왕권'으로 유명하다. 1485년, 헨리 튜더가 장미전쟁(랭커스터 왕가와 요크 왕가가 잉글랜드 왕국의 왕권을 놓고 1455년에서 1485년까지 잉글랜드에서 벌인 내전으로, 랭커스터 가문의 방계 분파인 튜더 가문이 승리했다)을 끝내고 잉글랜드의 왕 헨리 7세로 즉위하면서 시작되었다가 엘리자베스 1세 이후로 직계 후손이 없어 단절되었다. 그럼에도 뒤를 이은 스튜어트 왕조의 시조 제임스 1세가 모계로는 헨리 튜더의 피를 잇고 있어 현재까지 영국 왕실의 문장은 '튜더 로즈'다.

튜더 왕조는 유럽의 변방이었던 섬나라 영국을 유럽의 중심으로 우뚝 솟게 만들었다. 118년간 튜더 왕조를 이끈 왕은 헨리 7세, 헨리 8세, 에드워드 6세, 메리 1세, 엘리자베스 1세 등 다섯 명이다. 그 선봉에 헨리 7세가 있고, 그의 아들 헨리 8세의 첫 번째 부인이 바로 '아라곤의 캐서린'이다. 첫 번째 부인이라는 말은 부인이 여럿 있었다는 뜻이고 그 여러 부인은 아라곤의 캐서린을 비롯해 앤 불린, 제인 시모어, 클레베의 앤, 캐서린 하워드, 캐서린 파 등 총 여섯 명이다. 캐서린은 통일 스페인 왕국을 성립시킨 가톨릭 부부 왕 이사벨 1세와 페르난도 2세의 막내딸로, 아라곤과 카스티야 연합왕국의 공주였다. 그래서 이름 앞에 아라곤을 붙여 '아라곤의 캐서린'이라고 부른다. 부모가 각자의 왕국을 다스리는 군주였기 때문에 특별히 고귀한 혈통으로 여겨졌고, 이에 대한 캐서린의 긍지는 훗날 그녀의 행보에 많은 영향을 미쳤다.

첫 번째 결혼과 불행

　캐서린의 어머니 이사벨 여왕은 남자 못지않은 왕의 의무를 보이기 위해 임신한 몸으로 전장에 나갔고, 캐서린은 이때 태어났다. 그리고 태어난 지 얼마 안되어 잉글랜드의 국왕 헨리 7세의 장남 아서 튜더와 약혼했다. 1501년, 15세의 캐서린은 잉글랜드로 가서 한 살 연하인 아서 왕자와 정략결혼을 했다. 두 사람은 결혼 이듬해에 아서의 영지인 웨일스로 여행을 갔다가 병에 걸리고 말았다. 아서는 부왕 헨리 7세의 기대를 한 몸에 받는 왕세자였으나 유달리 병약한 체질이었다. 캐서린은 회복했지만 아서는 목숨을 잃고 말았다. 이로써 캐서린은 16세에 '왕세자의 미망인'이 되고 말았다. 엎친 데 덮친 격으로 1504년, 캐서린의 정신적 지주였던 어머니 이사벨 1세마저 세상을 떠났다. 이런 상황에서 헨리 7세는 사돈 페르난도 2세가 지참금을 다 보내지 않았기 때문에 며느리인 캐서린이 자기에게 빚을 지고 있다고 주장했다. 당시 헨리 7세는 30여 년간의 장미전쟁으로 다른 나라 군주들에 비해 부유하지 못했고, 지독한 구두쇠로도 악명 높았다. 그런 헨리 7세에게 페르난도 2세는 지참금을 다 보냈다고 주장했기 때문에 캐서린만 시아버지와 친정아버지 사이에서 불쌍한 처지로 전락하고 말았다. 심지어 캐서린은 구두쇠 시아버지 때문에 생활비가 없어 지참금으로 가져온 보석과 식기마저 팔아야 했고, 그것도 모자라 친정 스페인에 생활비를 보내달라는 편지를 써야 할 정도였다. 이러한 상황은 무려 7년이나 계속되었다.

두 번째 결혼과 불행

결국 에스파냐와의 동맹과 지참금 모두 놓치기 싫었던 헨리 7세는 차남이자 새로운 후계자가 된 헨리 8세와 캐서린을 결혼시키기로 했다. 다행히 왕위에 오른 헨리 8세는 프랑스나 다른 나라 왕녀들과도 혼담이 오갔지만, 형수인 캐서린에게 청혼했다. 형수와 결혼하는 건 근친상간으로도 여겨질 수 있었지만, 당시에는 처녀성을 잃지 않으면 부부가 아닌 걸로 인정하는 문화가 있었고, 캐서린은 자신이 아서와 합방하지 않은 처녀임을 입증하는 절차를 거쳤기에 교황청에서도 둘의 결혼을 허가했다. 1509년, 23세의 캐서린은 18세의 헨리 8세와 정식으로 결혼식을 올리고 잉글랜드의 왕비가 되었다. 7년이라는 우여곡절 끝에 헨리 8세와 결혼하게 된 것이다.

헨리 8세는 꽃미남에, 못하는 스포츠가 없고, 음악과 예체능, 외국어에도 능통했으며 사냥까지 잘하는, 한마디로 잘생긴 지성인이자 스포츠맨이었다. 캐서린 역시 새하얀 피부와 붉은 기

헨리8세

가 도는 금발과 푸른 눈동자를 모두 갖춘 아름다운 여인이었기에 헨리 8세는 캐서린에게 푹 빠져들었다. 훗날 헨리 8세가 앤 불린과 결혼하기 위해 캐서린을 냉정하게 내치며 이혼을 강행한 것 때문에 헨리 8세와 캐서린의 결혼이 애정 없는 철저한 정략결혼이었다고 오해하지만, 적어도 캐서린과 결혼할 당시 헨리 8세는 캐서린을 진심으로 사랑했다. 이는 그가 20대에 쓴 시, '다시 한번 기회가 주어진다고 해도 나는 캐서린과 결혼할 것이다'라는 문구에 잘 나타나 있다.

시련 끝에 헨리 8세의 왕비가 되어서인지 캐서린은 태어날 때부터 주어진 에스파냐의 왕녀 지위보다 잉글랜드의 왕비 지위에 더 높은 자긍심을 가졌다고 한다. 캐서린은 3남 3녀를 낳았는데 공교롭게도 살아남은 자식은 딸인 메리 1세뿐이었다. 그래서 헨리 8세는 앤 불린을 만나기 전까지만 해도 유일한 적자인 메리 1세를 매우 아꼈다고 한다.

그러나 헨리 8세는 캐서린이 점점 나이 들고 아이를 낳을 가능성이 줄어들자, 자신에게 후계자가 생기지 않을까 봐 매우 두려워하기 시작했다. 왜냐하면 튜더 왕가 이전의 잉글랜드 왕가인 플랜태저넷 왕조의 계승자들이 아직 생존해 있었기에 자신에게 후계자가 생기지 않으면 왕위를 찬탈당할 수도 있었기 때문이다. 또 헨리 8세는 독실한 가톨릭 신자로서 형수를 아내로 삼았다는 것에 오래도록 죄책감을 느끼고 있었다. 왜냐하면 구약성서 레위기 20장 21절의 구절 때문이었다.

'형제의 아내를 취하면 자손을 보지 못하리라.'

이런 상황에 그 유명한 앤 불린이 등장했다. 앤 불린은 그 시대의 전통적인 여성상과 전혀 다른 발랄함과 세련된 매력이 있었고 외국어와 화술에 능통하고 매너까지 뛰어난 머리 좋은 여성이었다. 헨리 8세는 그런 앤 불린에게 단숨에 반해버렸다. 그러나 앤 불린은 다른 여성들처럼 왕의 정부가 되는 것을 원치 않았기에 헨리 8세와의 육체관계를 피

앤 불린

했다. 그 대신 한껏 몸이 달아오른 헨리 8세에게 "결혼하면 원하는 대로 저를 가질 수 있고 왕자도 낳아드릴 수 있습니다. 그러니 저를 왕비로 삼으세요"라며 왕비 자리를 요구했다. 결국 헨리 8세는 앤 불린을 왕비로 책봉하기 위해 캐서린과 헤어질 결심을 한다.

헨리 8세는 캐서린이 형인 아서의 아내였다는 점, 형수와 결혼해서는 안 된다는 《성경》의 구절을 어겼다는 이유 등을 핑계로 로마 교황 클레멘스 7세에게 혼인 무효를 청구했다. 그러나 클레멘스 7세는 위세 높은 에스파냐와 신성로마제국의 압박에 눌려 이를 기각했다. 이 공방은 무려 7년이나 지속되었다. 그 과정에서 유일한 딸 메리 1세를 지키기 위해 극렬히 이혼을 거부하는 캐서린과 왕비로 세워달라고 닦달하는 앤 불린 사이에 끼인 헨리 8세는 지칠 대로 지쳐버렸다.

캐서린은 이 상황을 잘 견뎌내면 헨리 8세가 결국 자신에게 돌아올 것이라고 믿었다. 왜냐하면 캐서린은 이미 시아버지에게 받은 '7년간의 냉대'라는 시련과 고난을 견뎌냄으로써 남편, 딸 메리 1세, 잉글랜드의 왕비라는 영광을 보답으로 받은 경험이 있었기 때문이다. 그래서 캐서린은 이 상황을 큰 보답이 올 또 다른 시련이라고 생각했던 거다.

그러나 헨리 8세의 태도는 전혀 달랐다. 그는 순종적이라고 생각했던 캐서린이 이혼을 거부하며 강하게 버티자 매우 화를 내며 그녀를 증오하기 시작했다. 헨리 8세는 캐서린을 멀리하기 시작하더니 급기야

근위병들을 시켜 궁정에서 강제로 내쫓아버렸고, 딸 메리 1세도 만나지 못하게 막았다. 심지어 앤에게 주기 위해 캐서린이 지니고 있던 왕가의 보석들마저 강제로 빼앗아버렸다. 그러나 교황청에서는 헨리 8세와 캐서린의 결혼은 적법하다고 선언했다. 캐서린의 조카인 신성로마제국의 황제 카를 5세의 압박 때문이었다.

상황이 이렇게 되자 헨리 8세는 그의 비서장관 토머스 크롬웰의 조언을 받아 더 강수를 두었다. 토머스는 헨리 8세에게 이렇게 조언했다.

"폐하께서 이혼하시는 데 왜 교황의 허락을 받아야 합니까? 이제부터 교황이 아닌 폐하께서 영국 교회의 수장(首將)이 되십시오!"

그의 조언에 헨리 8세는 몹시 기뻐하며 1534년 수장령(로마 교황이 아닌 영국의 왕이 영국 국교회의 수장이 되는 법령)을 발표해 교황에게 결별을 선언하고, 스스로 잉글랜드 국교회의 수장이 되었다. 그리고 그 권력으로 캐서린과의 혼인을 무효화하고, 그 직위를 폐위시켰다. 이렇게 탄생한 것이 오늘날의 성공회다. 한 사람의 이혼 사건이 새로운 교단을 탄생시킨 것이다.

캐서린의 최후

강제 이혼을 당한 캐서린은 킴볼튼 성으로 쫓겨나 초라하고 궁핍하게 살아야 했다. 헨리 8세가 생활비는 물론 연금조차 끊어버렸기 때문이다. 가장 힘든 것은 딸 메리와의 생이별이었다. 독실한 가톨릭 신자였던 캐서린이 의지할 것은 종교뿐이었다. 그래서 말년에 그녀는 어쩔 수 없이 수녀원에 들어가 종교 활동에만 전념했는데 그것도 잠시였다. 그녀가 수녀원에 들어간 지 2년 만에 향년 51세로 세상을 떠났기 때문이다. 그녀의 사후 시신을 부검한 부검의가 이런 기록을 남겼다.

'심장에 시커멓게 종양이 있었다.'

얼마나 많은 한이 맺혔으면 심장이 시커멓게 탔을까! 정말 안타까운 죽음이 아닐 수 없다.

살아생전 캐서린은 신앙심이 깊고, 예의 발랐으며, 가난한 백성에게 자선을 베푸는 등 귀족들과 백성들 사이에서 덕망 높은 왕비였다. 그래서 많은 귀족과 백성이 그녀의 장례식에 찾아와 애도를 표했다. 훌륭한 인품의 그녀는 남편을 원망하는 대신 다음과 같은 편지를 남기며 끝까지 딸 메리를 챙겼다.

'당신이 내게 저지른 모든 것을 용서할 테니 우리 딸 메리를 잊지 말아주세요. 그리고 마지막으로 이 말을 남기고자 합니다. 한 번만이라도 다시 당신을 보고 싶습니다.'

딸과 남편을 얼마나 사랑했으면 이런 편지를 남겼을까! 그녀는 그렇게 평생 순수한 사랑을 했다.

그러나 헨리 8세는 끝까지 잔혹했다. 캐서린이 죽었다는 소식을 듣고도 장례식장에 나타나지 않았고, 딸이 어머니 장례식에 가는 것조차 막는 지독함을 보였으며, 앤과 함께 축하를 상징하는 노란 옷을 입고 공식 석상에 나타날 정도였다. 심지어 앤은 캐서린의 사망 소식을 듣자 "이제야 내가 진정한 왕비가 되었다"라며 의기양양하게 말하고 다녔다는 비화도 있다.

OTT(인터넷을 통해 볼 수 있는 TV 서비스)에 이혼 변호사를 주인공으로 하는 〈굿 파트너〉라는 프로그램이 있다. 나는 이 프로그램을 보면서 하나의 공통점을 발견했다. 모든 상간녀와 상간남이 반성하는 대신 상간 대상의 배우자에게 문제가 있어서 일어난 일이라고 자신을 합리화한다는 점이다. 더욱 놀랍게도 아무런 죄책감 없이 배우자의 자리를 차

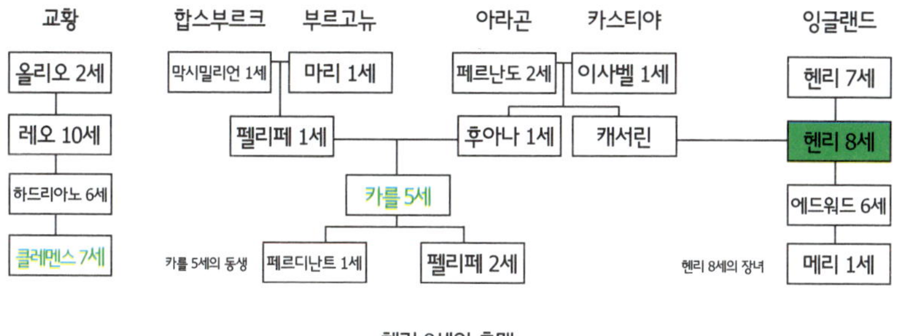

헨리 8세의 혼맥

지하려고 든다. 마치 앤 불린처럼 말이다. 그러나 그 끝은 늘 불행했다. 앤 불린처럼 말이다. 앤 불린은 왕비가 된 지 얼마 지나지 않아 자신도 똑같이 아들 못 낳는다는 이유로 온갖 모함을 받으며 처형당했다. 그녀의 딸 엘리자베스는 비록 사생아로 전락하는 수모를 겪었으나, 훗날 잉글랜드의 황금기를 이끄는 엘리자베스 1세가 된다 역사의 아이러니가 아닐 수 없다. 한편, 캐서린의 꼿꼿한 자존감은 그녀의 딸 메리가 훗날 잉글랜드 최초의 실질적 여왕(메리 1세)으로 등극하여 어머니의 명예를 되찾고자 고군분투하는 데 지대한 영향을 미쳤다..

　지금까지 아라곤의 캐서린의 삶과 죽음에 관해 이야기했다. 그녀는 최고의 가문에서 태어났지만, 불행한 결혼으로 불행한 인생을 살다가 생을 마감했다. 그러나 숨이 다할 때까지 자신이 잉글랜드의 진정한 왕비라는 자긍심을 내려놓지 않았다. 그래서 앤 불린이 왕비로 즉위한 뒤에도 모든 문서에 '왕비 캐서린'이라고 서명했다. 비록 삶은 불행했지만 보통 사람으로서는 보이기 힘든 대단한 정신력과 자존감을 보여준 것이다. 그녀의 이런 모습은 딸 메리 1세가 훗날 여왕으로 등극하는 데

많은 긍정적 영향을 미쳤다. 그녀가 없었다면 메리 1세 여왕도 없었을 것이라는 평가가 나왔을 정도다.

캐서린은 어떻게 끝까지 품위와 자존감을 잃지 않을 수 있었을까? 나는 신념의 힘이라고 생각한다. 나에게 신념이란 '증거를 보지 않고도 내가 원하는 일이 일어날 것이라고 믿는 마음'이다. 캐서린에게는 그런 신념이 있었다. 자신이 잉글랜드의 왕비가 될 거라는 신념이 있었고, 남편이 다시 돌아올 거라는 신념이 있었다.

나에게도 그런 신념이 있었다. 사업가이면서 강사가 될 것이라는 신념, 책 한 줄 써본 적 없으면서 작가가 될 것이라는 신념, 100돌이 수준의 골퍼이면서 골프 코치를 할 수 있으리라는 신념, 컨설팅은 해본 적도 없으면서 컨설턴트가 될 수 있으리라는 신념이 있었다. 그리고 나는 이 모든 신념을 현실로 만드는 데 성공했다. 그래서 나의 직업은 강사, 강사 양성가, 경영컨설턴트, 골프 코치, 작가 등등이다. 신념이 있었기에 행동했고, 행동했기에 따라온 성과들이다.

이 다섯 직업에는 한 가지 공통점이 있다. 바로 '인재 양성'이라는 업(業)이다. 인재를 양성하는 일은 내가 가장 좋아함과 동시에 잘하는 일이다. 그래서 나는 죽을 때까지 인재 양성가로 살고 싶고, 그렇게 살 수 있으리라는 신념이 있다. 신념대로 되든 안되든 상관없다. 신념은 나에게 닥쳐올 어떤 고난과 역경도 극복할 힘이 되어줄 테니 말이다.

"원하는 삶이 있는가?
그렇다면 그 삶을 살 수 있을 것이라는
신념부터 가져라!
신념은 행동하게 만들고
행동은 성과를 만들기 때문이다!"

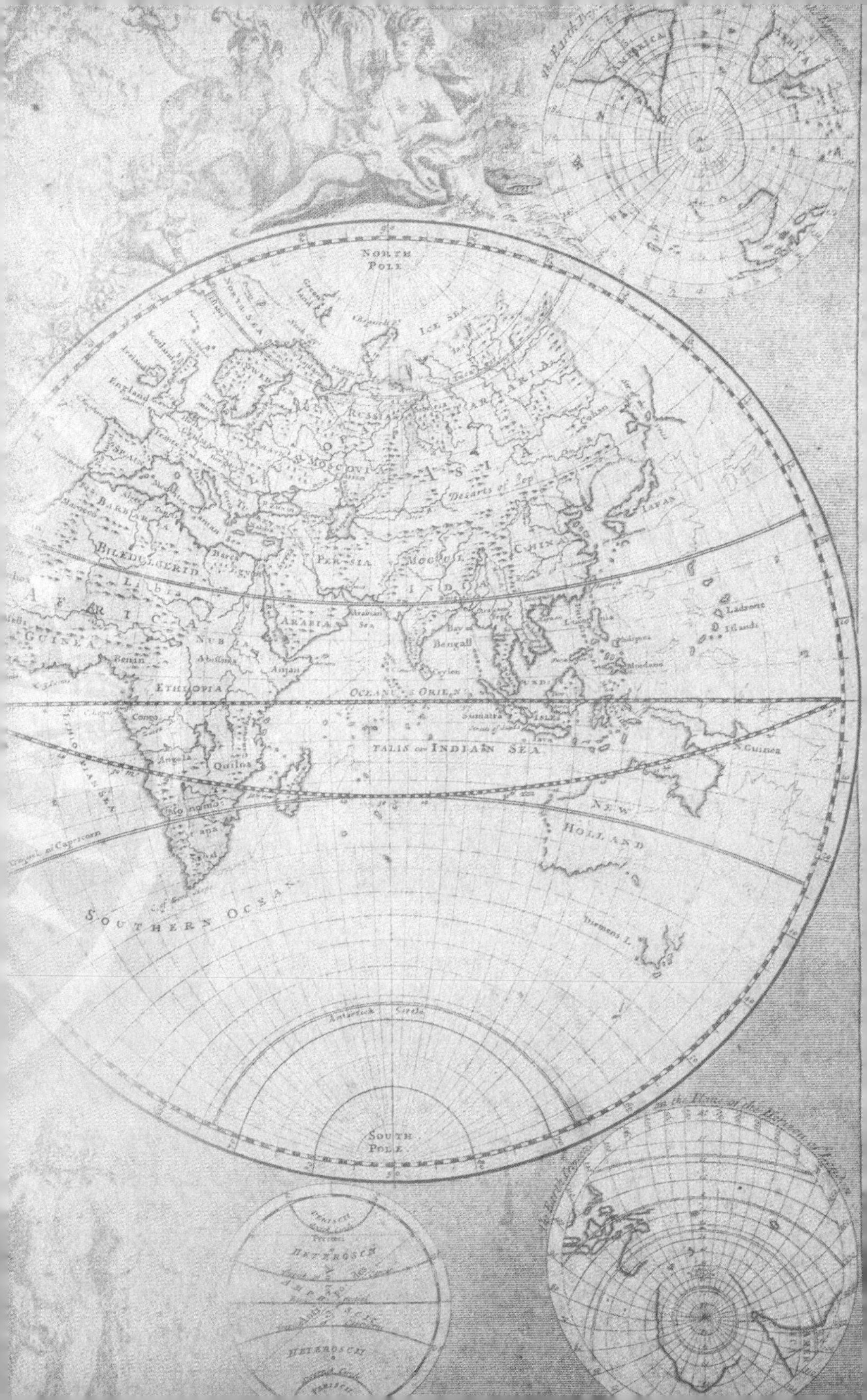

NORTH POLE
ICE SEA
NORTH SEA
RUSSIA
MOSCOVIA
TARTARIA
ASIA
EUROPA
Desarts of Lop
JAPAN
England
SPAIN
BARBARIA
BILEDULGERID
Libia
PERSIA
MOGUL
CHINA
AFRICA
GUINEA
NUBIA
ARABIA
INDIA
Ladrone Islands
Benin
Abissina
Arabian Sea
Bay of Bengall
Ethiopia
Anian
Ceylon
Mindano
OCEANUS ORIEN
C. Lopes
Congo
Sumatra
TALIS or INDIAN SEA.
N. Guinea
Angola
Quiloa
Monomo
apa
NEW HOLLAND
Tropic of Capricorn
ETHIOPIAN SEA
C. of Good Hope
SOUTHERN OCEAN
Diemens L.
Antartick Circle
SOUTH POLE
PERISCII
HETEROSCII
HETEROSCII
PERISCII

피의 메리
:
자기 삶의 주인공이 되는 것!

세계사에는 두 명의 메리 여왕이 등장한다. 한 명은 스코틀랜드 왕국 스튜어트 왕조의 제8대 여왕인 메리 스튜어트요, 다른 한 명은 헨리 8세와 아라곤의 캐서린 사이에서 태어난 외동딸이자 '메리 튜더'라고 불리는 메리 1세다. 두 사람은 모두 잉글랜드의 엘리자베스 1세 여왕과 깊은 관련이 있다. 엘리자베스 1세는 앞서 '아라곤의 캐서린' 편에서 다루었던 앤 불린의 딸이자 메리 1세의 이복동생이다.

메리 1세의 뒤를 이어 여왕으로 등극한 엘리자베스 1세가 참수시킨 인물이 메리 스튜어트라면, 지금부터 이야기할 인물은 잉글랜드의 메리 1세 여왕이다. 메리 1세 여왕에게는 유명한 별칭이 있는데, 바로 '피의 메리(Bloody Mary)'다. 도대체 그녀가 얼마나 잔혹했기에 이런 별칭이 붙은 것일까? 시각을 뒤집어 보자면, 그녀가 얼마나 많은 고난과 시련을 겪었기에 '피의 메리'가 되어야만 했을까? 지금부터 차근차근 살펴보자.

공주에서 사생아로

　헨리 8세는 앤 불린을 만나기 전까지는 아내 캐서린과 무남독녀 메리를 매우 사랑했다. 특히 딸 메리를 아꼈는데 오죽했으면 메리가 태어나자마자 '프린세스 오브 웨일스'로 봉했을 정도다. 하지만 헨리 8세가 캐서린과 이혼하기 위해 7년에 걸친 혼인무효 소송을 하는 과정에서 메리는 시종일관 어머니 캐서린의 편을 들었고 이 때문에 아버지와 멀어지고 말았다.

　수장령까지 발표하며 캐서린과 이혼한 헨리 8세는 결국 앤 불린과 재혼했고 이 때문에 당시 17세였던 메리의 처지는 위태로워졌다. 왜냐하면 헨리 8세가 앤 불린과의 결혼에서 태어날 자녀의 적법성을 확보하기 위해 메리를 미리 사생아로 선포하고 그녀의 공주 작위와 왕위 계승권까지 박탈해버렸기 때문이다. 이로써 메리는 하루아침에 '왕실의 하나뿐인 적통 공주'에서 '사생아'로 전락하고 말았다.

이복동생의 시녀

　메리가 사생아로 전락하자 계모 앤 불린은 그녀를 자신의 딸 엘리자베스의 시녀로 만들어버렸다. 물론 헨리 8세의 묵인이 있었기에 가능

했을 터다. 한때 잉글랜드의 적통 공주였던 메리로서는 엄청난 굴욕이었다. 왕족이니 뭐니 하는 이유는 차치하고라도 남편의 친자식을 자기 자식의 시녀로 만든 것이니 상식을 벗어나는 처사였다. 그럼에도 헨리 8세가 묵인한 것은 엘리자베스가 첫 번째 적통 왕녀인 메리보다 높은 위치에 있음을 보여주기 위해서였다.

헨리 8세가 이런 식으로 메리를 견제한 이유는 종교 때문이었다. 그 당시 헨리 8세는 잉글랜드 내에 있는 교회 수장을 잉글랜드의 군주가 임명할 수 있는 수장령을 선포한 것을 제외하고는 가톨릭 교리를 바꾸지 않았다. 그래서 잉글랜드 주교들의 수장령에 대한 동의는 얻었지만, 친 가톨릭 성향 신하들의 마음은 얻지 못했다. 헨리 8세는 여전히 메리 공주를 구심점으로 삼고 있는 친 가톨릭 성향 신하들, 즉 잉글랜드 내 가톨릭 복귀 세력이 반란을 일으킬까 봐 두려워했고, 그 반란을 미리 차단하기 위해 메리를 견제했던 거다. 이뿐만 아니라 외부 가톨릭 세력이 잉글랜드에 영향을 미치지 못하도록 외부에서 들어오는 메리의 혼사 제안도 모두 거절해버렸다. 그래서 메리는 헨리 8세가 죽을 때까지 노처녀로 살아야 했다.

다시 공주로

하지만 이런 상황은 오래가지 않았다. 아라곤의 캐서린에게서 왕비의 자리를 빼앗고 메리를 학대한 앤 불린이 딸 엘리자베스 공주 출산 후 계속 유산하며 결국 아들을 낳지 못한 것이다. 꼭 후계자가 될 아들을 얻고 싶었던 헨리 8세는 이번에는 앤 불린의 시녀인 제인 시모어를 아내로 맞기 위해 앤 불린에게 불륜, 근친상간 등 온갖 모함성 죄

목을 갖다 붙여 그녀를 런던탑에
서 참수해버렸다. 앤 불린이 왕비
가 된 지 1,000일 만이었다. 그래서
앤 불린을 '천일의 앤'이라고 부른
다. 앤 불린 처형 후 그녀의 딸 엘리
자베스 역시 사생아로 강등되었으
니 그녀는 자신의 죄만큼 비참한
벌을 받은 셈이다.

헨리 8세는 앤 불린 처형 후 단
11일 만에 제인 시모어와 결혼했
다. 다행히 제인 시모어는 아들을
낳았지만 10여 일 만에 출산 후유
증으로 사망하고 말았다. 헨리 8세
는 제인 시모어 살아생전에 이런
말을 자주 했다.

"My true wife".

아들을 낳아준 진정한 아내라는
뜻이다. 그래서 헨리 8세의 무덤은
제인 시모어의 무덤 옆에 있다.

헨리 8세는 그토록 간절히 원하
던 아들 에드워드 6세를 낳았지만,
유아사망률이 워낙 높은 시대였기
에 아들이 하나뿐인 것이 불안했
다. 그래서 에드워드가 일찍 죽거
나 후사를 못 남길 경우를 대비해

제인 시모어

에드워드 6세

138

메리와 엘리자베스의 왕위 계승권을 복권해주었다. 그러나 적녀로 인정하지는 않았다. 앤 불린과 달리 독실한 가톨릭 신자였던 제인 시모어는 메리를 각별히 여기고 아꼈다. 그녀는 메리와 헨리 8세의 화해를 중재했는데, 그 과정에서 헨리 8세는 딸에게 '어머니 캐서린의 결혼을 부정하고 자신이 사생아임을 인정할 것'을 요구했다. 그동안 메리는 "하느님과 나의 양심이 허락하는 것만 인정하겠다"라고 버텼지만 제인 시모어의 조언에 따라 결국 아버지의 요구대로 어머니와의 결혼이 불법이었다는 서류에 서명했고, 그로써 비로소 공주 신분을 회복할 수 있었다. 그러나 이 일은 메리에게 죽을 때까지 큰 후회와 자책으로 남았다.

여왕 메리 1세

　헨리 8세가 죽고 에드워드 6세가 즉위하자, 메리의 지위는 더욱 위태로워졌다. 에드워드 6세가 어린 탓에 치세 초반에는 에드워드의 외삼촌 시모어가, 그가 실각한 후에는 노섬벌랜드 공작이 섭정을 했다. 시모어와 노섬벌랜드는 모두 개신교(칼뱅주의) 성향이었기에, 가톨릭 세력의 구심점인 메리를 경계 대상 1호로 여겼다. 더욱이 이복누나 메리와 사적으로 친밀했던 에드워드 6세마저 다음 왕위 계승권자인 메리가 왕위에 오른 후 가톨릭 회귀 정책을 펼칠 것을 우려하였다. 그래서 에드워드 6세는 메리 대신 친척이자 개신교도인 제인 그레이를 왕위 계승자로 지명하고는 16세에 사망했다. 제인 그레이가 노섬벌랜드 공작의 아들인 길포드 더들리와 결혼했기 때문에, 노섬벌랜드 공작은 며느리를 여왕으로 추대하기 위해 메리를 제거하려고까지 들었다. 하지만 이런 정황을 미리 알아차린 메리는 일찌감치 지지자들 사이에 숨어

가톨릭 신자들이 뭉쳐 있는 서퍽의 요
새로 피신해버렸고, 에드워드 6세 사후
본격적으로 군대를 모았다. 노섬벌랜드
공작도 반격을 시도했으나 애초에 정통
성 문제에서 심각하게 밀렸기 때문에,
이탈자들이 속출하면서 반 메리 전선은
금방 와해되었다. 이 기세를 타고 승기
를 잡은 메리는 1553년 8월, 이복동생
엘리자베스를 대동한 채 수많은 귀족
과 인파의 환영을 받으며 런던에 입성
했고, 같은 해 10월 1일 웨스트민스터
사원에서 드디어 메리 1세 여왕으로 즉
위했다. 그녀의 나이 37세였다.

1544년의 메리 1세

피의 메리

여왕으로 등극한 메리 1세는 평소 꿈꿨던 피의 복수와 종교개혁을
시작했다. 왕위를 참칭한 제인 그레이를 비롯한 노섬벌랜드 공작 일가
를 처형했고, 시골에서 병석에 누워 있던 엘리자베스는 죽이지 않고 런
던탑의 '반역자의 문' 뒤에 감금했다. 엘리자베스를 죽이지 않은 것은
엘리자베스가 겉으로나마 잉글랜드 교회가 가톨릭으로 복귀한 걸 받
아들여 처형할 명분이 없었기 때문이다. 또 다른 이유로는 자신을 제외
한 튜더 왕조의 유일한 후손인 엘리자베스를 죽이면 귀족들끼리 차기
왕권 분쟁이 벌어질 게 뻔했기 때문이다.

이제 메리는 일생의 숙원인 가톨릭 국가 만들기에 박차를 가했다. 로마 가톨릭에서 독립한 잉글랜드 국교회(성공회의 전신)를 다시 가톨릭으로 복귀시켰고, 심복인 스티븐 가드너를 시켜 신교도 사제 2,000명을 쫓아냈다. 이는 당시 잉글랜드 전체 사제의 4분의 1에 달하는 수치였다. 또한 개신교 성향이 가장 뚜렷한 글로스터 주교 존 후퍼와 세인트 폴 성당 사제 로저스를 체포해 화형에 처했다. 이어서 기존 잉글랜드 교회 수뇌부의 니콜라스 리들리, 휴 라티머를 체포해 역시 화형에 처했다. 이제 남은 것은 토머스 크랜머였다. 토머스 크랜머는 기존 잉글랜드 교회에서 가장 대표적인 인물로, 헨리 8세로 하여금 수장령을 발표하게 해 메리 여왕의 어머니 캐서린과 이혼하게 만든 철천지원수였다. 그러나 크랜머는 로마 교황청으로부터 공식 임명장을 수여받았기에 다른 주교들처럼 강압적으로 탄압할 수 없었다. 그래서 메리 1세는 지속적인 회유와 협박으로 크랜머가 '나는 더 이상 개신교가 아니고 가톨릭이다'라고 서명하게 했고 민심을 안정시키고자 그를 강론대에 올렸다. 그런데 조용하게 기도문을 읽으며 미사를 진행하던 크랜머가 갑자기 소리치기 시작했다.

"이건 모두 가짜다! 나는 협박에 넘어가 교회를 배신하는 큰 죄를 지었다. 화형당하면 이 오른손을 가장 먼저 태우겠다! 교황은 적그리스도다!"

결국 토머스 크랜머는 강론 도중 끌려가 평사제로 강등당한 뒤 화형당하였다. 그는 화형대에 불길이 일어나자, 자기가 말한 대로 오른손을 먼저 내밀어 태웠다고 한다. 이 장면은 많은 잉글랜드 국민에게 '영국판 이차돈' 같은 순교로 여겨졌기에 잉글랜드에서 성공회가 널리 퍼지는 계기가 되었다. 메리 1세는 이렇게 종교개혁으로 잉글랜드에 피바람을 몰고 왔다.

유럽 역사를 보면 유독 화형이 많은데, 왜 그럴까? 교회에서는 천국과 지옥 사이에 죄를 씻는 공간 '연옥'이 있다고 생각한다. 여기서 죄를 씻고 나면 다시 천국에 갈 수 있는데 그 죄를 씻는 방법이 바로 불에 타는 것이다. 그래서 이단자들이 죄를 지으면 그 죄를 씻기려고 화형에 처했다. 메리 1세는 재위 시절 수백 명을 말뚝에 묶어 화형에 처했다. 그 대상이 크랜머 대주교 같은 사람들뿐만 아니라 일반 평민 개신교도들까지 이르렀기에 모든 백성이 메리 1세를 잔인한 여왕이라고 여겼고, 바로 '피의 메리'라는 별명이 붙었다. 우리 역사에 비추어보면 메리 1세는 '잉글랜드의 연산군'이랄까.

사랑받지 못한 아내

메리 1세는 늘 이런 꿈을 안고 살았다.

'나도 사랑이라는 걸 해보고 싶다.'

하지만 그녀는 헨리 8세와 다른 섭정들의 방해로 결혼하지 못한 채 여왕이 되었다. 그런데 여왕 등극 후에는 여러 왕국에서 청혼이 빗발쳤다. 이때 그녀에게 비밀 청혼을 한 남자가 있으니, 스페인 국왕 펠리페 2세다. 그 당시 펠리페 2세는 27세, 메리 여왕은 38세로 자그마치 열한 살 차이였지만 메리 여왕은 잘생기고 젊은 펠리페 2세에게 빠지고 말았다. 더욱이 스페인은 그녀가 추구하는 가톨릭 국가이기도 했다. 그러나 대부분의 잉글랜드 국민은 두 사람의 결혼을 반대했다. 왜냐하면 당시 법에서는 여왕이 결혼하면 여왕의 직위와 소유물을 남편과 나누게 되어 있었기 때문이다. 만약 메리 여왕이 펠리페 2세와 결혼하면 그녀의 직위를 남편과 나누어야 할 것이고, 자녀가 태어난다면 그 자녀가 잉글랜드의 국왕이 될 수도 있었다. 또 당시 스페인은 잉글랜드보다 훨씬 강한 가톨릭 국가였기 때문에 잉글랜드가 스페인 속국의 처지로 전락할 수도 있었다. 다시 말해 잉글랜드 국민은 '조국인 잉글랜드 왕국이 스페인에 혼수품으로 팔려 간다'라고 느낀 것이다. 그러니 잉글랜드 국민이 좋아할 리 만무했고, 메리 1세의 골수 지지층마저 반발하였다.

메리 여왕의 결혼에 대한 반대가 얼마나 심했던지 당시 수많은 개신교 신자가 반란을 일으킬 정도였다. 대표적인 반란이 '토머스 와이어트 경의 반란'이었다. 토머스 와이어트는 여왕의 결혼에 반대한다며 병력 4,000명을 데리고 런던으로 쳐들어왔다. 결과적으로 메리 여왕에게 진압당했지만, 이 사건은 메리 여왕이 개신교 세력들을 피로써 제거하기로 결심한 결정적 계기가 되었다.

펠리페 2세

결국 메리 1세는 다음의 조건에 동의하고 나서야 결혼할 수 있었다.

'펠리페는 메리 1세가 살아 있을 때까지만 잉글랜드의 왕으로 재위하고, 둘 사이에 합법적 후사가 없이 다음 세대로 넘어갈 경우 펠리페와 그 후계는 잉글랜드에 대한 권리가 없으며, 동군연합은 그대로 해소된다.'

비록 정략결혼이었지만 메리 1세는 펠리페 2세를 진심으로 사랑했다. 아니, 어쩌면 어머니처럼 되고 싶지 않았는지도 모른다. 그래서 그녀는 늘 남편이 결혼식 때 선물한 진주 목걸이를 간직하며 사랑받기를 원했고, 간절히 후계자를 낳고 싶어 했다. 그러나 하늘을 봐야 별을 딴다고, 결혼 후 펠리페 2세는 잉글랜드로 거의 오지 않았다. 그런 남편에게 메리 여왕은 '잉글랜드로 좀 오라'고 애원하는 편지를 쓰기도 했다. 그럴 때마다 펠리페 2세는 온갖 핑계를 대며 거의 그녀의 요청을 무시했다. 이 과정에서 메리 여왕은 두 번의 상상 임신을 했다. 훗날의 기록에 따르면, 그녀의 뱃속에 난소 종양이 있어 점점 배가 나온 것이었다. 두 번의 상상 임신 기간 동안 여왕의 위신은 땅에 떨어졌고, 펠리페 2세는 그녀를 더욱 멀리했다. 그는 메리 여왕을 '양치기 소년'이라고 여겼고 스페인-프랑스 전이 일어나기 전까지 더는 잉글랜드에 발걸음하지 않았다.

메리 1세가 남편을 기다리며 우울한 세월을 보내고 있던 어느 날 갑자기 펠리페 2세가 찾아왔다. 그녀를 보기 위해서가 아니라 스페인-프랑스 전쟁에 동참해달라는 부탁을 하기 위해서였다. 여왕은 사랑하는 남편의 말을 거절할 수 없었다. 그녀는 온 국민이 반대하는 징집을 했고, 결국 프랑스에 잉글랜드 군대를 파병하였다. 그 결과는 처참했다. 프랑스에 칼레를 빼앗긴 것이다. 칼레는 섬나라 잉글랜드의 대륙 진출 교두보가 되는 아주 중요한 지역으로 잔다르크가 활약했던 '백년 전쟁' 동안에도 프랑스 내에 남은 유일한 영국 땅이었다. 또 칼레는 경제적으로도 굉장히 요충지였다. 양모 산업이 발달한 잉글랜드는 칼레를 거점으로 양모를 유럽에 수출했는데 이때 거둬들이는 관세 수입의 대부분이 잉글랜드 재정으로 들어왔기 때문이다. 그 관세는 영국 재정의 무려 35퍼센트였다. 당연히 메리 여왕에 대한 민심은 급속도로 돌아설 수밖에 없었다. 결국 여왕은 늘 사랑받고 싶어 했지만 아버지, 남편, 영국 국민 등 그 누구의 사랑도 얻지 못한 비운의 여왕이 되고 말았다.

쓸쓸한 죽음

　메리 여왕은 오로지 남편을 위해 스페인-프랑스 전쟁에 참전했다. 그러나 펠리페 2세는 고마워하기는커녕 그녀의 허락도 없이 프랑스와 전쟁을 끝내는 협정을 맺어 칼레를 프랑스에 넘겨주었다. 이것은 메리 여왕을 버린 거나 마찬가지였다. 그 충격이 얼마나 컸는지 메리 여왕은 1558년 여름부터 건강이 급속도로 나빠지더니 같은 해 11월, 치세 5년 만에 사망하고 말았다. 현대 의학의 관점으로는 난소암이 사인으로 추정된다. 향년 42세였다. 그녀의 임종을 지킨 사람이 몇몇 시녀가 전부였다고 하니 말로 표현할 수 없을 만큼 쓸쓸한 죽음이 아닐 수 없다.

　메리 1세는 죽기 전 늘 이 두 단어를 중얼거렸다고 한다.

　"펠리페, 칼레, 펠리페, 칼레…."

　그녀가 간절히 원했던 사람과 땅의 이름이다. 그래서일까? 메리 1세는 죽을 때 이런 유언 아닌 유언을 남겼다고 한다.

　"내가 죽으면 심장에 펠리페와 칼레 두 글자가 박힐 것이다."

　그녀는 세인트 제임스 궁전에서 유명을 달리했다. 잉글랜드 국민은 '공포 정치가 막을 내렸다'라며 그녀의 죽음에 환호했다. 그러나 적어도 펠리페 2세는 애통해하는 척이라도 해야 할 것이었다. 그런데 그는 이렇게 말했다.

　"메리의 죽음에 대해 적정한 정도의 슬픔을 느낀다."

　'적정한'이라니. 도덕적으로 도저히 용납되지 않는 표현이다. 더 기가 막힌 것은 메리 1세가 숨을 거두기가 무섭게 펠리페 2세가 엘리자베스에게 청혼했다는 사실이다. 아내가 죽은 것도 아닌데 처제에게 청혼하다니! 이것으로 끝이 아니었다. 메리 여왕의 애통함은 죽어서도 계속되었다. 그녀는 죽어서 어머니 캐서린 곁에 묻히기를 원했다. 그러나 그녀의 시신은 지금, 그녀가 가장 미워했던 엘리자베스와 함께 웨스트민스터 사원에 묻혀 있다. 한 사람의 인생이 어떻게 이처럼 비극적일 수 있는지 참으로 허무하기까지 하다.

지금까지 메리 1세의 이야기를 살펴보았다. 메리 1세는 즉위 후 아버지에게 버림받은 어머니의 명예 회복, 어머니의 종교였던 가톨릭을 잉글랜드 사회에 뿌리내리는 것을 큰 목표로 삼았다. 이 때문에 수많은 사람을 화형장으로 보내 '피의 메리'라는 불명예도 얻었다. 또 어머니처럼 살지 않기 위해 남편의 사랑을 얻으려고 끊임없이 노력했고, 상상 임신을 할 만큼 자신의 대를 이을 후세도 간절히 원했다. 그러나 그녀는 결국 성공회를 믿는 엘리자베스 1세에게 왕위를 넘기고, 후세 없이 불행한 삶을 마감했다.

무엇이 그녀의 삶을 이토록 비극적으로 만들었을까? 아버지 탓이었을까? 어머니 탓이었을까? 아니면 환경 탓이었을까? 이 모든 것이 이유가 될 수도 있고, 이 모든 것과 상관없을 수도 있다. 왜냐하면 우리 인간은 아무런 목적 없이 세상에 툭 던져진 존재이기 때문이다. 뒤집어 말하면 존재 그 자체가 목적이다. 장 폴 사르트르는 이렇게 말했다.

"모든 인간은 실존이 본질에 우선한다."

여기서 말하는 실존은 주체적 존재이고, 본질은 목적을 위한 기능적 존재이다. 다시 말해 인간은 주체적 존재이고, 사물은 기능적 존재이다. 모든 사물은 목적 없이 만들어지지 않는다. 예를 들어 지금 내 눈앞에 있는 책상, 모니터, 컴퓨터 등 모든 사물은 목적에 의해 만들어진 기능적 존재다. 그러나 '나'라는 인간은 어떤 목적을 갖고 태어나지 않았다. 그냥 세상에 툭 던져진 것이다. 그러니 어떤 존재로 살아갈지는 스스로 결정해야 하는 주체성을 가진다. 주체적 존재는 삶을 주체적으로 살 때 가장 행복하다. 그래서 행복의 첫 번째 조건은 '내 삶의 주인공은 나 자신이어야 한다'이다. 그런 의미에서 메리 1세가 불행한 삶을 살 수밖에 없었던 이유는 자기 삶의 주인공으로 살지 못했기 때문이 아닐까, 조심스럽게 생각해본다.

"삶이 불안한 이유는
무엇이 될지 모르기 때문이다.
그러나 삶이 행복한 이유는
무엇이든 될 수 있기 때문이다.

Japan
England
Italy
France
Italy
Thailand
Germany
Russia
Egypt

PART 4

도전과 열정이

넘치는

삶을 위해

이사벨 1세
:
멀리 보고, 실행하라!

이사벨 1세는 카스티야 왕국의 여왕이자 스페인 왕국의 공동 통치자로, 아라곤의 페르난도 2세와 결혼해 통합 스페인의 기틀을 마련했다. 카스티야-레온, 아라곤, 나바라, 포르투갈, 그라나다 등으로 나뉘어 있던 이베리아반도를 사실상 통일한 것이다. 또한, 무모해 보였던 콜럼버스의 계획을 지원해 신대륙 발견이라는 역사를 쓴 여왕으로도 유명하다.

당시 관습에 비추어 볼 때, 대부분의 여왕은 결혼하면 남편에게 왕권을 위임하고 왕비의 역할에 머무르곤 했다. 하지만 이사벨 1세는 주체적인 여왕으로서 세계사에 길이 남을 독보적인 업적을 이룩했다. 그녀는 도대체 어떤 비전과 결단력을 가졌기에 이처럼 대단한 업적들을 남길 수 있었을까? 지금부터 그녀의 삶과 철학을 하나씩 살펴보자.

주체적인 삶을 살라

　이사벨 1세는 1451년, 카스티야 왕국의 후안 2세와 계비인 포르투갈의 이사벨 사이에서 첫째 딸로 태어났다. 이사벨 1세의 어머니와 딸의 이름 모두 이사벨이다. 당시 카스티야 왕국은 재상 루나가 국왕의 총신으로서 권력을 남용하여 부정부패가 만연하고 혼란스러웠다. 후안 2세가 정치에 관심이 없는 데다 무능하기까지 해서 모든 걸 루나에게 맡겨 버렸기 때문이다. 이사벨 왕비는 1453년, 전처의 아들 엔리케 4세와 협

재상 루나의 최후

력하여 루나를 참수하고 측근들을 숙청했다. 같은 해 이사벨 1세의 남동생 알폰소가 태어났지만, 후안 2세는 이듬해 7월에 사망하고 말았다.

이사벨 왕비는 권력을 탐하지 않고 엔리케 4세에게 왕권을 넘겼다. 그런데 왕위에 오른 엔리케 4세의 태도가 돌변했다. 그는 정치적 감각이 매우 뛰어났던 이사벨이 알폰소를 내세워 자신을 위협할 거라고 생각했고, 그녀의 가족을 아레발로라는 시골로 추방한 뒤 24시간 군인들을 동원해 감시하고 생필품조차 제대로 주지 않았다. 이 때문에 이사벨 왕비는 이제 끼니를 걱정하며 살아야 하는 신세로 전락했다. 자신이 원하는 대로 하고 살던 그녀에겐 너무나 가혹한 환경이었다. 그러나 그녀를 가장 힘들게 한 건 친아들로 여겼던 엔리케 4세의 배신이었다. 그 고통을 참을 수 없었던 이사벨 왕비는 결국 정신줄을 놓아버렸다. 이런 상황에서 그녀의 딸 이사벨 1세는 강한 면모를 보였다. 실성한 어머니와 어린 남동생까지 돌보며 가장 노릇을 묵묵히 해나갔고, 공부도 게을리하지 않았다. 그리고 몇 년 후 이사벨 1세에게 기회가 찾아왔다.

엔리케 4세가 딸 후아나를 낳았는데 엔리케의 왕비가 신하 쿠에바와 불륜을 저질러 태어난 자식이라는 소문이 파다하게 퍼진 것이다. 불행하게도 귀족들 사이에서는 엔리케 4세가 남성성에 문제가 있어 자식을 낳을 수 없다는 것이 공공연한 사실이었기 때문이다. 이 틈을 타 엔리케 4세에게 반감이 있던 일부 귀족은 1464년 알폰소 왕자를 국왕으로 옹립하자며 반란을 일으켰고 카스티야 왕국은 양분 위기에 놓였다. 그러던 중 1467년 알폰소 왕자가 사망하자 지지자들은 1468년 이사벨 1세를 옹립하려 했다. 이때 이사벨 1세는 무엇이 가장 현명한 방법인지를 생각했다. 그녀는 어린 나이였지만 사리 분별이 명확했고, 매우 냉철한 판단력을 가지고 있었다.

'이들의 힘을 얻어 여왕이 되면 엔리케 4세의 지지자들이 나를 지지

어린 이사벨 1세와 그 가족

하지 않을 것이고, 그러면 이 나라는 분열될 것이다. 엔리케 4세는 나이가 많고 병약하니 곧 죽을 것이다. 그러니 때를 기다리자.'

엔리케 4세는 의붓오빠였지만 자신의 어머니와 4살밖에 차이 나지 않았다. 이사벨 1세는 오빠에게 말했다.

"오라버니께서 왕좌에 앉아 계시는 한 저는 왕위에 오르지 않겠습니다. 그것이 신의 뜻이라고 생각합니다."

이에 크게 감명한 엔리케 4세는 내심 이사벨 1세를 자신의 후계자로 정한다. 과연 그녀의 판단은 현명했다. 결국 왕국의 내란은 종식되었고 카스티야에 평화가 찾아왔다.

카스티야 왕국의 유력한 후계자가 된 이사벨 1세에게 유럽의 여러 국가에서 청혼이 쇄도했다. 이런 상황에서 엔리케 4세는 이사벨 1세가 자신이 정한 남자와 결혼할 것을 요구했는데, 바로 포르투갈의 왕 아폰수 5세였다. 아폰수 5세는 이사벨 1세보다 19살 많았고, 아들도 있었다. 아들이 있다는 것은 후계자가 있다는 뜻이었기에 이사벨 1세는 아폰수 5세와 결혼할 생각이 전혀 없었다. 왜냐하면 그녀는 왕비가 아니라 여왕이 되고 싶었기 때문이다. 이것은 그녀의 어린 시절부터의 꿈이기도 했다. 그녀는 자신의 측근들을 풀어 가장 적당한 남편감을 직접 찾기 시작했다. 그녀의 레이더에 들어온 남자가 아라곤의 왕자 페르난도 2세였다.

아라곤은 카스티야의 이웃 나라로, 같은 트라스타마라 왕조의 통치 아래에 있었으며 언어와 민족이 비슷했다. 또 페르난도 2세는 이사벨 1세의 먼 친척이기도 했다. 이사벨 1세는 카스티야와 아라곤이 합병하면 장차 스페인 반도를 통일할 수 있고, 유럽에서의 정치 무대도 넓어지리라고 판단했다. 무엇보다 중요한 것은 페르난도 2세와의 결혼 조건이었다. 이사벨 1세는 페르난도에게 '카스티야 아라곤 연합왕국의 왕비가 아닌 카스티야의 여왕으로 나를 인정해달라'는 결혼 조건을 제시했고 그는 이를 수락했다. 이때 그녀의 나이 18세였다.

이사벨 1세의 독단적인 결정에 격분한 엔리케 4세는 그녀를 궁에 감금해버렸다. 그러나 그녀는 그렇게 갇혀 있을 인물이 아니었다. 감시가 허술한 틈을 타 부하들을 데리고 탈출했고 왕의 추격을 따돌리며 바야돌리드까지 갔다. 그곳에서 귀족의 보호를 받으며 페르난도 왕자에게 급사를 파견해 결혼하러 오라는 편지를 보냈다. 편지를 받고 당황한 아라곤 왕국은 긴급회의를 열었다. 자칫 카스티야 왕과 분쟁이 일어날 수도 있는 이때 페르난도 왕자는 큰 결심을 했고, 대담하게 몇몇 부하만 데리고 대상인으로 변장해 엔리케 4세의 추격을 따돌리고 바야돌리드까지 350킬로미터나 되는 거리를 맹렬히 돌파해 이틀 만에 이사벨을 만나러 왔다. 1469년 10월, 두 사람은 바야돌리드에서 결혼했다. 긴박했던 상황 때문에 두 사람은 로마 교황의 허가도 받지 않은 채 결혼했지만, 다행히 이들의 결혼을 지지한 톨레도의 대주교가 허가장을 위조해 고비를 넘길 수 있었다. 이 결혼이 바로 '이베리안 웨딩'으로 불리는 사건으로, 통일 스페인의 시작이었다.

억지로 모양새를 갖춘 이 이베리안 웨딩은 이사벨에게 일생일대의 전환점이 되었다. 이 결혼 덕분에 이사벨 1세는 이후 아폰수 5세와의 전쟁, 5년 뒤 사망한 엔리케 4세의 딸 후아나 공주와의 긴 내전을 연이어 승리한 후 드디어 꿈꾸던 여왕이 되었기 때문이다. 이 무렵 아라곤에서도 페르난도 2세의 아버지인 후안 2세가 사망해 그녀의 남편 역시 아라곤의 국왕으로 즉위했다. 이사벨 1세는 당시 상황으로 볼 때 놀랍도록 혁신적이고 주체적인 삶을 산 여인이었다.

멀리 내다보는 통찰력을 길러라

스페인 역사상 가장 중요한 해는 1492년이다. 그해, 이사벨 1세와 페르난도 2세는 이베리아반도의 남부 그라나다의 나스르 왕조를 정복했다. 그라나다는 스페인 통일에서 마지막 거점으로, 그라나다를 정복했다는 것은 800년 동안 이베리아반도에 자리잡고 있던 이슬람 왕조를 몰아내고 레콩키스타(8세기부터 15세기에 걸쳐 이슬람교도에게 점령당한 이베리아반도 지역을 탈환하려는 기독교도의 국토 회복 운동)의 완성을 의

그라나다 함락. 백마에 탄 여인이 이사벨 1세

미했다. 이때 이슬람의 술탄은 이사벨 1세 부부에게 항복하며 항복 조건을 걸었다.

"알함브라 궁전의 열쇠를 줄 테니, 이 알함브라 궁전만은 파괴하지 말아달라."

이로써 이사벨 1세 부부는 통일 스페인을 완성하고 공동 통치자가 되었고, 그 공로로 1496년, 로마 교황 알렉산데르 6세로부터 '가톨릭 공동왕'이라는 명예로운 칭호까지 하사받았다.

1492년은 또한 이사벨 1세 여왕이 크리스토퍼 콜럼버스의 아메리카 대륙 탐험을 지원한 해이다. 당시 통일 스페인의 최대 경쟁국은 포르투갈이었다. 포르투갈은 항해 왕자 엔히크에 의해 이미 아프리카 서해안으로 가는 항로를 개척하고 식민지 설치를 마친 상태였다. 신항로 개척의 선두 주자였던 포르투갈이 스페인을 앞서가고 있었다. 이에 위협을 느낀 이사벨 1세는 스페인을 해양 제국으로 재탄생시키겠다는 원대한 꿈을 꾸었다. 이때 콜럼버스가 그녀를 찾아와 인도로 가는 신항로 개척을 제안하며 산타페 협약을 제안했다.

산타페 협약은 1492년 4월 17일 콜럼버스와 이사벨 1세 부부 사이에 체결된 협약으로, 그라나다 왕국 내 가톨릭 요새였던 산타페에서 서명했다고 해서 붙은 이름이다. 주요 내용은 콜럼버스에게 선단 지휘권과 부왕 및 식민지 총독 자리를 보장하고, 그 지위가 후손에게도 세습되며, 새로운 땅에서 취득한 귀금속 및 향신료 등의 소유권 10분의 1과 교역에 따른 이익의 8분의 1을 보장한다는 것이었다.

이사벨 1세는 수많은 신하와 페르난도 2세의 반대에도 불구하고 이 협약을 추진했다. 그 결과 이사벨 1세의 살아생전에는 큰 실익이 없었지만, 훗날 스페인은 북아메리카와 남아메리카를 모두 식민지화하는 해양 강국으로 발돋움했고 500년 동안 해가 지지 않는 세계를 지배하는 스페인 제국 시대를 열었다.

지금까지 이사벨 1세의 치열했던 삶과 그 궤적을 살펴보았다. 그녀는 어릴 때부터 여왕을 꿈꾸었고, 그 꿈을 이루기 위해 온갖 수난을 극복하고 기어이 왕좌에 올랐다. 스페인을 제국으로 만드는 기초를 다진 위대한 여왕으로 역사에 기억되고 있는 것은, 그녀의 확고한 주체성과 시대를 앞서 멀리 내다보는 통찰력 덕분에 가능한 일이었다.

모두가 불가능하다고 고개를 저을 때 콜럼버스의 꿈에 투자한 것은 단순한 도박이 아니라, 지평선을 넘어선 미래 가치에 대한 확신이었다. 실행력은 단순히 '빨리 움직이는 것'이 아니라, '멀리 보고 핵심에 자원을 집중하는 것'임을 증명하는 대목이다.

그녀가 이러한 삶을 영위할 수 있었던 바탕에는 가톨릭 신앙이라는 굳건한 믿음과, 이베리아반도를 다시 가톨릭 국가로 되돌리겠다는 확고한 신념이 자리잡고 있었다. 한 사람의 깊은 믿음과 신념이 국가의 미래를 바꾼 것이다. 문득 이런 생각을 해보았다.

"세상을 바꾸는 것은
여러 명의 뛰어난 인재가 아니라,
투철한 신념을 가진 한 사람이다!"

율리우스 카이사르
:
승부수를 던져라!

가이우스 율리우스 카이사르에 대해서는 다음과 같은 두 사람의 평가가 유명하다.
먼저 독일의 고전학자 테오도르 몸젠의 말이다.
"카이사르는 그야말로 로마 역사상 최고의 창조적 천재였다."
다음은 고대 그리스 출신의 철학자 플루타르코스가 한 말이다.
"카이사르는 인류에게 가져다줄 재앙이다."
누구의 말이 더 와닿는가? 분명한 사실은 황제를 뜻하는 시저(영어), 카이저(독일어), 차르(러시아어)가 모두 '카이사르'에서 유래했을 정도로 그가 독보적인 인물로 인정받는다. 그러나 율리우스 카이사르는 생전에 단 한 번도 황제였던 적이 없다. 그럼에도 우리는 그의 이름 앞에 '영원한 로마 황제'라는 수식어를 자주 붙인다. 이뿐만이 아니다. 로마 역사에서는 그의 이름(7월, Julius)을 달력에 새겨 그를 신격화하고 있다. 율리우스 카이사르는 도대체 어떤 리더였기에 이런 명성을 얻었을까? 그가 던진 세 번의 승부수에 그 답이 있다.

원로원으로 가는 카이사르

첫 번째 승부수: 삼두정치

카이사르는 로마에서 가장 빚 많은 남자였다. 자그마치 로마 10개 군단의 군인들을 1년 동안 먹여 살릴 수 있는 금액이었다. 1개 군단이 6,000여 명 정도이니 10개 군단이면 약 6만 명에 달한다. 다시 말해 카이사르는 6만 명을 1년간 먹여 살릴 만큼의 빚을 지고 있었다. 그는 왜 이토록 많은 빚을 지게 되었을까? 몰락한 귀족 집안 출신의 카이사르는 로마 시민의 마음을 얻어 최고 권력자가 되고 싶어 했다. 시민의 마음을 얻는 가장 쉽고 빠른 방법은 속된 말로 퍼주는 것이었다. 그래서 시민들에게 땅도 나눠주고, 돈도 나눠주고, 음식도 나눠주면서 그들의 마음을 얻었다. 더불어 여자도 엄청나게 밝히는 대단한 난봉꾼이었다. 당연히 여자들의 환심을 사기 위한 선물값에도 많은 돈이 들었다. 더욱이 카이사르는 웅변술과 문장력이 탁월했으니 얼마나 많은 로마 여성의 마음을 사로잡았겠는가. 오죽했으면 카이사르가 개선식을 할 때 군인들이 이렇게 외쳤다고 한다.

"시민들이여, 마누라를 숨겨라! 천하의 대머리 난봉꾼이 나가신다!"

이러한 그의 성향 덕분에 카이사르는 로마 최고의 인기남이자 최고의 빚쟁이가 된 것이다.

그런데 카이사르의 이런 행보들은 모두 최고의 자리에 올라가기 위한 계획이었다. 그 첫 번째 단계가 삼두정치다. 삼두정치를 말하자면 로마의 공화정부터 알아야 한다. 현재까지 이어지고 있는 전 세계의 공화정은 로마 공화정에서 비롯된 것이라 해도 과언이 아니다. 로마의 포로 로마노, 개선문 등 공공건물에는 'SPQR(Senātus Populusque Rōmānus)'라는 글자가 적혀 있다. 이는 로마 원로원과 로마 시민이라는 뜻으로 로마 공화정을 상징하는 단어다. 로마는 원래 왕정 국가였는데 왜 공화정으로 바뀌었을까?

왕정 로마의 마지막 왕은 루키우스 타르퀴니우스다. 그가 각종 기념물을 세우고 그 측근들은 전횡을 일삼아 로마인들의 불만을 많이 사고 있던 참에 그의 셋째 아들 섹스투스 타르퀴니우스가 결정적인 사고를 쳤다. 친척 콜라티누스가 전쟁터에 나간 사이 그의 아내 루크레티아를 겁탈한 것이다. 루크레티아는 로마 최고의 미인이자 정숙한 여인이었다. 엄청난 치욕을 느낀 루크레티아는 이 사실을 전쟁터에 있는 남편에게 편지로 알렸고, 돌아온 남편 앞에서 자결해버렸다. 이때 남편과 함께 온 남자 브루투스는 칼을 들고 이렇게 맹세했다.

"여인의 피로써 다짐하노라! 왕과 그의 자식들을 죽이고 다시는 그 누구도 로마의 왕이 되지 못하게 하겠노라!"

그렇게 일어난 반란으로 로마는 왕정에서 공화정으로 바뀌었고 콜라티누스와 브루투스는 로마 공화국의 첫 집정관이 되었다.

로마 공화정의 정치 기구는 크게 세 부류로 나뉘는데, 집정관, 원로원, 호민관이다. 이 세 기구가 견제와 균형을 유지하며 로마를 지탱했다. 2인의 집정관은 민정과 군사 두 분야에서 최고의 권한을 가진, 요즘으로 말하면 대통령 역할을 했다. 원로원은 귀족을 대표하는 정무관들로 구성된 기구이며, 호민관은 평민의 이익을 대변하는 사람이었다. 당연히 사람들이 가장 가고 싶어 하는 자리는 집정관이었다. 그러나 집정관의 임기는 딱 1년이었다. 특별한 기구로 독재관이 있는데 독재관은 국가 비상시 선출되어 전권을 행사했으며 임기는 6개월이었다. 로마 공화정 말기, 전권을 휘두른 대표적인 독재관은 딱 두 명, 술라와 카이사르였다.

이런 공화정 체제에서 카이사르는 집정관이 되고 싶었다. 그러나 그는 돈도 없고 권력도 없었다. 그래서 두 남자와 연합하기로 한다. 그 두 남자는 크라수스와 폼페이우스다. 크라수스는 요즘 말로 로마 최고의 재벌이었고, 폼페이우스는 지중해 해적을 소탕한 군부의 영웅이었다. 카이사르는 이 둘 사이를 파고들어 크라수스에게는 금융을 책임져달라고 하고 폼페이우스에게는 그가 원하는 퇴역 군인들에게 농지를 나눠줄 수 있게 하겠다는 약속을 하고 집정관으로 당선되었다. 쉽게 말해 크라수스로부터 돈을 구하고 폼페이우스로부터 표를 구한 것이다. 이것이 1차 삼두정치다.

집정관으로 당선된 카이사르는 폼페이우스에게 자신의 딸 율리아를 시집보내 관계를 공고히 하고, 약속대로 퇴역 군인들에게 토지를 분배해주고 인기를 한 몸에 받았지만, 그의 임기는 고작 1년이었다. 제대로 된 권력을 얻기 위해서는 폼페이우스처럼 업적을 만들어야 했다. 그래서 그는 갈리아로 향했다.

두 번째 승부수: 갈리아 원정

카이사르가 던진 두 번째 승부수는 갈리아 원정이었다. 카이사르는 여전히 빚이 많았는데 당시에는 군사 원정으로 많은 돈과 권력을 얻을 수 있었기 때문에 잡은 기회였다. 갈리아는 영국, 스페인, 독일, 동유럽을 제외한 모든 지역이라고 보면 된다. 현재 기준으로 프랑스, 스위스,

벨기에, 룩셈부르크, 네덜란드 등을 합친 곳이 갈리아 지역인데 당시 아주 많은 소부족으로 구성되어 있었다. 카이사르는 단 7년 만에 이 넓은 지역을 모두 평정하는 대단한 업적을 쌓았다. 특히 카이사르의 브리타니아(고대 로마 시대에 오늘날 영국의 그레이트 브리튼 섬을 이르던 말) 점령은 히틀러도, 나폴레옹도 하지 못한 일이었다.

갈리아 원정 중 카이사르를 가장 힘들게 했던 인물은 아르베르니족의 베르킨게토릭스였다. 그는 삼촌 대신 부족장이 되자 친로마 성향을 버리고 반로마의 기치를 내걸었다. 베르킨게토릭스는 강력한 로마에 대항하여 승리하려면 흩어진 갈리아 부족들이 모두 연합하여야 한다고 생각했고, 강력한 지도력과 잔인한 규율로 갈리아 부족을 규합해 초토화 작전으로 카이사르에게 대항했다.

카이사르와 베르킨게토릭스의 마지막 대혈전은 알레시아 공방전이었다. 알레시아는 프랑스의 디종과 오를레앙을 잇는 선상에 있는 구릉

카이사르에게 항복하는 베르킨게토릭스

지대였다. 베르킨게토릭스는 8만 명의 부대로 알레시아에서 카이사르와 맞섰고, 20만 지원군으로 카이사르를 포위하게 했다. 다시 말해 카이사르가 베르킨게토릭스 부대를 포위했더니 20만 갈리아 부족이 다시 카이사르를 포위한 것이다. 그러나 카이사르는 3주 만에 18킬로미터에 달하는 높이 4미터의 성을 쌓고, 참호를 파서 이들을 격퇴했다. 이때 카이사르의 로마군은 고작 5만이었다. 마지막 항전이 수포로 돌아가자 베르킨게토릭스는 무기를 버리고 로마군에 자진 투항했고 이로써 갈리아 전체는 카이사르의 패권 아래 들어왔다. 그러나 6년 후 베르킨게토릭스는 카이사르의 개선식 후 처형당하고 말았다. 그가 너무 뛰어났기 때문이다.

갈리아의 패권을 쥔 카이사르는 대단한 정치력을 발휘한다. 갈리아의 살아남은 모든 사람에게 로마 시민권을 부여해 로마 시민과 동등한 권리를 갖게 했고, 갈리아의 지도자들에게 로마 원로원의 의석도 나누어주었다. 이 정책은 유럽의 로마화에 크게 이바지하며 본격적인 로마 제국이 시작되었다. 이와 동시에 카이사르는 엄청난 부와 명예와 인기를 얻었으니, 그 많던 빚을 다 갚고도 남을 정도였고 로마에서의 인기는 하늘 높은 줄 모르고 올라갔다.

이쯤 되니, 카이사르를 크게 견제하는 이가 있었다. 바로 폼페이우스다. 원래 이 세 사람의 균형을 유지하던 크라수스가 파르티아와의 전투(카르하이 전투)에서 전사하면서 삼두정치의 한 축이 무너졌다. 게다가 폼페이우스의 아내이자 카이사르의 딸이었던 율리아마저 난산으로 세상을 떠나며 둘의 연결고리가 완전히 끊어졌다. 이제 하늘 아래 두 개의 태양이 있을 수 없다고 생각한 폼페이우스는 원로원과 결탁해 카이사르에게 전임 집정관 임기가 만료되었으므로 군대를 해산하고 로마로 귀환하도록 명령하고, 카이사르가 두 번째로 출마하려는 집정관 선거에 입후보를 금지했다. 당연히 카이사르는 거부했고, 폼페이우스는 그를 불복종과 대역죄 혐의로 고발했다. 여기에서 카이사르의 세 번째 승부수가 등장한다.

세 번째 승부수: 종신 독재관

카이사르는 로마로 복귀하는 대신 평정을 선택했다. 스스로 종신 독재관이 되어 로마를 다스릴 결심을 굳힌 것이다. 군대를 이끌고 로마로 가기 위해서는 반드시 강을 건너야 했는데 바로 루비콘강(이탈리아 북부의 작은 강의 라틴어 이름으로, 로마와 속주의 경계를 의미한다)이다. 당시 로마 제국에는 장군과 군사들이 이 강을 통해 돌아올 때 충성의 뜻으로 무장을 해제하는 전통과 법규가 있었다. 즉, 무장을 하고 강을 건너는 것은 곧 반역이었다. 율리우스 카이사르는 이 전통을 깨기로 했다. 여기에서 카이사르의 "주사위는 던져졌다!"라는 유명한 말이 나왔는데 전체 문장은 다음과 같다.

여기를 넘으면 인간 세계의 비참함,
넘지 않으면 내가 파멸.
앞으로 나아가자, 신들이 기다리는 곳으로,
우리를 모욕한 적이 기다리는 곳으로.
주사위는 던져졌다!

카이사르의 고뇌가 느껴진다. 10개 대대 4,500명을 데리고 루비콘강을 건넌 카이사르는 원로원과 폼페이우스를 제거하고 기원전 44년 2

167

월 15일, 스스로 꿈에 그리던 종신 독재관의 자리에 올랐다. 말 그대로 혼자서 로마를 평생 다스리겠다는 뜻이었기에 종신 독재관은 황제의 다른 말인 셈이었다.

종신 독재관이 된 카이사르는 로마가 수백 년 동안 해내지 못한 일을 해내기 시작했다. 복지 정책으로 곡물 수매에 국가 보조금을 지급하도록 했고, 국유지를 시민에게 분배했으며, 수도 재개발 정책으로 카이사르 포럼을 건설해 로마 최초로 국립도서관을 지었다. 또 교사와 의사에게 시민권을 지급하고, 카르타고와 코린토스를 재건했다. 금융 개혁을 통해 이자율을 연 12퍼센트로 제한했고, 사법 개혁을 통해 재판도 받지 않고 처형당하는 시민이 없도록 했으며, 치안대를 만들어 폭력 없는 로마를 만들었다. 이렇게 카이사르는 시민들을 위해 돈을 풀었고, 공공건물을 지었으며, 일자리까지 제공하며 로마판 뉴딜 정책을 펼쳤다. 미국 루스벨트 대통령의 뉴딜 정책보다 더 대단한 점은, 이 많은 일을 갈리아 원정에서 얻은 막대한 전리품과 사재를 털어 진행했다는 것이다. 로마 시민들이 카이사르를 열렬히 지지할 수밖에 없었으리라.

카이사르는 도시국가에서 세계 제국으로 발돋움한 로마를 지배·통

카이사르의 암살

치하기 위해서는 강력한 한 사람의 힘이 있어야만 가능하다고 판단했다. 그래서 실제로 종신 독재관에 올랐는데 이것이 그의 수명을 앞당기는 일이 되어버리고 말았다. 브루투스와 카시우스, 롱기누스 등 원로원의 공화정 옹호파의 눈에는 스스로 왕이 되려는 사람으로 보였기 때문이다. 결국 카이사르는 종신 독재관이 된 지 한 달 만인 기원전 44년 3월 15일 원로원 회의장, 그것도 폼페이우스 동상 앞에서 암살당한다. 이때 카이사르를 죽이는 데 가담한 사람은 60명 이상이었고, 그가 칼에 찔린 횟수는 23번이었다. 카이사르는 암살자들 사이에서 브루투스를 보자 토가(고대 로마의 고유 의상)를 뒤집어 쓰며 이렇게 말했다고 한다.

"브루투스 너마저!"

이 표현은 셰익스피어의 희곡 〈줄리어스 시저〉에 나오는 대사라 사실 여부는 알 수 없으나 카이사르가 얼마나 큰 충격을 받았을지 짐작하게 한다. 브루투스와 그 일당은 로마 공화정을 지키기 위해 카이사르를 암살했지만 아이러니하게도 이 암살로 로마 공화정은 종말을 맞았다. 왜냐하면 갈리아 정복 전부터 카이사르를 열렬히 지지했던 로마의 중류층 및 하류층, 특히 카이사르와 함께 많은 전쟁을 치른 선임병들이 소수의 잘난 귀족 무리가 자신들의 우상을 죽인 데 분노했기 때문이다. 특히 카이사르의 장례식장에서 그의 유언장이 발표되자, 군중의 분노는 극에 달했다.

'조카의 아들인 가이우스 옥타비아누스를 나의 유일한 후계자로 정하고, 그에게 유산의 3분의 2를 지급하며, 티베르 강변에 있는 나의 개인 정원은 로마 시민에게 바치고, 모든 로마 시민 등록자에게 300세스테르티우스(로마 시민 평균 노동자의 3개월치 월급)씩 선물한다.'

유언장의 내용에 분노한 군중은 브루투스와 카시우스의 집을 공격해 그들을 내쫓아버렸다. 이후 내전이 일어났으나 카이사르의 유언장으로 입지를 굳힌 옥타비아누스는 공화정파를 격퇴하고 로마 제국의 첫 황제가 되었다.

카이사르는 무덤이 없다. 왜냐하면 그가 포로 로마노에서 화장될 때 불길이 꺼져갈 무렵 내린 세찬 비에 유해를 태운 재가 씻겨가버렸기 때문이다. 그는 그렇게 연기 속으로 사라졌고, 이후 로마 역사에서 카이사르는 '율리우스 신'으로 남게 되었다.

지금까지 카이사르가 던진 세 번의 승부수를 중심으로 살펴보았다. 카이사르는 도시국가였던 공화정 로마를 재정(帝政) 로마로 탈바꿈시키고 500년 평화를 로마에 안긴 인물이다. 그래서 결코 황제가 된 적이 없음에도 그의 이름 카이사르는 영원한 황제를 뜻하는 말이 되었다.

리더는 깊이 고민하되 머뭇거려서는 안 된다. 승부수를 띄워야 할 때는 위험을 무릅쓰고 거침없이 앞으로 나아가야 한다. 왜냐하면 결단을 내렸다는 것이 뜻하는 바는 다음과 같기 때문이다.

"결단을 내렸다는 것은
삶의 방향을 결정했다는 뜻이다!"

콜럼버스
:
행동하는 선구자가 되어라!

모험 자본(venture capital)이란 신기술이나 신약·신물질 개발에 투자하는 자본으로, 실패할 확률이 매우 높지만 성공하면 막대한 이익을 거둘 수 있는 상품에 투자하는 것이다. 대항해 시대(15C~16C 유럽의 여러 나라가 새로운 바닷길을 통해 새로운 땅을 찾아 나서던 시대)를 살던 유럽인들은 어디에 이 모험 자본을 투자했을까?

첫 번째, 향신료다. 대표적인 향신료는 후추인데, 지금은 굉장히 흔하지만 약 600년 전의 후추는 금값과 맞먹을 정도의 가치를 지녔다. 후추의 원산지는 '향신료의 제도'라 불리는, 인도네시아 동쪽 끝의 말루쿠 제도이다. 후추가 여기에서 유럽까지 도달하려면 인도 상인, 이슬람 상인, 베네치아 상인까지 3단계를 거쳐야 했다. 고기에 후추 한 번 뿌려 먹기가 이렇게 힘든 시대였고 이 후추를 뿌려 먹고자 하는 인간의 욕구는 후추의 몸값을 금값으로 상승시켰다. 그런데 큰 문제가 생겼다. 1453년, 동로마 제국의 수도 콘스탄티노플이 오스만 제국에 의해 무너지면서 지중해 교역이 사실상 차단된 것이다. 그래서 유럽인들은 향신료를 위한 새로운 항로를 개척해야 했다.

두 번째는 황금이다. 당시 모험가로 가장 존경받던 인물은 마르코 폴로였는데《동방견문록(마르코 폴로가 여행한 지역의 방위와 거리, 주민의 언어, 종교, 산물, 동물과 식물 등을 하나씩 서술한 이야기책으로 마르코 폴로의 감방 동료가 썼다)》덕분이었다.《동방견문록》에 따르면 마르코 폴로가 이런 말을 했다고 한다.

"동방에 가면 황금의 나라 지팡구가 있다."

여기서 말하는 지팡구는 일본(Japan)이다. 그래서 유럽인들은 이 지팡구를 찾는 것이 오랜 꿈이었다.

후추와 황금을 찾으려면 바다를 항해해야 했는데 당시 항해는 대단히 위험한 도전이었다. 태풍을 만나 배가 침몰하기도 하고, 해적을 만나 빈털터리가 될 수도 있었기 때문이다. 그러나 성공하면 평생 먹고살 부를 얻을 좋은 기회이기도 했다. 다시 말해 목숨을 걸 만한 가치가 있었다는 말이다. 이때 목숨을 걸고 향신료와 황금을 찾아 대항해 시대를 개척한 인물이 있으니, 바로 콜럼버스다.

.....IGTES.ILLA.PER.MIRANDA.... COLVMBR.ANTIPOD
NE.TRAVIT.IN. ORBEM.

크리스토퍼 콜럼버스

　인간이 목숨을 걸게 만드는 힘 가운데 대표적인 것이 종교와 신념이다. 당시 유럽에는 중세에 프레스터 존(사제왕 요한)이 아시아·아프리카 등 동방에 그리스도교 왕국을 건설하였다는 전설이 있었다. 유럽인들은 프레스터 존의 기독교 왕국과 유럽의 기독교가 만나 연합하면 이슬람을 무너뜨릴 수 있다고 믿었고, 이 믿음을 처음으로 행동으로 옮긴 사람이 바로 크리스토퍼 콜럼버스다.

　콜럼버스의 이름의 첫 번째 부분 크리스토퍼는 콜럼버스가 태어난 날의 수호성인 이름으로, 성경에 따르면 예수를 등에 업고 강을 건너도록 도운 성인이다. 이 일로 큰 감화를 받은 크리스토퍼 성인은 이국 땅에서 복음을 전파하며 살았다고 한다. 크리스토퍼 콜럼버스는 이런 생각을 했다.

　'크리스토퍼 성인이 강을 건너 복음을 전파했다면 나는 바다를 건너 기독교의 복음을 전파하리라.'

　이러하니 콜럼버스의 항해는 단순한 비즈니스가 아닌 종교적 순례와도 같은 대항해로 보는 것이 타당하다.

후원자를 찾아서

콜럼버스는 이탈리아 제노바에서 태어난 상인이었는데 해적을 만나 배가 침몰하는 바람에 포르투갈로 떠내려왔다. 이후 포르투갈 출신 선장의 딸과 결혼했는데 콜럼버스의 장인은 선장인 동시에 큰 무역을 하는 거상이었기에 콜럼버스는 항해에 대한 고급 지식과 기술을 굉장히 많이 배우고 익힐 수 있었다. 이렇게 쌓은 지식과 기술로 그는 대서양을 횡단하겠다는 꿈을 꾸었고, 항해를 떠나기 위해서는 후원자를 구해야만 했다. 그래서 처가의 나라 포르투갈에 맨 먼저 후원 제안서를 보냈다. 그러나 거절당했다. 포르투갈은 이미 아프리카 남부에 있는 희망봉 쪽으로 가는 인도 항로를 개척하고 있었던 데다가 콜럼버스의 계획이 너무 허황되게 보였기 때문이다. 콜럼버스는 일반적으로 통용되던 지구의 둘레 값인 에라토스테네스의 계산 결과를 사용하지 않고 9세기 압바스 왕조의 천문학자 알프라가누스의 값을 사용했는데 이 과정에서 아랍 마일로 적혀 있던 알프라가누스의 계산 결과를 로마 마일로 잘못 이해해서 지구의 둘레를 실제 크기의 4분의 3 정도로 생각했다. 그래서 일본의 위치를 실제보다 1만 4,000킬로미터 이상 가깝다고 보았던 거다.

포르투갈에서 거절당한 콜럼버스는 포기하지 않고 스페인으로 갔다. 아내가 사망한 터라 포르투갈에 머물 이유가 없었다. 당시 스페인에 속해 있던 이베리아반도는 카스티야 연합왕국과 아라곤 연합왕국이 결혼 동맹을 맺어 하나의 스페인인 상황이었다. 카스티야의 이사벨 여왕과 아라곤의 페르난도 왕이 결혼해서 하나의 에스파냐 왕국이 만들어진 거다. 정치·지리·종교적 통일을 이룩하고 국가의 비상을 꾀하던 이사벨과 페르난도 부부는 해외 진출에 관심이 많았다. 하지만 콜

여왕을 알현하는 콜럼버스

럼버스의 제안은 국왕에게 전해지기도 전에 왕실위원회에서 기각되었다. 그러나 콜럼버스는 포기하지 않고 여러 방법을 동원해 계속 제안했고, 번번이 거절당했다. 어느덧 6년이 흘렀다.

당시 스페인은 아프리카 지역과의 무역이 중단된 상태에서 새로운 돌파구가 필요했고 이웃 포르투갈과의 경쟁에서 뒤처지면 안 되는 상황이었다. 그렇다고 대항해에 투자하자니 레콩키스타에 집중하느라 왕실 재정 상황도 좋지 않았다. 그러는 사이 1488년, 포르투갈의 바르톨로뮤 디아스가 아프리카 대륙의 서남단에 있는 희망봉을 발견하고 귀국했다. 이에 자극받은 이사벨 1세는 사업 추진을 전격적으로 결정했고, 콜럼버스는 드디어 후원을 받게 되었다. 이때 이사벨 1세는 자기 소유의 보석까지 팔아 콜럼버스를 지원했다고 한다.

1492년 4월 17일, 콜럼버스는 해상 제독 작위, 발견한 땅을 다스리는 총독 지위, 총수익의 10분의 1 수령 등을 조건으로 최종 계약에 성공했는데 이것이 산타페 협약이다. 이 협약 덕분에 1492년 8월 3일 금요일,

콜럼버스는 드디어 꿈에 그리던 대서양 횡단을 나섰다.

1차 항해

콜럼버스는 1차 항해(1492~1493)에서 산타마리아호(기함), 니냐호, 핀타호 등 배 3척을 이끌고 팔로스항을 떠났다. 그러나 항해 시작 후 60일이 지났음에도 육지는 보이지 않았다. 이에 두려움에 사로잡힌 선원들은 귀항을 강력하게 주장하며 폭동을 일으킬 기세였다. 그러나 콜럼버스는 육지에서 흘러온 것으로 보이는 나무를 발견했기 때문에 곧 육지가 나타날 것이라고 확신했다. 그래서 예상보다 항해 시간은 많이 흘렀지만 실제로 항해한 거리는 얼마 되지 않는다며 선원들을 속이고 달래기를 반복했다. 그렇게 항해를 계속한 끝에 1492년 10월 12일 새벽, 콜럼버스는 드디어 육지에 상륙했다. 1만 5,000년 동안 만나지 못했던 유럽과 아메리카 신대륙이 처음 만나는 역사적 순간이었다.

콜럼버스는 이 섬을 보는 순간, 마치 구세주를 만난 기분이었을 것이다. 그래서인지 그는 원주민들이 '과니하니'로 부르는 이 섬의 이름을 구세주라는 뜻의 '산살바도르(San Salvador)'라고 명명하고, 에스파냐 땅으로 선포했다. 그런데 이곳의 진짜 정체는 아메리카 대륙의 바하마 제도였다. 그는 그 섬을 인도라고 착각했기 때문에 자신이 신대륙을 발견했다는 사실을 알지 못했던 거다. 그는 이때 만난 원주민을 인도인이라고 생각했고 인도인이라는 뜻의 인디오라고 불렀는데 이것이 인디언의 어원이 되었다.

콜럼버스는 1492년 8월 3일부터 1492년 11월 6일까지 일지를 썼는데 돌고래, 새 등의 야생동물부터 승무원, 날씨 등에 이르기까지 모든

산살바드로에 상륙한 탐험대

내용이 기록되어 있다. 놀라운 것은 콜럼버스가 신대륙과 구대륙이 만나는 이 순간에 만난 원주민들에 대해 쓴 내용이다.

'그들은 훌륭하고 똑똑한 노예가 될 것이다. 우리가 하는 모든 말을 아주 빠르게 따라 하기 때문이다. 종교도 없어 보이니 아주 쉽게 기독교도가 될 것이다. 우리 주님을 기쁘게 해드리기 위해 고국으로 귀환할 때 그들 중 7명을 국왕께 데리고 가 말하는 법을 배우도록 할 것이다.'

콜럼버스가 이렇게 생각한 이유는, 원주민들이 콜럼버스 일행을 신으로 보았기 때문이다. 처음으로 총소리를 들었고, 바다 위를 떠다니는 큰 배를 보았으니 그럴 수밖에 없었으리라. 그러나 원주민들은 콜럼버스의 이 생각이 자신들에게 얼마나 큰 재앙으로 돌아올지를 알지 못했다.

상륙 후 콜럼버스는 쿠바, 에스파뇰라섬까지 내려가 탐험을 계속하

며 금광과 향신료를 찾아다녔다. 그러던 중 12월 24일, 산타마리아호
가 좌초하자 콜럼버스는 나머지 배 두 척으로 3개월 넘게 탐험을 지속
했다. 그러나 원하던 금과 향신료는 찾지 못했다. 결국 그는 1차 항해
는 항로를 개척했다는 데 의의를 두고 귀국하기로 했다. 귀국 전 콜럼
버스는 에스파뇰라섬에 요새를 건설하고 약 36명의 선원을 남겨두었
다. 산타마리아호가 좌초되어 모든 선원이 승선할 수 없었기 때문이다.

1493년 3월 15일, 인디오 7명과 앵무새 한 마리를 데리고 귀국길에
오른 콜럼버스는 스페인 팔로스항에 입항했다. 콜럼버스가 대서양을
횡단해 육지를 발견했다는 소문을 들은 에스파냐 국민은 콜럼버스를
영웅으로 대접했고 이사벨 1세와 페르난도 2세도 콜럼버스를 대대적
으로 환영했다. 이 환영에 대한 보답으로 콜럼버스는 자신이 발견한 땅
이 기름지고, 금이 많다고 보고했다. 물론 거짓 보고였다. 그러거나 말
거나 이때가 아마 콜럼버스의 인생을 통틀어 가장 행복했던 순간이 아
니었을까.

2차 항해

1차 항해 후 콜럼버스는 제독 지위 부여 등 스페인 왕실의 적극적인
지원으로 2달 만에 2차 항해(1493~1496) 선단을 꾸렸다. 1493년 9월
25일 출발한 2차 항해는 콜럼버스의 홍보 효과로 금을 찾으러 가려는
사람이 대거 몰려들어 1차 항해 때와는 규모의 차원이 달랐다. 17척의
대선단에 1,200명이 참가하였으며 농부와 장인, 가축, 각종 종자도 실
었다. 마치 노아의 방주를 연상케 할 정도였다. 그런데 서인도 제도에
도착한 콜럼버스 일행은 놀라운 광경을 보게 된다. 1차 항해 때 섬에 남

겨둔 선원들이 모두 죽임을 당한 게 아닌가. 이 죽음에 관해서는 지금까지도 원인이 밝혀지지 않았지만, 원주민들에겐 날벼락이 아닐 수 없었다. 이를 계기로 원주민들을 대하는 콜럼버스의 태도가 잔인하게 돌변한 것이다. 원주민들을 노예로 만들어 금 채굴에 강제 동원했고, 할당량을 채우지 못하면 손목을 자르고, 도망친 원주민은 사냥개로 쫓게 해 죽이는 만행을 저질렀다. 그럼에도 향신료는 찾을 수 없었고, 소량의 사금만 발견되었다. 그러자 콜럼버스는 스페인 왕실의 반대에도 불구하고 원주민들을 노예로 팔아넘겼다. 콜럼버스가 대항해의 서막을 연 영웅에서 노예 상인으로 전락하는 순간이었다. 이 때문에 콜럼버스는 스페인 왕실의 신뢰를 잃었고 더 이상의 지지도 얻을 수 없었으며, 제독의 지위까지 박탈당했다. 예나 지금이나 거짓말은 오래가지 못하는 법이랄까.

3차 항해

3차 항해(1498~1500)에서 콜럼버스는 적도 부근까지 내려갔다. 당시 유럽인들은 자원이 태양 에너지를 먹고산다고 믿었고, 금은 가장 잘 자란 자원이라고 생각했기에, 태양이 가장 강렬한 적도까지 간 것이었다. 그러나 이는 무풍지대로 진입하는 매우 위험한 계획이었고, 실제로 무풍지대로 들어가 엄청난 위기를 맞았다. 그러던 중 히스파니올라에서 내부 반란이 일어나자, 이에 왕이 조사관을 파견하여 콜럼버스는 체포되었다. 그는 쇠사슬에 묶인 채 스페인으로 송환되는 굴욕을 당했다.

4차 항해

　1502년 4월, 국왕 부부로부터 간신히 허가를 받아낸 콜럼버스는 그해 5월, 초라한 마지막 4차 항해(1502~1504)를 시작했다. 네 척의 카라벨선과 135명의 선원이 전부였다. 선원 중에는 콜럼버스의 친동생 바르톨메오와 14세 된 둘째 아들 페르난도를 비롯한 어린아이들 70여 명도 있었다. 그만큼 선원을 구하기 힘들었다는 방증이다. 그러나 이번 항해에서도 콜럼버스는 금과 향신료를 찾지 못하고 고생만 하다 빈손으로 돌아와야 했다. 콜럼버스가 갔던 곳은 처음부터 끝까지 인도가 아니라 아메리카(신대륙)였기 때문이다.

콜럼버스의 최후

　콜럼버스의 4차 항해가 막 끝난 1504년 11월 26일, 유일하게 콜럼버스를 믿고 지원을 아끼지 않았던 이사벨 1세가 숨을 거두었다. 콜럼버스의 지위는 더욱 하락했고, 에스파냐인들로부터 사기꾼, 먹튀라는 조롱과 냉대에 시달려야 했다. 결국 콜럼버스는 이를 견디지 못하고 1506년 5월 20일 바야돌리드에서 사망했다. 사망 전 콜럼버스는 자신의 전 재산을 장남 디에고에게 물려주고 자신은 죽어도 스페인 땅을 밟지 않겠다며 서인도 제도에 묻어달라고 유언했다. 그는 죽어서도 자신을 버린 스페인에는 묻히고 싶지 않았던 거다. 그는 쿠바에 묻혔는데 나중에 쿠바가 스페인으로부터 독립하면서 그의 시신은 스페인으로 돌아오고 말았다. 돌아온 그의 시신은 스페인 세비야 대성당 내부에 세워진 거대한 무덤에 안치되었는데 그 모양이 굉장히 특이한 형태를 취하고 있다.

네 명의 왕이 콜럼버스의 관을 허공에 들고 있는데 앞에 선 두 왕은 굉장히 당당한 모습을 하고 있고, 뒤에 선 두 왕은 고개를 푹 떨구고 있는 형상이다. 앞의 두 왕은 콜럼버스를 적극 후원해주고 교류했던 카스티야와 레온 왕국의 왕들이고, 뒤에 선 두 왕은 콜럼버스에게 호의적이지 않았던 아라곤과 나바라 왕국의 왕이었기 때문이다. 그런데 콜럼버스의 관이 땅에서 떨어져 있는 이유는 무엇일까?

'죽어도 나는 스페인 땅은 밟지 않겠다.'

그렇다. 스페인에서는 콜럼버스의 이 유언을 들어주느라 그의 관을 땅에서 띄워놓은 것이다. 콜럼버스의 마지막 인생 여정은 이렇게 마감되었다.

지금까지 대항해 시대의 서막을 연 콜럼버스의 인생 여정을 살펴보았다. 콜럼버스는 불행하게도 자신이 발견한 땅이 신대륙 아메리카인 것을 평생 알지 못하고 죽었다. 아메리카라는 지명은 이탈리아 피렌체 출신의 아메리고 베스푸치의 이름에서 비롯되었다. 아메리고는 1497년에서 1504년까지 3차례에 걸쳐 콜럼버스가 간 곳을 탐험하였고 1503년, 저서《신대륙》을 통해 이곳이 신대륙임을 발표했다. 이어서 독일의 지도 제작자였던 마르틴 발트제뮐러는 1507년, 신대륙임을 처음으로 밝혀낸 아메리고 베스푸치를 기념하기 위해《세계 지리 입문》을 출판하며 신대륙의 명칭을 '아메리카'라고 기재해 지도를 인쇄했다. 이후 1538년, 메르카토르가 '아메리카'를 남미대륙에만 국한해 사용한 발트제뮐러와 달리《세계전도》를 발간하면서 북미와 남미 모두를 지칭해 '아메리카'로 표기했는데 이때부터 콜럼버스가 발견한 땅은 아메리카로 불리게 되었다.

　콜럼버스는 자신이 처음 발견한 땅에 자신의 이름을 붙이지 못하고 죽은 것이다. 그러나 콜럼버스가 없었다면 현재의 United States of America, 즉 미국(USA)의 기틀이 마련된 것이니, 콜럼버스의 발견은 역사적으로 매우 중요한 의의를 지니고 있다. 서양인의 관점에서 보면 지중해 중심의 서양 역사가 대서양 중심으로 전환되는 계기가 되었고, 이 계기를 기반으로 대서양보다 훨씬 넓은 태평양의 존재가 밝혀지면서 전 세계인의 삶의 범위가 전 지구로 확대되는 원동력이 되었기 때문이다.

　그러나 콜럼버스가 대단한 진짜 이유는 따로 있다. 그의 항해 이전에도 중세 지식인들은 지구가 구형이라는 것, 그래서 서회항로가 가능하다는 것을 알고 있었다. 그러나 아무도 실행하지는 않았다. 미개척 원양항해 탐험은 극도로 위험한 일이었고 성공 여부도 불확실한, 매우 두려운 일이었기 때문이다. 콜럼버스는 이 모든 위험과 두려움을 감수하고 자신의 꿈을 향해 대서양 횡단을 실행에 옮겼다. 이것이 콜럼버스가 위대한 이유다. 한 사람의 실행이 전 세계 인류의 삶을 완전히 바꿔 놓은 것이다. 그 결과가 좋든 나쁘든, 우리는 콜럼버스의 정신은 배우고 계승해야 할 것이다.

"역사를 바꾸는 것은
행동하지 않는 다수의 지식인이 아니라,
행동하는 소수의 선구자다!"

환관 정화
:
모험에 종착점을 정하지 말라!

'정화'라는 이름은 우리에게 다소 생소하게 느껴질 수도 있다. 정화는 1371년부터 1433년까지 살았던 중국 명나라 시대의 인물로, 환관 출신의 장군(將軍)이자 전략가, 탐험가, 그리고 외교관이었다. 정화의 본명은 마화(馬和)로, 여기서 '마'는 이슬람교의 창시자 마호메트를 뜻한다. 이는 정화가 그 당시 색목인(色目人)이라고 불리던 중동 계통의 혈통을 이어받은 이슬람교도였음을 나타낸다.

그렇기에 정화는 일반 한족과는 다른 풍채와 외모를 지니고 있었다. 기록에 따르면 키가 9척에 눈매가 부리부리한 데다, 위엄 있게 걷는 모습은 호랑이 같았으며 목소리는 크고 우렁찼다고 한다. 또한 이슬람교도인 아버지 덕분에 다양한 외국어를 능숙하게 구사할 줄 알았다.

홍무제   영락제

홍회제   선덕제

환관에서 총사령관으로

정화의 고향은 이슬람교도들이 많이 모여 살던 중국 중서부 지역의 운남성 곤명이었다. 그러나 정화는 고향에서 계속 살 수 없었다. 명나라를 세운 주원장의 아들 연왕 주체(朱棣)가 원나라의 세력이 남아 있던 곤명을 정벌했기 때문이다. 곤명을 함락한 주체는 성인 남성은 모두 학살하고 어린 소년들은 거세시켜 병졸이나 환관으로 만들어버렸는데, 이때 정화도 주체의 환관으로 바쳐졌다. 이때 정화는 겨우 12세였다. 너무 어려서 기억에 없었던 것일까, 아니면 현실을 직시했던 것일까? 정화는 자신의 모든 걸 앗아간 주체에게 원한을 품는 대신 충성을 맹세했다.

명나라를 세운 홍무제 주원장은 북경 지역의 영지를 주체에게 하사하고 북방 이민족을 막게 했다. 이후 주원장이 죽자, 주체는 조카 건문제(建文帝)의 제위 계승 및 제후 숙청 정책에 반발하여 '정난의 변'을 일으켜 남경(南京)을 함락시키고 스스로 제위에 올랐다. 이때 정화가 주체의 편에 서서 눈부신 활약을 했다. 우리 역사로 비유하자면 '계유정난'을 일으킨 세조의 편에 서서 활약한 것이다. 덕분에 명나라의 3대 황제인 영락제가 된 주체는 정화를 환관 중 두 번째로 높은 벼슬인 내관태감에 봉하고 '정(鄭)'이라는 성까지 하사했다. '마화'가 '정화'가되는 순간이었다.

186

영락제는 1405년에서 1433년까지 28년에 걸쳐 정화를 총사령관으로 한 남해 원정을 추진했는데 이것이 중국 역사에서 '하서양(下西洋: 남해 대원정)'이라고 부르는 '정화의 대원정'이다. 영락제는 정화에게 왜 이런 임무를 맡겼을까? 그리고 이 원정은 정말 단순히 원정이었을까? 구체적인 사실은 기록 소실로 알 수 없지만, 학자들 대부분은 다음 네 가지를 그 이유로 추정한다.

첫째, 행방불명된 건문제를 추적하기 위해서.
둘째, 인도양의 여러 국가로부터 조공을 받기 위해서.
셋째, 항해술을 개선하고 지리적 이해를 높이기 위해서.
넷째, 인도양의 무역로를 개척하기 위해서.

무엇이 진실인지는 모르겠으나 당시 분위기를 고려할 때 네 가지 모두 원정의 이유였을 가능성이 크다.

1차 원정

정화는 1405년 6월, 1차 원정(1405~1407)을 떠났다. 명사(明史)에 따르면, 전체 길이가 44장(약 132미터. 장丈은 약 3미터), 폭 18장(약 54미터)에 이르는 대형 선박을 포함한 함선 62척(현대 학자들은 승선 인원을 고려할 때 300여 척까지로 보기도 한다)에 총승무원 27,800명이 탑승했다. 이 중 큰 배는 약 8,000톤 규모였다고 하는데, 훗날 바스쿠 다 가마의 함대가 120톤급 세 척에 총승무원 170명이었던 것, 지구 한 바퀴 원정을 기획했던 콜럼버스의 함대가 250톤급 세 척에 승무원 88명이었던 데 비하면 초거대 규모의 함대였다.

소주(蘇州)에서 출발한 1차 함대는 참파(지금의 베트남 중부), 자바섬, 팔렘방, 수마트라섬(인도네시아), 믈라카(말레이시아), 실론(스리랑카) 등을 거쳐 1406년 인도 캘리컷까지 갔다. 1차 함대의 목적은 항해로 도착한 나라에 명나라로 조공을 바칠 것을 요구하는 일과 남방 지역의 문물 등을 가지고 돌아오는 일이었다. 그런데 항해 중 믈라카 해협의 악명 높은 중국인 해적 진조의(陳祖義)가 정화의 함대를 공격하고는 오히려 생포되는 사건이 일어났다. 정화는 이 해적을 황제에게 압송하기 위해 서진을 중단하고 일시 귀국길에 올랐는데 이 해적 소탕을 계기로 동남아시아의 여러 나라는 명나라를 바다의 안전을 지켜주는 대국으로 인정하고 명나라에 조공을 바치기 시작했다.

2차 원정

1407년 9월 귀국한 정화는 딱 열흘 후 2차 원정길(1407~1409)에 올랐다. 1차 원정의 성과에 만족하지 못한 영락제가 곧바로 2차 원정을 명했기 때문이다. 항로는 전과 같았지만, 이번에는 자바, 시암(타이), 캘리컷, 코친(인도)까지 갔고 돌아오는 길에는 실론에 들렀다. 영락제의 명에 따라 대항해의 흔적을 남기기 위해 3개 국어, 즉 한문, 타밀어(현지어), 페르시아어(당시 국제 공용어)로 된 비석을 세우기 위함이었다. 이 비석은 한참을 잊혔다가 1911년 재발견됨으로써 정화의 원정이 여기에 닿았음을 증명하였다.

3차 원정

1409년 여름에 돌아온 정화는 다시 출발 명령을 받고 10월에 3차 원정(1409~1411)을 떠났다. 3차 원정에서도 자카르타, 자바, 라카, 수마트라, 스리랑카, 쿠이론(인도), 코친을 거쳐 캘리컷에 이르렀다. 특이한 점은 돌아오는 길에 스리랑카의 감폴라 왕국을 정벌했다는 거다. 감폴라 왕국은 2차 원정 때 명나라의 선발대를 몰살하고 노략질하는 등 적대적인 태도를 보였는데 당시 정화는 미진한 병력 때문에 발길을 돌려야 했다. 3차 원정에서 정화는 왕국의 알라케스와라 왕과 그 가족을 생포하고 새로운 왕을 세웠다. 이때 영락제는 알라케스와라를 사면하여 평민으로 만드는 아량을 베푸는 관대함을 보였다고 한다.

4차 원정

4차 원정(1413~1415)은 1413년 겨울에 출발했다. 이번에는 거의 같은 항로를 유지했던 세 차례의 원정과 달리 좀 더 서쪽으로 나아갈 계획이었기에 준비가 더 필요했다. 4차 원정에서 정화는 캘리컷에 도달한 후 서쪽으로 항해를 계속해 페르시아만의 호르무즈섬까지 이르렀다. 이후 귀환하던 중 수마트라 왕의 요청을 받아 반역자를 토벌해주며 대국의 위엄을 알리기도 했다.

5차 원정

5차 원정(1417~1419) 출발은 1417년 겨울이었는데 본대는 4차 원정처럼 호르무즈섬까지 갔지만, 분함대는 아프리카 대륙 동쪽 해안의 말린디(케냐) 및 아라비아반도까지 갔다. 그리하여 1419년 8월 귀국 때 아프리카 여러 왕족의 사절단을 비롯하여 사자, 표범, 얼룩말, 코뿔소, 기린 등 진귀한 동물들을 데리고 돌아왔다. 특히 인도 술탄이 명나라에 바친 기린을 본 중국 사람들은 열렬히 환호했다. 왜냐하면 이 기린이 전설 속에 나오는 기린과 닮아 있었고, 중국인들은 이 기린이 현세에 나타났다는 것은 왕이 정치를 잘하고 있다는 의미라고 믿었기 때문이다. 영락제는 이 기린을 비단에 그리게 했고, 그 그림은 아직도 남아 있다.

6차 원정

6차 원정(1421~1422)은 2년 후인 1421년 2월에 있었는데 이 원정은 지금까지와는 달리 1차~5차 원정으로 데려왔던 각국의 조공 사절을 고국으로 돌려보내기 위한 것이었다. 본대에서 갈라진 분함대가 아프리카, 인도, 아라비아 등 여러 곳으로 퍼져나가 30여 개국에 달하는 사절들을 고국에 돌려보냈다. 그 시절에 이처럼 체계적인 해상 활동을 했다는 것은 정말 대단한 일이 아닐 수 없다.

7차 원정

　수십 년간 이어진 중국 무적함대의 영광은 6차 원정 후 사라지고 말았다. 1424년, 영락제가 사망하고 뒤를 이은 홍희제가 '보물배의 원정은 아무 소용 없는 일에 국력을 낭비할 따름이니 마땅히 중단해야 한다'라는 유학자들의 의견을 받아들여 보물배의 목재를 뜯어내고 항해 기록을 불살라버린 것이다. 게다가 할아버지인 태조 주원장의 정책을 본받아 외국과의 접촉을 통제하고, 외국의 배가 중국의 항구에 드나드는 일을 엄격히 금지하는 해금(海禁) 정책을 취했다. 이 때문에 정화도 궁궐의 개축 작업을 돕는 등 비교적 한가롭게 세월을 보냈다. 홍희제의 뒤를 이은 선덕제(宣德帝)는 기본적으로는 홍희제의 노선을 따랐지만 애써 이룩한 해군력이 사라지는 것을 아깝게 여겼다. 그는 정화를 불러 6년 만에 다시 원정할 것을 지시했고, 이로써 육순을 넘긴 정화는 마지막 원정을 떠나야 했다.

　정화의 7차 원정대(1430~1433)는 1431년 12월에 출발했는데, 이때 정화는 나이가 많아 지휘관직을 거절하려 했으나 그를 대신할 인재가 없었기에 어쩔 수 없이 다시 지휘를 맡았다. 하지만 노구의 정화에게 이 원정은 너무 무리였던 것일까? 1433년 4월, 메카에 도달해 참배한 후 돌아오던 중 정화는 인도 캘리컷(코지코드) 인근에서 병으로 사망하고 말았다. 원정대는 관례에 따라 그의 시신에 예를 갖추어 인도양에 수장했으나 본국에서는 그를 기리기 위해 별도의 가묘를 만들었다. 정화의 대원정, 아니 중국의 남해 원정이 막을 내리는 순간이었다.

　7차 원정을 떠나기 전, 정화는 자신의 죽음을 예측했을까? 다음은 그가 7차 원정을 떠나기 전 스스로 만든 비문이다.

일찍이 크고 작은 30여 나라를 찾아 십만 리의 바닷길을 다녔네. 망망대해에서 산처럼 큰 파도가 하늘을 엎을 듯이 몰아쳤다네. 보이느니 안개 자욱하게 덮인 바다 틈틈이 낯선 이국의 풍경이라네. 돛을 높이 올려 밤낮으로 바다를 달리니 파도가 뱃전을 때리고, 그 파도를 우리 배가 뛰어넘었네.

정화의 원정이 갖는 역사적 의의

정화가 이끈 원정대의 항해는 1405년에서 1433년에 걸쳐 29년 동안 이루어진 대규모 해상 활동이었다. 그 거리가 18만 5,000킬로미터(지구 3바퀴 거리)에 이르고, 원정한 나라는 30여 개, 도시는 무려 500여 개나 되었다. 주목해야 할 건 이 원정이 유럽의 신항로 개척보다 무려 70년이나 빨랐다는 점이다. 그러나 중국은 이 엄청난 일을 스스로 중단시켰다. 그 이유는 국익에 도움 되지 않는다는 명분과 달리 내부 권력 다툼이었다. 국익은, 원정의 핵심 인물들이었던 환관의 권력을 두려워한 유학자들이 자신의 권력을 지키고 강화하기 위해 내세운 명분에 불과했을 뿐이다. 이로써 중국은 한 줌도 안되는 내부 권력 경쟁으로 세계 최강의 국가가 될 기회를 놓쳐버리고 말았다.

예일대 교수 폴 케네디는 저서 《강대국의 흥망》에서 이렇게 말했다.

'정화의 탐험 이후 중국에서 단행된 해외 무역과 어업 금지는 경제 성장을 유지할 수 있는 다른 모든 잠재적 동기를 앗아가버렸다. 이것이 중국 문명을 중심으로 하는 동양의 쇠락을 가져온 큰 요인이다.'

이러한 사실에도 불구하고 정화의 원정이 세계사에 남긴 뚜렷한 업적이 있다. 바로 '화교(외국에 사는 중국 사람)'다.

정화의 원정 중 분함대의 일부는 중국 본토로 회항하지 않고 현지에 남아 삶을 이어갔는데 이들이 화교다. 화교는 '바닷물 닿는 곳에 화교가 있다'라는 말이 있을 정도로 동남아시아 전체에 퍼져 있다. 2019년 중국 국무원 보고서에 따르면 현재 세계 168개국에 화교 8,700여만 명이 살고 있다. 현재 우리나라 인구보다 많다. 이들 화교는 차이나타운을 중심으로 정교한 화교 네트워크를 구축해 또 하나의 중국을 형성하고 있고, 이 네트워크를 활용해 세계 각국에서 최고 부자 기업, 최대 규모 기업을 일구어 동남아시아 경제를 이끄는 주인공이 되었다. 이 모든 건 정화의 대원정에서 비롯되었다.

지금까지 세계사를 다시 쓴 환관 정화에 관해 알아보았다. 역사에 등장하는 환관 중에는 유독 간신이 많다. 자식을 낳을 수 없었던 환관들이 유독 부와 권력을 많이 탐했기 때문일 것이다. 그러나 정화는 달랐다. 환관이었지만 자신의 한계를 뛰어넘어 모험의 선봉에 섰다. 그의 뒤에 영락제가 있었고, 그의 마음속에 큰 포부가 있었기에 가능했을 것이다.

중국은 이런 영락제의 정책과 정화의 업적을 계승 발전시켰어야 했다. 왜냐하면 만약 중국이 이 원정을 유지했다면 약 400년 뒤 아편전쟁의 결과는 완전히 달라졌을 것이기 때문이다. 정화의 함대는 서양 함대보다 인원이나 배의 수에서 훨씬 앞섰고, 배의 크기로도 콜럼버스의 캐러벨선보다 30배나 더 거체였다. 마젤란의 배는 3개의 돛으로 움직였지만, 정화의 보선은 10개의 돛으로 움직였다. 한 척의 보선 옆에 바스쿠 다 가마의 배들을 놓으면 다섯 척이 나란히 늘어서도 모자랐다. 무엇보다 중요한 건 신대륙(엄밀히 말해 이미 원주민이 살고 있었으므로 신대륙이 아님)을 중국이 먼저 발견했을 거라는 점이다. 그랬다면 억울하게 몰살당한 아프리카 원주민도, 서양 열강에 짓밟히는 동양 국가도 없었을 것이고, 중국 스스로 무너지는 일은 더더욱 없었을 것이다.

이러한 여러 이유로 모험은 영속성이 있어야 한다. 중국은 이 영속성이 없었기에 이미 세계 최강의 해양력을 가지고 있었으면서도 바다에서 명성을 떨친 적이 단 한 번도 없었다. 모험에는 이런 조건이 붙어야 한다.

"진정한 모험은 출발점만 있을 뿐 종착점이 없다!
종착점이 있는 모험은 이미 모험이 아닐 테니."

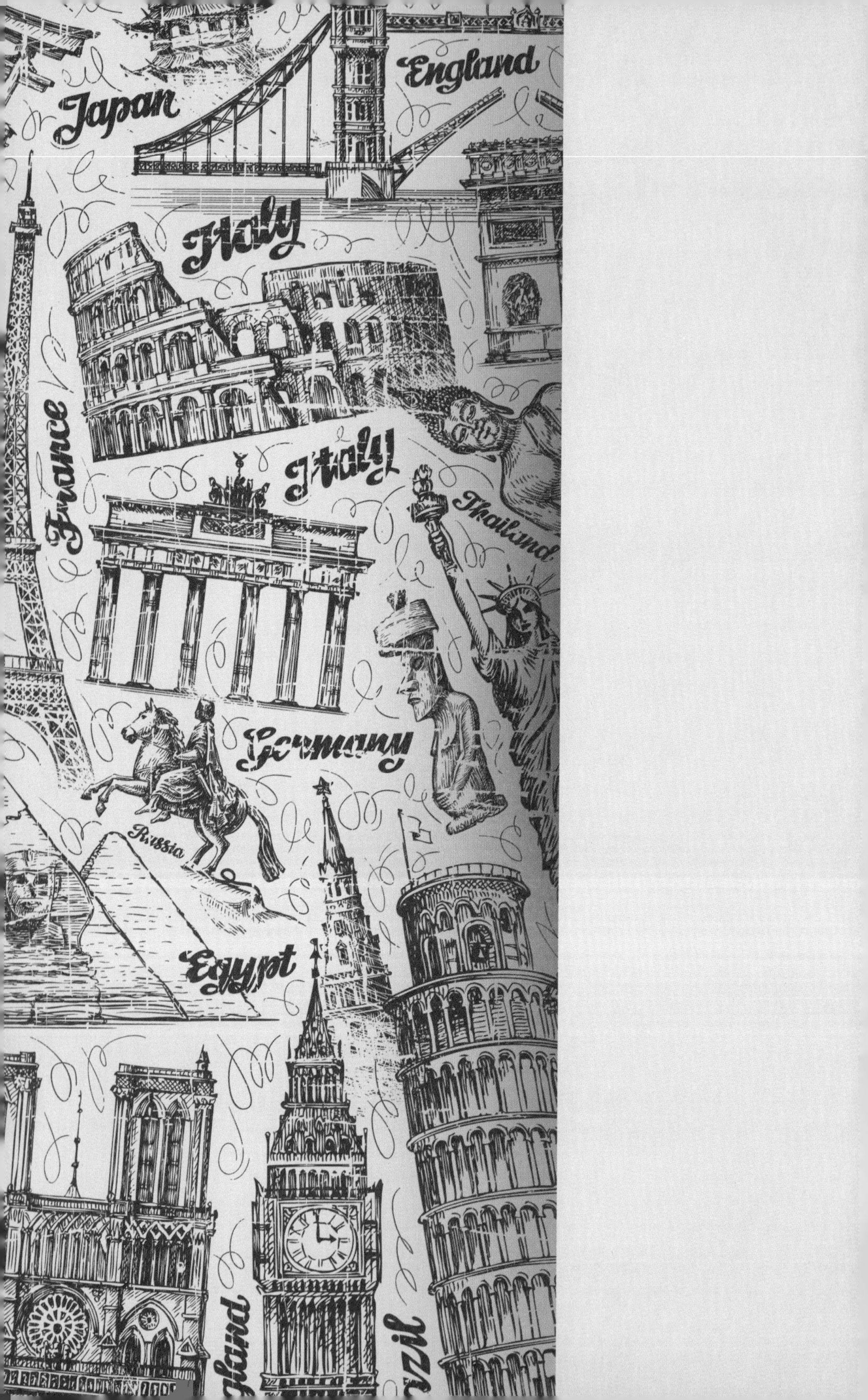

Japan
England
Italy
France
Italy
Thailand
Germany
Russia
Egypt

PART 5

굴욕을

딛고 일어선

사람들

스파르타쿠스
:
불멸의 노예 검투사

로마 국립 박물관에 한 청동상이 있다. 두 눈은 부어 있고, 귀는 짓눌렸으며, 코뼈는 부러져 주저앉은 모습이다. 온통 상처투성이인 얼굴에 박힌 두 눈, 그 눈빛은 무척 처절해 보인다. 이 청동상의 주인공은 검투사다. 우리에게 검투사는 영화 〈글래디에이터〉를 통해 잘 알려져 있는데, '글래디에이터'는 '글라디우스 검을 쓰는 자'라는 뜻이다.

글라디우스는 양날의 단검으로 로마 보병들이 주로 사용하던 검이었고, 이 검을 검투사들이 사용했기에 그들을 글래디에이터라고 불렀다. 이들의 평균 수명은 고작 23세에 불과했다.

검투사는 다른 말로 '호르데아리(Hordearii)'라고도 불렸다. 이는 '보리를 먹는 사람들'이라는 뜻이다. 당시 로마에서 보리는 주로 가축의 사료로 쓰였기에, 이는 가축과 다를 바 없는 취급을 받는 존재라는 멸시가 담긴 표현이었다. 또한 이들이 강한 골격을 유지하기 위해 식물을 태운 잿물을 물에 섞어 마셨다는 기록도 있다. 이처럼 보리와 잿물을 마시며 목숨을 걸고 싸워야 했던 이들이 바로 검투사였다.

검투사의 유래와 변천

고대 로마에서는 장례식 때 죽은 자를 추모하기 위해 전쟁 포로를 이용해 검투 경기를 펼쳤는데 이것이 검투사의 유래다. 전쟁 포로들은 주로 갈리아 지역(오늘날의 프랑스, 스위스, 네덜란드 지역)과 이탈리아반도의 삼니움 지역, 발칸반도 북쪽의 트라키아 지역(오늘날의 불가리아)에서 로마로 유입되었다. 전쟁 포로들은 로마의 노예 시장을 통해 폼페이의 검투사 양성소로 팔렸는데 검투사 양성소는 주로 검투사들의 훈련과 경기 일정 등을 조정하는 역할을 하는 곳이었다. 다시 말해 고대 로마 제국의 전투형 엔터테이너가 검투사였다는 말이다. 프로 스포츠 성격을 지녔던 검투 경기는 로마가 왕정, 공화정, 제정 시대로 변화하면서 그 성격이 조금씩 달라졌다.

공화정은 귀족을 대표하는 원로원, 평민을 대표하는 호민관, 행정을 담당하는 집정관으로 구성된 트로이카 체제였다. 로마는 이 공화정 시대 때 세력을 가장 많이 확장해 최고로 넓은 영토를 확보했다. 당연히 전쟁 포로의 유입도 가장 많았다. 그래서 공화정 시대의 검투 경기 방식은 한쪽이 죽을 때까지 싸우는 데스매치였다. 아무리 죽여도 검투사는 차고 넘쳤으니 말이다.

이후 로마는 아우구스투스가 평정함으로써 황제가 다스리는 제정 시대로 접어들었다. 아우구스투스는 검투 경기를 굉장히 좋아했는데 몸이 아프면 들것에 실려서라도 와 검투 경기를 관전할 정도였다고 한다. 그런데 아우구스투스 시대부터 검투사들의 생존율이 높아지기 시작했는데 이는 "패자를 무조건 죽이는 검투 경기를 금한다"라는 그의 명령 덕분이었다. 그래서 제정 시대에는 공화정 시대와 달리 검투사가 되려는 자유인이 많았다. 특히 인생 역전, 일확천금을 노린 다수의 빈민이 검투사가 되고자 했다.

검투사의 종류

검투사는 출신지, 무기, 공격 방법 등에 따라 구분된다. 트라키아 검투사, 갈리아 검투사 등이 출신지에 따라 구분한 명칭이다. 무기와 공격 방법에 따른 구분은 다섯 가지로 요약할 수 있다.

첫 번째는 '베스티아리이'다. 창을 들고 맹수와 싸우는 2급 검투사다. 주로 본 경기에 들어가기 전에 벌어지는 오전 경기를 담당했다. 이들은 사자, 하마, 불곰, 호랑이, 타조 등의 맹수와 싸웠다.

무르밀로(오른쪽)와 레티아리우스(왼쪽)

두 번째는 '레티아리우스'다. 로마 시민들이 가장 사랑했던 검투사로 그물 검투사 또는 어부 검투사로 불렸는데 레티아리우스의 무장을 보면 왜 그런지 알 수 있다. 레티아리우스는 한 손에는 포세이돈의 상징인 삼지창을 들고 다른 한 손에는 그물을 들고 싸웠다. 그리고 허리와 오른쪽 팔뚝에는 청동 방어구를 착용했다. 특이하게도 투구를 쓰지 않았는데, 이는 잘생긴 얼굴을 보여주기 위해서였다.

세 번째는 '무르밀로'다. 물고기 검투사라고도 하는데 물고기 모양의 투구를 쓰고 오른쪽 팔뚝에 물고기 비늘처럼 생긴 방어구를 착용했다. 또 한 손에는 글라디우스 단검을 들고 다른 한 손에는 큰 방패를 들고 싸웠다. 무르밀로는 무거운 방패를 들어야 했기 때문에 근육질의 검투사들이 많았고 주로 어부 콘셉트인 레티아리우스와 경기를 벌였다.

네 번째는 '세크토르'다. 세크토르는 두 눈 부분이 뚫린 투구를 쓰고 15~16킬로그램이나 되는 무기를 들고 싸우는 추격 검투사다.

다섯 번째, '녹시'다. 녹시는 맨몸으로 눈을 가린 채 검 한 자루만 들고 싸우는 죄수 검투사였다. 대신 상대 녹시는 맨손으로 싸워야 했다. 얼핏 맨손으로 싸우는 검투사가 이길 것 같지만 주로 무기를 든 녹시

황제에 경의를 표하는 투사들

가 이겼다. 여기서 이긴 녹시는 다음 경기에서 눈을 가리지 않고 무기 없이 새로운 도전자를 맞아 싸웠다. 이런 식으로 계속 싸우다 보면 결국 모든 녹시는 죽을 수밖에 없게 된다. 다시 말해 녹시의 경기는 처형의 한 방법이었다.

이러한 검투 경기는 철저한 기획 속에 체계적으로 진행되었다. 심판이나 스폰서, 심지어 프로모션까지 있었다. 검투사 프로모션이 가장 중요하게 여긴 것은 대진표였다. 대진표를 어떻게 짜느냐에 따라 흥행 수준이 달라졌기 때문이다. 이 대진표 중 흥행 보증수표는 그물 검투사 레티아리우스와 추격 검투사 세크토르의 대결이었다.

검투 경기가 시작되면 검투사들은 이렇게 외쳤다.

"황제 폐하 만세! 죽음을 향하는 자들이 경의를 표합니다."

그리고 승부가 끝나면 승자는 관중을 향해 시선으로 묻는다.

'이 패자의 목숨을 어떻게 할 것인가?'

패자의 목숨은 관중이 쥐고 있었던 셈이다. 관중은 어떤 기준으로 패

내려진 엄지

자의 생사(生死)를 결정했을까? 패배한 검투사가 얼마만큼 처절하게 싸웠는지, 얼마만큼 용맹하게 싸웠는지, 얼마만큼 최선을 다해 죽기 살기로 싸웠는지 등이 판단의 기준이다. 그 판단은 엄지손가락으로 표시했다. 살려줄 때는 엄지손가락과 함께 이렇게 함성도 질렀다.

"미시오(Missio)! 미시오!"

원형 경기장이 '미시오'라는 함성으로 가득 채워지면 패자는 목숨을 구하고 경기장을 걸어 나갈 수 있었다.

검투 경기에서 승리한 검투사에게 주어지는 최고의 영예는 황제가 내리는 목검 '루디스'를 받는 것이었다. 루디스를 받은 검투사를 '루디아리우스'라고 하는데 루디아리우스는 자유인이 될 기회를 함께 얻는다.

콤모두스 황제는 직접 검투 경기에 뛰어들기도 했다. 영화 글래디에이터에 나오는 바로 그 황제다. 콤모두스의 아버지는 로마의 5현제 중 팍스 로마를 이끌었던 마지막 황제 '마르쿠스 아우렐리우스'이고, 어머니는 '파우스티나' 황후였다. 파우스티나는 검투 경기를 너무 좋아해 당시 '황후가 검투사와 사랑에 빠져 콤모두스를 낳았다'는 소문이 돌 정도였다.

이런 검투 경기에 대해 처음으로 문제를 제기한 인물이 세네카다. 네로의 스승으로 잘 알려진 로마의 사상가 세네카는 "검투 경기 관전은 사람을 한층 더 비인간적으로 만든다"라고 말했다. 프랑스의 유명한 계몽 사상가 몽테스키외는 "검투 경기는 로마인들의 마음속에 잔혹성을 심었다"라고 말했다.

이처럼 비인간적이고 잔혹한 검투 경기를 시키는 로마에 대항해 난을 일으킨 노예가 바로 스파르타쿠스다.

불멸의 스파르타쿠스

고대 그리스 역사가 플루타르코스는 이렇게 말했다.

"스파르타쿠스는 유목 부족 출신으로 트라키아인이다. 그는 정신이 위대하고 신체가 튼튼했으며 똑똑하고 교양 있었다."

고대 로마 역사가 아피아노스는 다음과 같이 말했다.

"스파르타쿠스는 한때 로마군으로 복무했는데 투옥되었다가 검투사로 팔린 인물이며 트라키아 지방 출신이다."

스파르타쿠스의 출생에 대해서는 정확한 기록이 없어 사실 여부는 알 수 없지만 그가 트라키아 출신의 자유인이었음은 분명해 보인다.

스파르타쿠스가 난을 일으킨 배경은 두 가지로 요약할 수 있다. 첫째, 노예 제도다. 스파르타쿠스의 난에 앞서 1, 2차 노예 반란이 있었다. 기원전 1세기 경 고대 로마의 노예 수는 전체 인구의 3분의 1에 달해 노예가 없으면 로마 경제가 돌아가지 않을 정도였다. 왜냐하면 포에니 전쟁 이후 지중해의 패권을 장악한 로마가 속국으로부터 매우 값싼 농산물을 들여와 노예를 핵심 노동력으로 쓰는 '라티푼디움'이라는 대농장을 경영했기 때문이다. 이 라티푼디움의 영향으로 빈부격차는 점점 심해져 로마 자영농은 몰락했고, 몰락한 자영농은 라티푼디움의 노예가 되기도 했다. 라티푼디움이 가장 많은 땅 중 하나가 시칠리아였다. 1, 2차 노예 봉기는 모두 시칠리아에서 일어났다.

3차 노예 봉기에 해당하는 스파르타쿠스의 난의 두 번째 배경은 로마의 '빵과 서커스 정책'이다. 빵과 서커스는 권력자로부터 무상으로 제공받는 식량과 오락거리를 상징하는 표현이다. 대표적인 오락거리가 검투 경기였고, 카푸아는 이런 검투사들을 길러내는 양성소가 밀집한 중심지였다. 반란의 시발점이 되었던 곳 역시 카푸아의 한 검투사 양성소였다. 또한, 서커스는 대전차 경기장을 뜻하는 라틴어 '키르쿠스(Circus)'에서 유래한 말이다.

《호모 루덴스》의 저자인 네덜란드의 유명한 역사가 요한 하위징아는 빵과 서커스 정책에 대해 다음과 같이 말했다.

"로마 시민은 국가를 향해 끊임없이 빵과 구경거리를 요구했다. 이는 단순히 돈과 오락을 원한다는 것은 아니었다. 로마 사회에서는 놀이 없이는 더 이상 살아갈 수 없다는 의미였다. (중략) 시민에게는 위정자들에게 놀이를 요구할 권리까지 주어졌던 셈이다."

그렇다. 검투 경기는 로마 시민들에게 없어서는 안 될 중요한 놀이였고, 정치인들은 시민들의 마음을 얻기 위해 검투 경기를 제공할 수밖에 없는 사회가 바로 로마였다. 당연히 경기장의 수도 엄청났는데 수도에 12개가 있었고 로마 전역에는 무려 761개가 있었다. 이렇게 많은 경기장에서 검투사들은 매일 죽기 살기로 싸워야만 했다. 상황이 이러하니 검투사들에게 하루는 그야말로 고난 그 자체였다. 그래서 힘든 훈련과 두려움, 공포 때문에 자살하는 사람들도 대단히 많았다. 오죽하면 4세기 심마쿠스의 경기 때 포로 29명은 검투사 훈련을 받던 중 서로를 찔러 모두 죽었을까! 마지막에 남은 한 사람은 벽에 머리를 박아 자살했다. 또 어떤 검투사들은 다음 날 맹수와 경기하는 것이 두려워 지나가는 전차 바퀴에 스스로 머리를 집어넣어 생을 마감하기도 했다. 그나마 다행 아닌 다행인 것은 검투사들이 로마 시민들의 숭배와 찬양을 받았다는 점이다. 그러나 여전히 그들의 신분은 창녀, 노예, 범죄자보다 미천했다. 그래서 검투사들은 공동묘지 매장조차 거부당했다.

그렇다면 스파르타쿠스의 난은 어떻게 진행되었을까? 계몽 사상가 볼테르는 스파르타쿠스의 난을 이렇게 평가했다.

"스파르타쿠스 전쟁은 가장 정의로운 전쟁이자 인류 역사상 유일하게 정당했던 전쟁이었다."

정당한 전쟁 스파르타쿠스의 난은 기원전 73년 나폴리 북동쪽에 있는 이탈리아의 도시 카푸아에서 일어났다. 스파르타쿠스와 동료 검투사들이 자유를 향해 칼을 든 것이다. 이때 스파르타쿠스와 함께 난을 일으킨 사람이 갈리아 출신 검투사 크릭수스다.

스파르타쿠스는 숲으로 뒤덮인 베수비오산으로 숨어들어 게릴라전을 펼쳤는데 이 소식을 들은 주변 농장의 노예들까지 합류했기에 74명으로 시작한 노예 반란군은 7만여 명으로 늘어났다. 로마의 토벌대가 왔지만 상대가 되지 않았고, 스파르타쿠스 반란군은 로마 정규군까지 격파하며 승승장구했다. 심지어 처지가 바뀌어 로마군 포로들이 검투사 시합을 하는 상황에까지 이르렀다. 스파르타쿠스와 동료들의 심정이 어땠을까? 고대 역사학자 오로시우스는 이 상황을 이렇게 기록했다.

'이제껏 볼거리 취급을 당했던 이들이 이제는 관객이 되었다.'

그러나 이런 상황은 그리 오래가지 못했다. 로마 최고의 슈퍼리치 크라수스와 최고의 장군이자 정치가였던 폼페이우스가 진압에 나섰기 때문이다.

당시 스파르타쿠스 반란군은 스파르타쿠스를 중심으로 한 트라키아인들과 크릭수스를 중심으로 한 갈리아인들로 세력이 형성되어 있었다. 그리고 이 두 세력은 분열했다. 왜냐하면 스파르타쿠스는 고향 트라키아로 가고자 했고, 크릭수스는 로마에서 약탈을 통해 더 큰 부를 누리자고 했기 때문이다. 결국 크릭수스는 7만 중 3만의 반란군을 데리고 떠났는데 이들은 얼마 안 가 로마의 정규군에게 전멸당하고 말았다. 스파르타쿠스를 따르는 4만 명은 고향 트라키아를 향해 알프스에 이르렀다. 그런데 여기서 놀라운 일이 벌어졌다. 반란군들이 알프스에서 유턴을 해버린 거다. 왜 유턴했는지는 기록이 남아 있지 않아 알 수 없지만 역사가들은 두 가지로 추측한다. 첫 번째, 알프스를 넘어 트라키아로 가봤자 로마 땅으로 변한 트라키아에서 정착할 수 없으리라 판단하고 문명이 있는 로마에 정착하기로 했다는 추측이다. 두 번째, 알프스의 추위를 감당하지 못해 포기했다는 추측이다. 무엇이 맞든 분명한 것은 스파르타쿠스가 이끄는 4만 반란군이 알프스에서 유턴해 시칠리아로 남하했다는 사실이다.

시칠리아섬으로 가기 위해서는 메시나 해협을 넘어야 하는데 그러려면 배가 필요했다. 그래서 스파르타쿠스는 해적에게 부탁해 배를 구할 수밖에 없었는데 이 해적들이 배신해버렸다. 반란군을 토벌하러 온 크라수스에겐 절호의 기회였다. 크라수스는 이탈리아반도 끝부분에 방벽을 치고 이들을 가두어 독 안에 든 쥐로 만들어버렸다. 그런데 스파르타쿠스의 반란군은 이 방벽조차 뚫었다. 하지만 이것이 끝이었다. 결국 스파르타쿠스의 반란군들은 크라수스와 폼페이우스가 이끄는 정규군에게 포위당해 대부분 사살되고 6,000여 명은 포로로 잡혔다. 그리고 이들은 당시 로마의 법정 최고형인 십자가형을 받았다. 결국 노예의 유일한 자유는 죽음뿐이었던 셈이다.

카푸아에서 로마시까지 가는 길을 '아피아 가도'라고 한다. 영화 〈스파르타쿠스〉에는 아피아 가도에서 가로수처럼 늘어선 십자가에 매달려 십자가형을 당한 스파르타쿠스 반란군들이 죽어가는 모습이 그려졌다. 이때 한 로마 장군이 이렇게 말했다.

"누가 스파르타쿠스냐? 누가 스파르타쿠스인지 알려만 준다면 네 목숨은 살려주겠다."

그러자 스파르타쿠스의 동료들은 앞다투어서 이렇게 대답했다.

"내가 스파르타쿠스다."

이 이야기가 영화적 상상력으로 만든 허구일지 몰라도 그들이 노예로 살기보다 인간으로 죽기를 선택했음은 분명해 보인다.

▼

지금까지 불멸의 노예 검투사 스파르타쿠스에 관해 이야기했다. 미완성으로 끝난 스파르타쿠스의 난은 1,800여 년이 지난 후 아이티에서 부활했다. 아이티는 쿠바 남쪽 카리브해의 작은 섬나라로, 18세기에 세계 최초로 흑인 노예들이 혁명을 일으켜 탄생시킨 나라다. 이 혁명의 지도자는 투생 루베르튀르로, 그 역시 노예였으며 '검은 스파르타쿠스'로 불리고 있다. 굴욕을 딛고 자유를 향해 일어선 스파르타쿠스의 열정과 정신이 지금까지 인정받고 있는 것이다.

이런 사실을 보면 사실 굴욕은 타인이 나에게 안기는 것이 아닌 것 같다. 내가 굴욕을 받아들이면 굴욕이 되고, 내가 거부하면 굴욕이 아니기 때문이다. 바닥까지 추락한 삶에서도 우리는 스스로를 단련할 재료를 찾아야 한다. 이를테면 잿물 같은 것 말이다. 《죽음의 수용소》 저자인 빅터 프랭클 박사는 "모든 자유를 빼앗아도 내 생각의 자유만큼은 누구도 빼앗을 수 없다"라고 했다. 스파르타쿠스가 노예의 삶을 살면서도 자신은 자유인이라고 생각한 것처럼 말이다.

굴욕적인 삶에서 벗어나기 위해 맨 처음 해야 할 일은 이것이 아닐까 한다.

"굴욕적인 삶에서 벗어나기 위해
맨 처음 해야 할 일은
내 생각의 주인이 되는 것이다!"

사마천
:
《사기(史記)》와 함께 사성(史聖)이 된 인물

사마천은 기원전 145년에서 기원전 86년까지 살았던 것으로 추정된다. 사마천의 초상화는 세상에서 가장 슬퍼 보인다. 50대로 보이는 그의 얼굴에는 수염이 전혀 보이지 않는다. 심지어 그의 목소리는 여성처럼 가늘었다는 기록도 전해진다. 도대체 왜 그랬을까? 사마천은 당시 남성에게는 죽음보다 더한 수치였던 궁형(宮刑)에 처해져 거세당했기 때문이다. 사마천은 왜 그러한 궁형을 당해야만 했을까? 또한 무엇을 위해 그 치욕을 감수했으며, 어떠한 업적을 남겼을까? 지금부터 그의 처절했던 발자취를 따라가 보자.

태사령

　사마천은 태사령(太史令)으로 성(姓)은 '사마'였다. 그의 가문은 중국 주나라 때부터 천문 역법과 도서를 관장하는 사관(史官)을 직업으로 삼고 있었는데 왕실에서 사관 업무를 맡은 벼슬이 태사령이었다. 사마천의 아버지는 사마담으로 그 역시 태사령이었다. 그러니 사마천은 아버지의 직을 계승한 것이다.

　사마천이 활약했던 시기는 전한의 7대 황제인 한무제(漢武帝, 기원전 156~기원전 87) 때였다. 한무제의 이름은 유철(劉徹)로 기원전 108년 고조선을 멸망시킨 인물이다. 그는 한(漢)나라의 사상 및 지도 이념으로 유교를 채택한 최초의 인물로, 그의 국가적 숙원 사업은 흉노 정벌이었다. 그는 만리장성 이북의 북방 민족 흉노를 정벌하기 위해서는 서역의 대월지와 군사 동맹을 맺어 협공하는 게 좋을 것 같다고 판단하고, 장건을 특사로 파견했다. 그때 개척한 길이 그 유명한 실크로드(비단길)다. 흉노를 정벌하기 위해서는 매우 많은 전쟁 비용이 필요했는데, 한무제는 소금과 철을 국가에서 전매해 이를 마련했다.

　전쟁 준비를 마친 한무제는 기원전 99년 흉노 정벌을 단행했다. 이때 흉노 정벌에 나선 이가 이광리와 이릉이었다. 이광리는 당시 한무제가 매우 아끼던 애첩의 오빠, 즉 한무제의 처남이었다. 이광리가 총사령관으로서 흉노 정벌에 나설 수 있었던 이유다. 이릉 장군은 이광리 보

전한 무제

좌를 위해 선발된 인물로, 할아버지 이광이 흉노 정벌에 혁혁한 공을 세운 대단한 무관 집안의 자손이었다. 그런데 이릉이 흉노의 포로로 잡히고 말았다. 이 소식을 들은 한무제는 이릉이 임전무퇴의 정신, 죽을 각오로 싸우기는커녕 자신이 가장 싫어하는 흉노의 포로가 된 것에 화가 머리끝까지 치밀었다. 그래서 신하들을 모두 소집해 대책을 세우라고 했는데 모든 신하가 한무제의 눈치만 볼 뿐 입을 다물었다. 소나기가 올 때는 우선 피하고 볼 일이라는 분위기였다. 그때 사마천이 나섰다.

사마천은 '역사를 기록하는 자가 진실을 말하지 않는다면 누가 진실을 말할 수 있겠는가?'라는 심정으로 이릉을 변호했다. 이릉은 잘 싸웠지만 '중과부적(衆寡不敵)'으로 어쩔 수 없이 졌고, 총사령관 이광리가 화살과 군량미를 제때 보급했다면 포로가 되지는 않았을 것이라는 게 변호의 핵심이었다. 당시 이릉이 이끌고 갔던 별동부대는 고작 보병 5,000명이었던 반면 흉노는 기병 8만 명이었으니 매우 타당한 변호였다. 여기에 이릉이 포로가 된 것은 부하들의 생명을 가벼이 여기지 않고 그들을 살리기 위해서 투항한 것이지, 자기 목숨을 살리기 위해서가 아니라고 덧붙였다. 사마천의 말처럼 이릉은 실제로 엄청난 중과부적이었음에도 정말 잘 싸운 것이었다. 그렇다면 한무제는 사마천의 변호를 받아들였을까?

213

궁형이라는 치욕

　사마천의 변호에 더 열받은 한무제는 그에게 사형을 내렸다. 한무제가 듣기에 사마천의 주장은 '총사령관이었던 이광리가 작전 실수를 했기 때문에 이릉이 패배했고, 포로가 되었다'라는 논리로 들렸고, 이광리를 부정하는 것은 곧 황제인 자신을 부정하는 것으로 여겨졌기 때문이다.

　당시 한나라에서 사형을 피할 방법은 두 가지였다. 첫 번째는 돈 50만 전을 내는 것이고, 두 번째는 궁형을 당하는 것이었다. 그런데 사마천은 돈이 별로 없었기에 사형이나 궁형 둘 중 하나를 선택해야만 했다. 물론 자결이라는 명예로운 죽음을 선택할 수도 있었다. 그러나 사마천은 궁형을 선택했다. 이유는 딱 하나, 살아야 했기 때문이다. 살아서 아버지 사마담의 '역사책을 완성하라'라는 유언을 받들고 싶었다.

　사마천이 궁형을 당했을 때 그는 만 48세였다. 궁형은 알다시피 생식기를 떼어내는 형벌이다. 48세에 생식기를 떼어내는 형벌을 받는다는 건 죽는 것만 못한 치욕이었다.

　한무제는 유교를 국교로 정착시켰고, 유교의 핵심은 충과 효였다. 그리고 효의 근본은 대를 잇는 것이었다. 그러니 궁형은 단지 생식기를 떼어내는 데 그치는 형벌이 아니었던 셈이다. 그래서 대부분의 사람은 궁형을 받느니 자결을 택했지만, 사마천은 받아들였다. 역사책을 완성하려는 그의 의지가 얼마나 강했는지 알 수 있는 대목이다.

　궁형은 다른 말로 '부형(腐刑)'이라고도 한다. 여기서 '부(腐)' 자는 부패한다는 뜻이다. 궁형을 당하면 그 자리가 부패해서 냄새가 매우 심했기에 붙여진 이름이다. 또한 썩은 나무에서는 열매가 열리지 않는 것처럼 궁형을 당한 남자는 자식을 가질 수 없다는 의미이기도 했다. 이

러한 이유로 궁형을 당하면 바로 집으로 돌려보내지 않고 '잠실(蠶室)'
이라는 곳에 몇 년 동안 머물게 했다.

우리나라 서울의 송파에도 잠실이 있다. 잠실은 말 그대로 누에를 기르는 따뜻한 공간이다. 궁형을 당한 뒤 상처 부위의 감염을 막기 위해 바람을 차단하고 온도를 일정하게 유지해야 했는데, 그 환경이 마치 누에를 치는 방(잠실)처럼 따뜻하고 밀폐되어 있어야 했기에 붙여진 이름이다. 그런데 예외가 있었다. 바로 환관이다. 왕의 명령을 받은 환관은 남성성이 없었기에 잠실 출입이 가능했던 셈이다. 사마천은 상처를 치료하기 위해 잠실에서 2년을 머물렀는데 이때 생각한 게 있다. 자기가 그동안 집필해온 '사기'를 어떤 기조로 쓸까, 하는 것이었다. 궁형 전에 썼던 '사기'는 한 나라의 영광을 칭송하고 한나라의 역대 왕들에 대해 칭찬을 아끼지 않는 역사서였다. 하지만 궁형 후에 쓴 사마천의 '사기'는 철저하게 비판적인 내용과 깊은 철학이 담겨 있었다.

사마천이 궁형을 당할 당시의 심정이 어땠을지는 그가 친구 임안에게 보낸 편지, 〈보임안서(報任安書)〉에 잘 나타나 있다.

사람이란 본디 한 번 죽을 뿐이지만 어떤 죽음은 태산보다 무겁기도 하고, 어떤 죽음은 터럭만큼이나 가볍기도 하니, 그것을 사용하는 방법이 다른 까닭이네. 노비조차도 욕되면 능히 자결할 수 있는데 하물며 내가 못할 리 있었겠는가? 그러나 내가 은인자중하며 구차하게 똥통에 떨어지길 불사한 까닭은 마음속에 미진한 바가 있음을 한으로 여겼고, 글이 후세에 드러나지 않을 것을 수치로 여겼기 때문이네.

중서령에서 사성으로

궁형 이후 사마천은 중서령(中書令) 벼슬을 받고 복권되었다. 한무제가 자신이 잘못 판단했음을 반성한 의미였지만 사마천은 자연스럽게 환관이 되어버렸다. 중서령은 환관 중 가장 높은 벼슬이었다. 그리고 아이러니하게도 사마천이 궁형을 당한 덕분에 역사 편찬을 하기가 더 유리해졌다. 왜냐하면 남성들의 궁궐 출입은 제한적이었지만 환관은 그렇지 않았기 때문이다. 사마천은 자유롭게 궁궐 내 여러 역대 기록 문서를 관찰하고 정보를 수집하면서 역사책을 써나갔다. 이렇게 탄생한 역사서가《태사공서(太史公書)》다. 우리가 흔히 말하는《사기》는《삼국지》〈위지〉에 나오는 왕숙의 전기에서 나온 이름이고, 원래 이름은 '태사공서'가 맞다. 그러나 이 책에서는《사기》로 통일하겠다. 참고로《사기》는 종이가 아닌 죽간으로 만든 책이다. 죽간은 종이 발명 전까지 가장 많이 사용되던 서사 재료로 대나무를 세로로 얇게 저며서 만든 것이다.

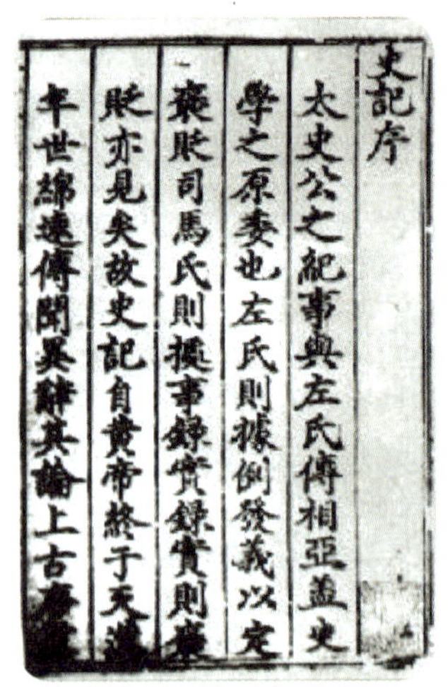

《사기》 초판본

《사기》는 제왕의 연대기를 다룬 본기(本紀) 12편, 제후왕을 중심으로 한 세가(世家) 30편, 역대 제도와 문물의 연혁을 다룬 서(書) 8편, 연표 형식의 표(表) 10편, 시대를 대표하는 뛰어난 인물의 활동을 담은 열전(列傳) 70편으로, 총 130편, 52만 6,500자로 구성되어 있다.

여기에서 본기와 열전의 끝 글자인 '기(紀)'와 '전(傳)'을 따서, 이러한 형식의 역사 서술 방식을 기전체라고 부른다. 이 기전체는 역사 서술의 모범이 되어 이후에 편찬된 수많은 역사서에 큰 영향을 주었는데, 우리 나라의《삼국사기》와《고려사》도 이 기전체 형식을 따랐다. 만약 사마천이《사기》를 저술하지 않았다면, 우리가 즐겨 읽는 춘추오패, 전국칠웅, 진시황의 중국 통일 과정, 항우와 유방의 패권 다툼 같은 이야기들도 전해지지 않았을지 모른다.

《사기》는 이처럼, 사마천이라는 한 인간이 죽음보다 더한 고통과 모멸을 딛고 일어섰기에 탄생할 수 있었던 책이다. 역시, 위대한 책은 위대한 인물에게서 나오는 것 같다. 사마천은《사기》130권을 완성함으로써, 단순한 역사 저술가를 넘어 역사 서술의 성인, 곧 '사성(史聖)'이라 불리는 인물이 되었다.

종이조차 없던 시절, 궁형이라는 극심한 고통을 감내하며《사기》를 완성한 사마천의 고통은, 우리 같은 일반인으로서는 감히 상상조차 하기 어려운 수준이었을 것이다.

그러나 인생을 걸고 글을 써본 사람이라면, 그 고통을 조금이나마 이해할 수 있을지도 모른다. 그래서일까? 인간으로서 감내해야 할 최고의 고통 속에서 글을 썼던 작가 박경리 선생은 누구보다 사마천의 마음을 깊이 공감했던 인물로 보인다. 그녀는 남편을 잃고, 얼마 지나지 않아 어린 아들까지 연이어 잃는 비극을 겪었지만 그 고통을 참고 견디며 글을 썼다. 그렇게 써 내려간 그녀의 대하소설《토지》는 무려 26년에 걸쳐 완성된 작품이다.

다음은 그녀가 남긴 말이다.

"난 내가 사마천이라고 생각하면서 글을 썼어. 행복했으면 글 같은 건 쓰지 않았을 거야. 그 억장이 무너지는 세월을 한 줄 한 줄 쓰면서 버텼지."

박경리 선생은 〈사마천〉이라는 제목의 시도 남겼다.

사마천

그대는 사랑의 記憶(기억)도 없을 것이다
긴 낮 긴 밤을
멀미같이 時間(시간)을 앓았을 것이다
天刑(천형) 때문에 홀로 앉아
글을 썼던 사람
肉體(육체)를 去勢(거세)당하고
人生(인생)을 去勢(거세)당하고
엉덩이 하나 놓을 자리 의지하며
그대는 眞實(진실)을 기록하려 했는가

과연 박경리 선생은 자신을 사마천이라 생각하며 글을 쓰셨다고 할 만하다. 일면식도 없는 사람의 고통을 마치 자신의 것처럼 온전히 받아들여 표현하고 있지 않은가.

지금까지 사마천과 그가 남긴 위대한 역사서 《사기》에 대해 이야기해 보았다. 사마천은 자신의 죽음이 태산보다 무거워야 한다고 여겼다. 그래서 태산보다 무거운 죽음을 맞이하기 위해 궁형이라는 치욕을 견디며 《사기》를 완성하기로 결심했다. 그 마음은, 〈보임안서〉의 다른 대목에도 잘 드러나 있다.

나는 천하에 흩어진 구문(舊聞)을 수집하여 세상에 실제로 벌어진 일을 대략 상고하고 그 처음과 끝을 정리하여, 성패와 흥망의 이치를 살펴 모두 130편의 글을 저술했네. … 그러나 초고를 다 쓰기도 전에 이런 화를 당했다네. 그럼에도 나의 작업이 완성되지 못할까 안타깝게 여긴 까닭에 극형을 당하고도 부끄러움을 몰랐던 것이네. 진실로 이 책을 저술하여 명산(名山)에 보관하였다가 내 뜻을 알아줄 사람에게 전하여 촌락과 도시 곳곳에 널리 퍼지게 한다면 이전에 받은 치욕에 대한 비난을 보상받을 수 있을 것이니 비록 만 번 죽임을 당한다 해도 어찌 후회가 있겠는가? 이것은 지혜로운 이에겐 말할 수 있지만 속인에겐 말하기 어려운 일이네.

이 편지에는 사마천의 '사명감(使命感)'이 잘 드러나 있다. 만 번 주륙(誅戮)을 당한다 해도 후회 없이 자신에게 주어진 임무를 완성하려는 그 마음이 바로 사명감이다. 사명감을 느낀다는 것은, 내가 존재할 이유를 아는 것과 같다. 존재할 이유를 알기에 어떤 치욕도 견디며 주어진 임무를 완성할 수 있는 것이다. 그 어떤 치욕도 내가 존재해야 하는 이유보다 크진 않기 때문이다.

어떤 일을 하든 우리는 사명감을 가져야 한다. 다시 말해 '나는 쓸모 있는 사람'임을 스스로 믿어야 한다. 그럼으로써 존재감을 느끼고, 존재감을 느끼면 자존감이 올라가고, 자존감이 올라가면 비로소 타인의 비난과 속박으로부터 자유로워질 수 있다. 그런 의미에서 사마천은 이미 알고 있었다. 자신이 《사기》를 완성하면 궁형의 치욕과는 비교도 되지 않을 만큼 큰 자유를 누리게 되리라는 사실을.

나의 사명은 '인재 서포터(Supporter)'다. 조금 더 자세하게 말하자면 '인재가 되고 싶은 사람들, 인재를 양성하고 싶은 사람들에게 최고의 영향을 발휘하는 사람으로 성장한다'이다. 내가 이처럼 사명을 정한 이유는, 누군가가 나를 통해 성장하는 모습을 보는 게 좋기 때문이다. 그래서 수익이 되지 않는 일도 즐겁게 할 수 있었고, 아무리 힘든 고난이 닥쳐도 계속할 수 있었다. 그래서 아무도 나를 강사로 불러주지 않던 시절에도, 코로나19로 강연이 모두 끊겼을 때도, 나는 지금 하는 일을 멈추지 않았다. 내가 좋아하고, 동시에 잘하는 일이기에 가능했다. 이것이 바로 사명의 힘이다.

사명감으로 하는 일은 어려운 상황에서 더 큰 빛을 발휘한다. 그러니 당신이 하는 모든 일에 사명감을 더해보라. 일에 찌들어 지친 삶이라도 반드시 빛이 비칠 것이다!

"사명감은 밤하늘의 별과 같아서
어두울수록 빛난다!"

盈仄佰散張玉關瑩未昏淮脈堂鹹

極迢冬藏閏餘羽翔龍成歲律呂居鹹

莱壽茶薑涕鹹物晉伐徙辭辯

玉關珠價尖方弓弦瀠未珍幸素珠絧

羽翔龍助火禾乃不坐爲官入皇藏佰玉

怡新文字弓眿祗卅末七裹椎位爲龍

한신
:
국사무쌍(國士無雙)

한신은 '국사무쌍(國士無雙)', 즉 나라에 둘도 없는 뛰어난 인재라는 표현대로 '서한삼걸(西漢三傑)' 중 한 사람으로 꼽힌다. 서한삼걸은 유방이 한(漢)나라를 건국하는 데 결정적인 공을 세운 세 명의 명신인 장량, 소하, 한신을 일컫는다. 이 중 장량은 최고의 책사였고, 소하는 행정 및 군수 지원에서 탁월한 역량을 발휘했으며, 한신은 중국 역사상 가장 천재적인 병법가이자 대장군으로 기록되었다.

한신을 제대로 이해하려면 '서초패왕(西楚覇王)'이라 불렸던 항우의 이야기를 먼저 살펴보아야 한다. 항우는 역발산기개세(力拔山氣蓋世), 즉 '힘은 산을 들어 올릴 만하고 기운은 세상을 덮을 만하다'는 말로 표현될 정도로 그 명성이 대단했다. 그는 8년 동안 치른 70여 차례의 전투에서 단 한 번도 패한 적이 없었다. 그러나 생애 딱 한 번, 항우가 패배를 맛본 전투가 있었으니, 바로 한(漢)과 서초(西楚)가 운명을 걸고 맞붙은 '해하 전투'였다. 이 전투에서 항우를 무너뜨린 주인공이 바로 한신이다. 항우는 이 단 한 번의 패배에 대한 굴욕을 참지 못하고 오강에서 자결했다. 결국 그는 굴욕에 굴복한 것이다. 초한 전쟁에서 한신의 활약상을 보면, 그는 전공(戰功)이 세계 전쟁사를 통틀어 찾아보기 힘들 정도로 전설적인 명장이다. 수많은 병사를 자신의 손발처럼 지휘해낸 그의 군사적 재능은 그야말로 독보적이었다.

한신은 이러한 재능을 바탕으로 한나라의 대장군이 되었고, 항우를 무너뜨려 유방에게 천하 통일의 위업을 안겨 주는 결정적인 역할을 했다. 그러나 이처럼 대단한 한신에게도 지우고 싶은 굴욕의 기억, 즉 '흑역사'가 있었다.

걸식표모(乞食漂母)

　한신은 왕족과는 거리가 먼, 가난한 평민 집안 출신이었다. 그래서인지 품행이 단정치 않아 누구에게도 인재로 추천받지 못했다. 그는 항상 누군가에게 빌붙어서 밥을 얻어먹는 백수로 세월을 보내야만 했다. 주위 사람들은 이런 그를 겁쟁이로 업신여기며 싫어했지만, 한신은 내면에 큰 뜻을 품고 있었기에 항상 칼을 차고 병법서를 손에 들고 다녔다.

　그러던 중 어머니가 세상을 떠나자, 한신은 더욱 비참한 꼴이 된 채 친구 정장(亭長)의 집에 얹혀살게 되었다. 정장의 아내는 남편 밥해주기도 힘든데 몇 달 동안 돈 한 푼 내지 않고 끼니를 해결하는 한신을 못마땅하게 여겼다. 그래서 그녀는 꾀를 내어 이른 새벽에 모든 가족을 깨워 새벽밥을 해먹이고는 한신이 오자 이렇게 말했다.

　"쌀이 다 떨어졌어요."

　똑똑했던 한신은 상황을 금방 눈치챘고, 이후 정장과 연을 끊고 다시는 그의 집을 찾지 않았다.

　딱히 갈 곳이 없었던 한신은 굶주린 채 강가 근처 낚시터를 어슬렁거렸다. 그는 낚시에도 소질이 없었기에 그저 세월만 보내며 배고픔을 참아야 했다. 그 배고픔이 얼마나 컸을까. 그때 강가로 한 노파가 빨래를 하러 찾아왔다. 중국에서는 빨래를 해주고 생계를 이어가는 노파를 '표모(漂母)'라고 부른다. 표모의 눈에도 한신은 너무 한심하고 불쌍했던 모양이다. 표모는 자신의 도시락을 한신에게 나눠주었다. 얼마나 고마웠던지 한신은 표모에게 말했다.

“정말 고맙습니다. 나중에 이 은혜를 꼭 갚겠습니다.”

그러자 표모는 마다하며 말했다.

“대장부가 스스로 살아가지 못해 내가 왕손(王孫)을 불쌍히 여겨 밥을 준 것인데, 어찌 보답을 바라겠소”

그 말 속에는 ‘네가 무슨 능력으로 은혜를 갚겠느냐’는 냉소적인 뉘앙스가 담겨 있었다. 표모는 훗날 한신이 진짜 이 약속을 지킬 거라고는 꿈에도 생각지 못했을 것이다. 시간이 흐른 뒤 한신은 마침내 초나라의 왕이 되었고, 직접 표모가 살던 곳으로 찾아가 그녀에게 천금(千金)을 상으로 내렸다. 여기서 나온 고사성어가 ‘일반천금(一飯千金)’이다. 표모는 밥 한 그릇으로 천금을 얻은 셈이었다.

과하지욕

‘과하지욕(胯下之辱)’은 사마천의 《사기》 중 한신을 다룬 〈회음후열전(淮陰侯列傳)〉에서 유래한 말이다. 이 일화는, 장차 큰일을 이루기 위해 순간의 치욕을 감내하는 자세를 상징하는 대표적인 이야기로 전해진다.

한신은 회음의 정장에게 얹혀살던 때, 늘 허리에 칼을 차고 손에는 병법서를 들고 다녔다. 한신의 이런 모습은 다른 사람들 눈에 폼생폼사, 폼만 잡는 한심한 백수요 허세 그 자체였다. 어느 날 이런 한신이 못마땅했던 동네 불량배 하나가 시비를 걸었다.

“칼을 차고 다니지만, 사실은 아무것도 없는 겁쟁이 아니냐? 네놈에게 사람을 죽일 만한 용기가 있다면 그 칼로 어디, 나를 한번 찔러보아라. 그러지 못하겠다면 내 가랑이 밑으로 기어가거라!"

잠시 망설이던 한신은 얼른 불량배의 다리 밑으로 기어 지나갔다. 이 일 이후로 사람들은 한신을 '사타구니 무사'라며 놀려댔지만, 한신은 더 큰 일을 이루기 위해 치욕을 묵묵히 견뎌냈다. 그는 훗날 초왕(楚王)의 자리에 오른 뒤, 신하들과의 대화에서 이 일을 언급하며 말했다.

"그때 모욕을 참지 못하고 그를 죽였다면, 나는 죄인으로 쫓겼을 것이다. 그러나 바짓가랑이 밑을 기어가는 치욕을 견딘 덕분에, 이 자리에 오를 수 있었다."

서한삼걸

이처럼 한신은 '빈대', '겁쟁이', '가랑이 무사' 등 여러 차례 굴욕을 겪으며 기회가 오기를 묵묵히 기다렸다. 당시 진나라는 진시황의 폭정과 환관 조고의 만행으로 백성들의 삶이 피폐하기 그지없었다. 결국 기원전 209년, 진승의 봉기를 시작으로 오(吳) 땅에서 항량이 거병하기에 이르렀다. 이때 한신은 서둘러 항량에게 달려가 그의 부하가 되었다. 항량은 항우의 숙부로, 한신은 이 인연을 계기로 항우와도 가까워진다. 항량이 전사한 뒤 한신은 자연스럽게 항우의 부하가 되었지만, 정작 인정은 받지 못했다. 항우는 한신이 제안하는 모든 것을 무시해버렸다. 결국 한신은 자신을 알아보지 못하는 항우에게 실망하여 그를 떠나 도망쳤다.

도망친 한신은 '홍문의 연회' 이후 파촉 땅으로 떠나는 유방의 일행에 합류해 한군(漢軍)이 되었다. 그러나, 한군에서도 한신은 두각을 드

항우   유방

러내지 못한 채 곡식 창고를 관리하는 '연오'라는 낮은 직책에 머물러
야만 했다. 그러던 어느 날, 한신은 분명치 않은 죄목으로 참수형을 당
할 위기에 처한다. 이미 13명이 처형되고 이제 한신의 차례였다. 한신
은 처형을 집행하던 하후영(夏侯嬰, 훗날 한나라의 개국공신)에게 소리
쳤다.

"왕께서는 천하를 취하지 않으실 것입니까? 어찌 장사를 죽이려고
하십니까!"

인재를 알아보는 안목이 탁월했던 하후영은 한신의 이 한마디에 강
한 인상을 받아 그의 목숨을 살려주었고, 유방에게 '중용해야 할 인재'
라며 적극 추천했다. 그러나 유방 역시 한신에게 군량의 수급, 운송, 관
리를 담당하는 치속도위(治粟都尉) 자리를 주었을 뿐 그를 뛰어난 인
재로 보지는 않았다.

당시 한나라는 향수병에 빠진 장수들이 하루에도 수십 명씩 탈영하
는 지경이었다. 이 중에는 한신도 있었다. 어차피 유방의 인정도 받지
못했으니 다른 나라로 떠나려던 거였다. 과거 한신과 대화를 나누며
그가 비범한 인재임을 간파하고 있었던 소하는, 이 사실을 접하고 곧

장 그의 뒤를 쫓았다. 이때 소하를 오해한 유방은 "소하마저 나를 버리고 떠났다"라며 크게 낙담하였다. 며칠 후 소하가 돌아오자 유방은 연유를 물었고, 소하는 자초지종을 이야기하고는 한신을 대장군으로 추천했다.

"여러 장수는 얻기 쉽지만, 한신은 나라 안에 비견할 자가 없습니다. 왕께서 꼭 오래도록 한중(漢中)의 왕이 되려고만 하신다면, 한신을 쓰지 않으셔도 됩니다. 그러나 반드시 천하를 다투고자 하신다면, 한신이 아니면 더불어 대사(大事)를 도모할 만한 자가 없습니다. 원컨대 왕께선 편안히 결정하십시오."

유방은 소하의 제안을 받아들여 한신을 대장군으로 임명했다. 하지만 소하는 여기서 멈추지 않고, 유방에게 또 다른 충언을 올렸다.

"대왕은 평소에 오만무례하십니다. 오늘 대장군을 임명한다고 하시면서 대장 될 사람을 대하는 태도가 마치 어린아이 대하듯 하십니다. 이런 자세로 인해 한신 같은 호걸들이 대왕 곁을 떠나려고 합니다. 왕께서 한신을 대장군에 임명하시려고 한다면, 필시 좋은 날을 택해 목욕재계하신 다음, 단을 세우고 예를 갖추어 의식을 치르셔야 합니다."

유방은 자신의 면전에서 오만하고 무례하다고 직언을 해대는 소하에게 화를 내기는커녕, 그의 충언을 그대로 받아들여 실행에 옮겼다. 이것은 한신이 한군에 합류한 지 불과 2~3개월 때의 일이니, 정말 세상이 발칵 놀라게 할 만한 파격적인 인사였다. 한신은 소하의 추천만으로 수많은 개국공신급 신하들을 제치고 한나라의 최고 지위에 오른 것이다. 소하에 대한 유방의 신뢰가 얼마나 컸으면 그랬을까? 또 유방은 얼마나 그릇이 큰 인물이었던 걸까? 이런 생각을 하지 않을 수 없게 만드는 대목이다.

예식이 끝난 뒤 유방은 한신을 따로 불러 현재의 난국을 어떻게 헤쳐

나가야 할지 물었다. 그러자 한신이 반문했다.

"지금 대왕의 적은 항우가 아니겠습니까? 대왕께선 스스로 용맹함과 날램, 인자함과 강인함을 항우와 비교해보신다면 어떠하십니까?"

유방은 내키지 않는 질문이었지만 솔직하게 자신의 생각을 털어놓았다.

"내가 모든 면에서 항우만 못하다."

유방이 인정하자 한신은 유방에게 두 번 절을 올리고는 계책을 줄줄 쏟아내기 시작했다.

"저도 대왕께서 항우보다 못하시다고 여기옵니다. 그러나 신은 일찍이 항우를 섬긴 적이 있으니, 그의 성정을 말씀드리겠습니다.

항우가 분노하여 소리치면 수많은 사람이 위축되어 나가떨어집니다. 그러나 현명한 장수를 임명하여 권한을 맡기지 못하니, 이는 '필부의 용맹(匹夫之勇)'에 불과합니다.

항우는 사람에게 공손하고 화기애애하게 말하며 누군가 병에 걸리면 눈물을 흘리며 음식을 나눠줍니다. 하지만 누군가 공을 세워 마땅히 봉작(封爵)해야 할 때는 아쉬워하며 마지못해 인수를 새겨주니, 이는 '아녀자의 인자함(婦人之仁)'에 불과합니다.

항우가 비록 천하를 제패하고 제후들을 신하로 삼았으나, 관중에 머물지 않고 고향인 팽성을 도읍으로 정했습니다. 또한 의제와의 약속을 저버리고 강남으로 쫓아냈고, 제후들을 고르게 대하지 않았습니다. 제후들은 항우를 본떠 각자 돌아가서 주인을 쫓아내고 좋은 땅을 차지해 스스로 왕을 칭했습니다.

항우는 지나는 곳마다 학살을 거듭하여 백성들의 원성이 가득하고, 백성들은 스스로 항우에게 의탁한 것이 아니라 그 위세에 겁을 먹어 억지로 복종했을 뿐입니다. 비록 패왕이 되었지만 실제로는 천하의 인심을 잃었으니, 그 강성함이 쉽게 무너질 것입니다.

지금 대왕께서 이 혼란을 바로잡고 천하에 무용(武勇)이 있는 자를 임명하여 병권을 위임한다면 어찌 항우를 주살하지 못하겠습니까? 천하의 성읍을 공신들에게 나눠준다면 어찌 복종하지 않겠습니까? 민심을 얻어 의병의 뜻을 좇아 동쪽으로 거병한다면 무엇인들 무너뜨리지 못하겠습니까?

또한 삼진(三秦)의 왕들은 진(秦)의 장수였던 자들로, 오랫동안 진의 병사들을 거느리며 죽인 자를 헤아릴 수 없고, 또한 그 무리를 속여 제후들을 항복시켰습니다. 항우가 신안에 이르렀을 때 항복한 진나라 병졸 20여만 명을 속여서 파묻고, 오직 장한, 사마흔, 동예만 살려두었습니다. 진의 백성들은 이 세 사람을 골수에 사무치도록 원망하고 있습니다. 하지만 대왕께서는 무관에 입성하여 백성들에게 추호도 해를 끼치지 않고, 가혹한 진의 법을 폐지하고, 백성들에게 약법 세 가지를 약속하였으니, 진나라의 백성들은 대왕께서 진나라의 왕이 되길 바라고 있습니다.

다른 제후들과의 분봉에서 대왕께서 당연히 관중의 왕이 되어야 하며, 관중의 민호(民戶)들도 이를 기대하고 있습니다. 왕께서 관중을 빼앗기고 촉으로 쫓겨나시니 모든 진의 백성이 한탄하고 있사옵니다. 이제 왕께서 동쪽으로 거병하여 격문을 돌리신다면 삼진은 저절로 평정될 것입니다."

한신이 유방에게 조언한 이 대목은 깊은 충격을 주기에 손색이 없다. 그동안 백수건달로 취급받으며 동네 불량배의 가랑이 밑이나 기어 다녔던 한신이, 사실은 그 치욕의 시간 동안 천하의 정세를 누구보다 날카롭게 꿰뚫어 보고 있었던 것이다.

가슴을 뻥 뚫어주는 한신의 조언에 유방은 크게 기뻐하며, 자신이 한신을 너무 늦게 얻었다는 한탄을 금하지 못했다. 이로써 한신은 온전히 유방의 신뢰를 얻었고, 이후 국사무쌍에 어울리는 눈부신 활약으로 서한삼걸의 한 사람으로 우뚝 섰다.

▼

지금까지 수많은 굴욕을 딛고 일어선 한신을 살펴보았다. 굴욕을 참고 견딘다는 것은 보통의 내공으로는 불가능한 일이다. 한 번의 패배로 자결해버린 항우를 보자면, 더더욱 그 차이가 분명해진다. 굴욕을 견디며 산다는 것은 자신의 무한한 성장 가능성을 굳건히 믿으며 사는 것과 같다. 그러니 만약 당신에게 굴욕의 순간이 온다면 한신을 떠올리기 바란다. 언젠가는 당신의 진가를 알아보는 하후영, 소하 같은 사람이 나타날 것이다.

"그릇이 큰 사람은
굴욕의 순간을 성장의 기회로 삼고,
그릇이 작은 사람은
한 번의 굴욕에 모든 걸 잃고 만다."

니콜라 테슬라
:
하얗게 타버린, 천재 과학자

"천재는 99퍼센트의 노력과 1퍼센트의 영감으로 이루어진다."
토머스 에디슨의 유명한 말이다. 그런데 이 말에 정면으로 반격한 인물이 있다.
"에디슨이 머리를 조금 더 썼더라면 99퍼센트의 노력은 필요 없었을 것이다."
바로 니콜라 테슬라의 말이다.

화성에 식민지를 만들겠다고 공언한 일론 머스크가 자신이 창립한 전기차 회사 이름을 '테슬라'로 명명한 이유는 니콜라 테슬라를 깊이 존경했기 때문이라고 널리 알려져 있다. 미국의 수소차 제조업체 '니콜라' 또한 그 이름을 니콜라 테슬라에서 따왔다.

이처럼 니콜라 테슬라는 천재들이 존경하는 '천재 과학자'다. 그의 모국인 세르비아는 그를 기리기 위해 수도 베오그라드의 국제공항 이름을 '니콜라 테슬라 국제공항'이라 명명하며 최고의 예우를 갖추고 있다. 1856년에 태어나 1943년에 눈을 감은 니콜라 테슬라. 그는 도대체 어떤 인물이기에 이토록 각별한 대우를 받는 것일까? 지금부터 그의 치열했던 생애와 업적을 하나씩 살펴보자.

괴짜 소년, 테슬라

테슬라는 과거 오스트리아-헝가리 제국이라고 불리던 시기의 크로 아티아에서 태어났다. 그의 아버지는 세르비아 정교회 사제였다. 어릴 때부터 테슬라는 대단한 천재성을 보였다. 다섯 개 이상의 언어를 구사할 수 있었고, 5세 때는 스스로 수차를 발명했을 정도였다. 반면 그는 상당한 괴짜이기도 했다. 끓는 우유에 몸을 담갔다가 목숨이 위태로웠던 적이 있었고, 높은 곳에서 마을 아주머니 치마 위로 뛰어내리기도 했다. 또한 식사 전에는 반드시 음식의 부피를 재는 기이한 습관도 있었다.

이처럼 '괴짜 천재'로 불린 테슬라의 아이디어는 과연 어디에서 비롯되었을까? 대개 발명은 수많은 실험과 실패를 거쳐야 가능하다. 그러나 테슬라는 직감을 바탕으로, 머릿속에서 실험을 진행했다. 즉, 물리적인 시행착오 없이 발명품을 구상하고 설계할 수 있었다는 것이다. 흔히 탁월한 아이디어를 떠올릴 때 '반짝이는 생각'이라는 표현을 쓰는데 테슬라는 실제로 머릿속에서 빛이 반짝이는 현상을 느꼈다고 말한 바 있다. 그는 이처럼 빛나는 상상력으로 25개국에서 270건이 넘는 특허를 출원했다.

테슬라는 아이디어 창출 방식에서도 남달랐다. 그는 이렇게 말했다. "나는 결혼한 남성이 만든 훌륭한 발명품은 많지 않다고 생각한다. 혼자 있어라! 그것이 발명의 비결이다. 혼자 있어라. 바로 그때 아이디어가 탄생한다."

실제로 테슬라는 뛰어난 언변과 인상적인 외모로 여성들에게 인기가 많았지만, 평생 결혼하지 않았다. 그가 말한 '발명의 비결'과도 정확히 일치했다.

에디슨과의 만남

테슬라와 함께 자주 언급되는 인물이 있다. 모두가 아는 천재 발명가, 토머스 에디슨이다. 이 두 사람은 어떻게 만났고, 왜 결별했을까?

테슬라는 오스트리아의 그라츠 공업대학과 보헤미아(현재의 체코)에 있는 프라하 대학에서 수학했다. 1881년, 그는 헝가리 부다페스트에 있는 한 작은 전기회사에서 전기기사로 첫발을 내디뎠다. 이후 프랑스 파리로 건너가 유럽에 있던 에디슨의 자회사 콘티넨털 에디슨에서 근무하며 직류 전기를 생성하는 발전기 '다이너모'를 설계했다. 그의 비범한 역량은 곧 주목받았다. 당시 에디슨의 오른팔이라고 불리던 뛰어난 발명가 찰스 뱃철러는 테슬라를 에디슨에게 적극 추천하면서 다음과 같은 추천장을 남겼다.

"나는 두 명의 위대한 사람을 안다. 한 사람은 당신이고, 다른 사람은 이 젊은이다."

뱃철러는 에디슨과 테슬라가 모

토머스 에디슨

두 위대한 발명가임을 한눈에 간파했던 것이다. 1884년, 테슬라는 뱃철러의 추천장 덕분에 드디어 에디슨 연구소에 입사하였고, 꿈에 그리던 발명왕 에디슨과 직접 마주하게 되었다.

당시 에디슨 전기회사는 매우 많은 고객 불만을 받고 있었다. 잦은 전기 고장으로 고객들의 집이나 건물에서 화재가 자주 발생하였기 때문이다. 이를 본 테슬라는 에디슨에게 자신이 해결해보겠다며 기회를 달라고 했다. 그러자 에디슨은, 테슬라가 성공한다면 5만 달러를 주겠다고 선심 쓰듯 말했다. 당시 5만 달러는 현재 가치로 13억 원이 넘는 큰 금액이었다. 테슬라는 에디슨의 이 제안을 받아들였고, 몇 달 동안 서너 시간만 자면서 개선 작업을 거듭했다. 그리고 마침내 효율성이 크게 향상된 직류 발전기를 완성해냈다. 이제 테슬라는 부자가 될 일만 남은 듯했다. 그러나 에디슨은 약속을 지키지 않았다. 더욱이 그는 테슬라에게 비아냥거리듯 말했다.

"자네는 미국식 유머를 이해하지 못하는군. 주급을 10달러 올려주겠네."

굴욕적이었다. 테슬라의 심정이 어땠을까? 이 일을 계기로 테슬라와 에디슨은 영원히 서로 등을 돌렸다.

전류 전쟁: 테슬라 vs 에디슨, 그리고 웨스팅하우스

에디슨과 테슬라의 불꽃 튀는 경쟁이 시작되었다. 테슬라는 에디슨 전기회사를 나온 뒤, 뉴욕에 자신의 회사를 세우고 교류 시스템을 개발했다. 에디슨 전기회사에서의 시간이 헛되지 않은 셈이다. 그는 에디슨 연구소에서 직류 시스템의 여러 문제점을 파악했고, 이를 해결할 교류

조지 웨스팅하우스

시스템을 고안해낸 것이다.

이 교류 시스템의 가능성을 알아본 조지 웨스팅하우스는 테슬라와 손잡고, 에디슨이 장악하고 있던 직류 전기 시장에 교류 전기로 도전장을 내밀었다. 조지 웨스팅하우스는 기관차의 공기 제동기(air brake)를 상용화한 뛰어난 발명가이자 사업가였다. 그리고 지금 '웨스팅하우스'는 미국에 본사를 둔 세계적인 종합 원자력 기업으로 성장해 있다. 이로써 과학자로서의 맞수는 에디슨과 테슬라였고, 사업가로서의 맞수는 웨스팅하우스와 에디슨이 되었다.

GE는 에디슨이 설립한 전기 조명 회사를 모체로 한 세계적인 대기업이다. 그러나 웨스팅하우스는 당시로서는 스타트업이었다. 그야말로 골리앗과 다윗의 싸움이었다.

그 시기만 해도 전기는 신 에너지로 여겨졌다. 이 새로운 전기의 송전 방식을 둘러싸고 치열한 경쟁이 벌어졌는데 이를 '전류 전쟁'이라 부른다. 직류를 주력으로 하는 GE와 교류를 주력으로 하는 웨스팅하우스, 과연 이 경쟁에서 승리한 쪽은 누구였을까?

본격적인 경쟁 이야기에 앞서, 직류와 교류의 특징을 간략히 살펴보자. 직류는 항상 같은 방향으로 일정하게 흐르는 전기다. 전력은 강하지만 장거리 전송이 어려워, 전압을 높이려면 승압기가 필요했다. 이 때문에 비용이 많이 들고 화재 발생도 잦았다. 반면 교류 전기는 전류의 방향이 주기적으로 바뀌며, 승압이 쉬워 장거리 전송에 유리했다. 덕분에 좀 더 저렴하게 전기를 공급할 수 있었고, 안전성 면에서도 우수했다.

이처럼 객관적으로 보자면, 승자는 당연히 웨스팅하우스와 테슬라 였다. 그러나 당시 미국의 전기 시장은 에디슨의 GE가 독점하고 있었 기에, 그 벽을 넘기란 쉽지 않았다.

에디슨은 교류 전기 시장이 활성화되기 시작하자 위협을 느꼈고 이 위기를 타개하기 위해 대중에게 교류 전기는 위험하다는 인식을 심기 로 했다. 다시 말해 가짜 뉴스를 만들기로 한 것이다.

에디슨은 교류 전기의자를 만들어 당시 교수형으로 사형을 집행하 던 사형수를 2,000볼트가 넘는 교류 전기의자에 앉혀 사형시키는 퍼포 먼스를 벌였다. 또 수많은 대중이 지켜보는 가운데, 교류 전기의자를 이용해 코끼리, 고양이, 개를 죽이는 공개 실험을 벌이기도 했다. 이뿐 만 아니라 그는 뉴욕주를 비롯한 여 러 주에서 전기의자를 사형 집행 방 식으로 채택하도록 정치적 로비도 펼쳤다. 즉, 교류 전기의 '고압 승압 가능'이라는 장점을, 대중에게 '위험 성'으로 전이시키려 한 것이다.

에디슨의 행동에 대해 테슬라와 웨스팅하우스는 이렇게 대응했다.

"제대로 알면 두려움이 없어진다."

테슬라는 교류 전기의 안전성을 홍보하기 위해 번개처럼 번쩍이는 거대한 코일 아래 앉아 유유히 책을 읽는 다중 노출 기법의 사진을 연출

뉴욕 이스턴 휴스턴가에 있는 실험실,
고전압 테슬라 코일 변압기 앞의 테슬라

238

해 공개하기도 했다.

GE와 웨스팅하우스 대결의 정점을 찍은 무대는 시카고 박람회였다. 이는 1492년 콜럼버스가 신항로를 개척한 지 400주년 되는 해인 1893년에 열린 '신항로 개척 기념 박람회'였다. 이 자리에서 GE와 웨스팅하우스는 사활을 건 입찰 전쟁을 벌였다.

입찰의 첫 번째 관문은 안정성이었다. 테슬라는 이를 증명하기 위해 수많은 관람객이 지켜보는 가운데 코르크 신발을 신고 연단에 올랐다. 그리고 자기 몸속으로 교류 전기를 흘려보냈다. 그러나 그는 멀쩡했다. 대중은 비로소 교류 전기가 얼마나 안전한지 체감하게 되었다.

입찰의 두 번째 관문은 경제성이었다. 이 부분은 웨스팅하우스에게 큰 고민거리였다. 그들은 테슬라의 교류 시스템 특허를 보유하고 있었기 때문에, 사용한 전력량에 따라 기술특허 사용료를 지불해야 했다. 이 사실을 안 테슬라는 아무 조건 없이 특허권을 포기해버렸다. 덕분에 웨스팅하우스는 GE가 제출한 가격의 절반을 써낼 수 있었고, 결국 입찰을 따냈다. 그 결과, 시카고 박람회장에는 교류 전기를 활용한 전구 25만 개가 일제히 켜졌다.

이처럼 테슬라와 웨스팅하우스는 2,700만 명이 다녀간 시카고 박람회에서 교류 전기의 안전성, 효율성, 경제성까지 모두 증명하며 에디슨을 꺾었다.

마지막 대결이 남았다. 나이아가라 폭포에 가면 테슬라 동상을 볼 수 있다. 나이아가라 폭포와 테슬라는 어떤 관계일까?

젊은 시절 테슬라는 한 가지 꿈을 품었다. 미국으로 건너가 나이아가라 폭포의 힘을 이용해 전기를 만드는 것이었다. 그리고 실제로, 나이아가라 폭포에 세계 최초로 수력발전소가 세워졌다. 그 발전소는 에디슨의 직류 시스템이 아닌 테슬라의 교류 시스템을 채택했다. 이후 교류 방식은 국제 표준이 되었고 테슬라의 꿈은 마침내 현실이 되었다. 테슬라는 에디슨과의 대결에서 최종 승자가 되었다.

테슬라 이전의 전기는 특권층의 전유물이었다. 비싼 발전 시설과 승압 비용 때문에 전기료 또한 매우 높았기 때문이다. 하지만 니콜라 테슬라가 교류 시스템을 발명하면서 전기는 대중에게 더 싸고 편리하게 공급되는 '보급형 에너지'가 되었다.

과학계 최고의 맞수 테슬라와 에디슨은 이렇게 비교된다. '영감형과 노력형', '이상파와 현실파', '연구가와 사업가', '상상력 천재와 쇼맨십의 천재'. 왜 그럴까? 그들의 발명 철학이 전혀 달랐기 때문이다.

에디슨은 1,033개의 발명품과 1,093개가 넘는 발명 특허를 보유하고 있다. 그의 발명 철학은 다음과 같다.

'팔 수 없는 것은 발명하지 않는다.'

'나는, 나 이전의 마지막 사람이 멈추고 남겨놓은 것에서 출발한다.'

이 말들은 에디슨이 얼마나 현실적인 사업가였는지를 잘 보여준다. 그리고 테슬라는 그런 에디슨을 싫어했다.

테슬라와 에디슨이 얼마나 사이가 좋지 않았는지를 보여주는 사례 두 가지를 소개하겠다. 첫 번째는 1915년 〈뉴욕타임스〉에서 테슬라와 에디슨이 노벨 물리학상 공동 수상자로 선정되었다는 기사가 실렸을 때다. 비록 이 기사는 며칠 뒤 사실무근인 오보로 밝혀졌지만, 당시 두 사람의 반응은 그들의 앙숙 관계를 여실히 보여준다. 호사가들의 입을 통해 전해지는 이야기에 따르면, 에디슨은 "내 밑에서 일하던 애송이가 나와 공동 수상이라니, 기분 나빠서라도 받지 않겠어"라며 불쾌해했다고 한다. 테슬라 역시 물러서지 않았다. 그는 "치졸한 에디슨과 공동 수상을 하느니 차라리 안 받는 게 낫겠어"라며 날을 세웠다. 실제로 테슬라는 이후에도 에디슨이 노벨상을 받는다면 자신은 수상을 거절하겠다는 뜻을 내비쳤을 정도로 그를 혐오했다.

두 번째는 서두에서 언급한 바로 그 어록이다. 우리 모두가 알고 있는 에디슨의 말, "천재는 99퍼센트의 노력과 1퍼센트의 영감으로 이루어진다"는 격언이다. 이 말에 대해 테슬라는 기회가 있을 때마다 냉소적인 반응을 보였는데, 그 정점이 바로 이 한마디였다.

"에디슨이 머리를 조금 더 썼더라면 99퍼센트의 노력은 필요 없었을 것이다."

그렇다면 테슬라는 어떤 발명 철학을 가지고 있었기에 그토록 에디슨을 싫어했을까? 그의 발명 철학을 가장 잘 보여주는 건물이 워든클리프 타워, 일명 '테슬라 탑'이다. 이 탑은 47미터의 구조물로, 청동 돔 위에 테슬라 코일이 감겨 있다. 이 대단한 구조물의 용도는 전 세계로 정보와 전력을 전송하는 것이었다. 그런데 단순히 공급하는 것이 아니었다. 무선으로 전기를 공급하는 시스템이었다. 놀랍지 않은가? 더 놀라운 것은, 이 시스템을 만든 테슬라의 목적이다. 그 목적은 바로 '전기를 인류에게 공짜로 공급하는 것'이었다. 이것이 바로 테슬라의 발명 철학이다.

그러나 안타깝게도 테슬라의 발명 철학은 끝내 현실이 되지 못했다. 워든클리프 타워에 투자했던 J.P.모건이, 전기를 무상으로 공급하려 한다는 사실을 알고는 투자를 철회해버렸기 때문이다. 그 결과 워든클리프 타워는 고철로 팔려나갔고, 테슬라는 파산 직전까지 몰렸다.

테슬라의 발명 철학은 그의 주요 발명품들을 보면 더 분명해진다. 앞서 언급한 교류 발전기를 비롯해 유도 전동기, 테슬라 코일, 무선 에너지 송전 기술, 전파 라디오, X선 등이 모두 그가 만든 발명품이다. 이 발명품들을 한마디로 표현하자면 '오버 테크놀로지(Over-technology)'다. 당시로서는 상상조차 어려운, 믿기 힘든 발명들이었던 것이다. 니콜라 테슬라가 '금성에서 온 외계인', '미래에서 온 인간'이라는 별명으로 불리는 이유도 바로 여기에 있다.

이렇게 위대한 천재 발명가 니콜라 테슬라는, 1943년 1월 7일 뉴요커 호텔에서 홀로 쓸쓸한 죽음을 맞이했다. 다음은 임종을 앞두고 테슬라가 고국의 한 친구에게 보낸 편지의 일부로, 그의 발명 철학이 오롯이 담겨 있다.

'이 세상은 더 이상 가진 자들의 폭력이 가난한 자들에게 굴욕을 주는 일이 없을 것입니다. 그리고 새로운 세상에서는 지식과 과학, 예술의 산물이 개인의 부를 위해서가 아니라 인류 전체의 복지와 윤택한 삶을 위해 쓰일 것입니다.'

테슬라의 발명 철학을 한마디로 정의한다면, 그것은 '과학을 통한 인류 공동의 진보'라 할 것이다. 정의가 무엇이든 분명한 사실은, 니콜라 테슬라는 자신을 하얗게 불태워 인류의 빛이 되어준 천재 발명가였다는 점이다. '하얗게 불태웠다'는 표현은 1967년 12월 15일에 발표된 일본의 전설적인 권투 만화《내일의 죠》에서 인용한 것이다. 카지와라 잇키가 원작인 이 만화의 마지막 장면에 다음과 같은 인상적인 대사가 나온다.

껍데기만 타다가 꺼져버리는 식으로
어설픈 젊음을 보내고 싶지는 않다.
비록 한순간일지언정…
눈부실 정도로 새빨갛게 타오르는 거야…

그러다가 결국엔 하얀 잿가루만 남게 되겠지.

미련 없이 불태웠을 때

남는 건 하얀 잿가루뿐이야…

야생마 녀석이나 카를로스 역시

틀림없이 그랬을 테니까!

그때…, 최후의 순간까지 불태워버리겠어.

아무런 후회도 없이 말이야…

모두 다… 불태웠어… 새하얗게…

나는 이 대사가 니콜라 테슬라의 삶을 대변하는 듯한 울림을 느꼈다. 그는 세상의 이해를 구하지 않았고, 자본의 인정도 구하지 않았다. 그저 자신이 믿는 과학과 발명의 길을 따라, 모든 것을 불태웠다. 그의 삶을 지켜보며 나는 이런 생각을 했다.

“나를 불태워 세상을 이롭게 하는 것만큼
위대한 일은 없다!”

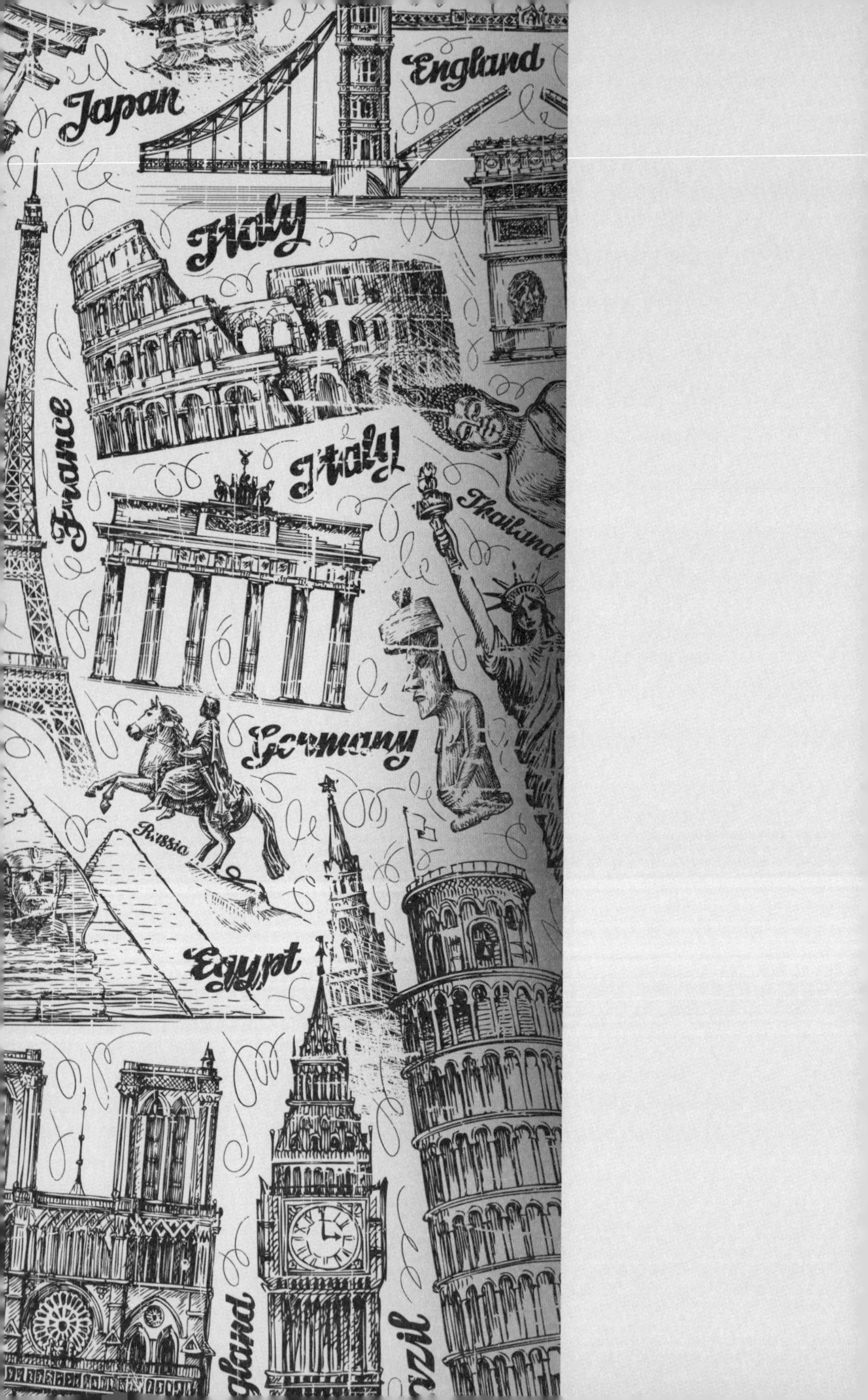

Japan
England
Italy
France
Italy
Thailand
Germany
Russia
Egypt

PART 6

전쟁에서

배우는

평화의 기술

살라딘
:
십자군 전쟁의 영웅

우리는 매일 전쟁 같은 삶을 산다. 비즈니스라는 전장에서 경쟁자를 짓밟아야 내가 산다고 배운다. 협상 테이블에서는 상대의 약점을 집요하게 파고들어야 더 많은 이득을 챙길 수 있다고 믿는다. 그래서 우리는 더 날카로운 칼, 더 잔인한 독설, 더 완벽한 논리를 무기로 갈고닦는다. 상대가 무릎 꿇고 비는 모습을 볼 때 비로소 '이겼다'고 안도한다.

하지만 역사를 통틀어 가장 위대한 승부사들은 상대를 물리적으로 파괴하거나 굴복시키는 승리는 '하수의 승리'임을 알고 있었다. 몸이 꺾인 적은 복수를 꿈꾸며 칼을 갈지만, 마음이 꺾인 적은 존경을 바치며 자신의 사람이 되기 때문이다. 진짜 고수는 적의 성(城)을 빼앗는 데서 만족하지 않고, 적의 마음(心)까지 빼앗는다. 여기, 인류 역사상 가장 피비린내 나는 증오와 광기의 시대였던 십자군 전쟁 시기에, 칼이 아닌 '자비'와 '관용'으로 전설이 된 남자가 있다. 이슬람의 영웅이자, 서양 기사들조차 '기사도의 화신'이라 칭송하며 고개를 숙였던 술탄, 살라딘(1137~1193)이다.

그는 어떻게 서로를 악마라 부르며 죽이지 못해 안달난 적들의 심장에, 차가운 칼날 대신 존경을 꽂았을까. 지금 우리는 증오를 이기는 가장 강력하고도 우아한 무기가 무엇인지, 그 오래된 사막의 지혜를 들어보려 한다.

십자군 전쟁

십자군 전쟁(1095~1291)은 성지 예루살렘을 두고 유럽의 기독교 국가들과 이슬람 제국이 200년에 걸쳐 벌인 장기적이고도 참혹한 전쟁이었다. 인류 역사상 이토록 오랜 세월에 걸쳐 지속된 전쟁은 매우 드물다.

이 전쟁의 발발은 단순히 종교적 이유만으로 설명되지 않는다. 전쟁이 발발한 첫째 배경을 보자. 11세기에서 12세기 사이, 유럽의 봉건 사회는 점차 체계를 갖추었고 기사 계층은 넘쳐났다. 교회는 이들의 호전성과 폭력성을 외부로 돌림으로써 내부의 질서와 평화를 도모하고자 했다. 이러한 의도 아래 전개된 것이 바로 십자군 전쟁이다.

또 하나의 배경은 교황의 정치적 야심이었다. 당시 교황은 동로마 황제에 대해 깊은 콤플렉스를 갖고 있었다. 동로마 황제는 황제로서의 세속 권력과 교회 수장으로서의 종교 권력을 동시에 가진 존재였기 때문이다. 교황은 십자군 원정을 통해 동로마 황제의 권한을 약화시키고, 봉건 영주들과 주변 군주들의 지위를 제약함으로써 교황권을 더욱 강화하고자 했다.

그러나 십자군 전쟁의 가장 강력한 촉매는 무엇보다 예루살렘 성지 순례였다.

예루살렘은 유대교, 이슬람교, 기독교 세 종교가 공유하는 성지다.

통곡의 벽

세 종교는 모두 아브라함을 신앙의 조상으로 삼는 공통점이 있다. 그렇다면 예루살렘은 왜 이들의 공통 성지가 되었을까?

유대교는 솔로몬 왕이 세운 성전의 유산 '통곡의 벽'을 예루살렘의 성지로 삼는다. 이슬람교는 예언자 무함마드가 하늘로 승천한 곳이라 믿는 '황금 돔'을 성지로 여긴다. 기독교는 예수가 부활한 장소에 세워진 '성묘 교회'와 그가 십자가를 지고 걸었던 '골고다 언덕'을 성지로 삼는다. 세 종교의 성지 모두 예루살렘에 모여 있었으니, 그곳이 '공통의 성지'가 되는 것은 매우 필연이었다.

12세기에는 예루살렘 성지순례가 하나의 유행으로 자리잡았다. 성지순례의 기원을 거슬러 올라가면, 첫 순례자는 동로마 제국의 황제 콘스탄티누스 대제의 어머니인 성 헬레나였다. 그녀는 예수의 부활을 기려, 성묘 교회를 예루살렘에 세웠다.

이처럼 성지순례에 나설 수 있었던 사람들은 대개 중세 봉건 사회에서 일정 수준의 경제력을 지닌 계층이었다. 그들의 발걸음은 예루살렘을 종교적 의미뿐 아니라 동방 무역의 중심지로 만들었다. 결국 예루살렘은 신앙의 목적지이자 상업의 거점으로 자리잡았다.

그런데 중앙아시아에 있던 셀주크 투르크가 서쪽으로 이동하면서 이 중요한 장소를 점령했다. 이후 그들은 성지순례를 방해하기 시작했다. 이에 우르바누스 2세 교황은 클레르몽 공의회를 소집해, 성지 예루살렘 회복을 명분으로 전 그리스도교에 원정을 촉구했다. 그 연설의 일부는 다음과 같다.

"사기꾼이든 병자든 상관없다. 모두 그리스도의 병사가 되어 이교도의 손에서 성지를 되찾자."

이에 청중은 "데우스 볼트!"라고 외치며 화답했다. '신이 그것을 바라신다. 신의 이름으로 전쟁에 나가자'는 뜻이다. 그리하여 '모든 세계를 십자가 아래'라는 기치 아래 제1차 십자군이 결성되었다. 이는 중세 사람들이 구원받는 새로운 방식이었다. 그들은 이렇게 생각했다.

'나는 살아가며 끊임없이 죄를 짓는다. 나의 삶 자체가 죄다.'

그들은 그 죄를 씻기 위해 십자군에 동참했다. 이로써 제1차 십자군의 목적은 두 가지 키워드로 정리할 수 있다. '구원'과 '비즈니스'였다.

제1차 십자군은 결국 예루살렘 함락에 성공했다. 그러나 곧 보급 문제가 드러났다. 십자군이 유럽에서 아나톨리아 반도를 지나 중동의 예루살렘까지 가는 데는 무려 2년이 걸렸다. 병력의 이동은 길었고, 물자는 턱없이 부족했다. 이들은 부족한 보급을 약탈로 메우며 행군했다. 문제는 그 약탈의 대상이 모두 동로마 제국의 영향 아래에 있는 기독교 국가들이었다는 점이다. 당시 기록에 따르면, 십자군이 예루살렘을 함락할 때 무차별 약탈과 방화, 폭력을 저질렀고, 성안은 피로 물들어 발목까지 잠겼다고 한다.

예루살렘 정복 후 십자군은 잠시 그곳에 '십자군 왕국'을 세웠다. 그러나 왕국은 오래 유지되지 못했다. 곧 이슬람의 영웅 살라딘이 등장했기 때문이다.

살라딘의 등장

◆

십자군 왕국은 제2차 십자군 전쟁 당시 등장한 살라딘 때문에 이슬람의 손에 넘어갔다.

살라딘의 본명은 '살라흐 앗 딘'이다. 이를 빠르게 발음하면 살라딘이 되며, 유럽인들은 발음하기 쉬운 이 이름을 사용했다. 참고로 '살라흐 앗 딘'은 '정의로운 신앙'이라는 뜻이다.

살라딘은 오늘날의 이라크 티크리트에서 유목 민족인 쿠르드족의 귀족 나즘 앗 딘의 장남으로 태어났다. 현재 쿠르드족은 전 세계에 약 4,000여만 명이 있는데, 아직 독립국가를 이루지 못한 채 이란, 이라크, 튀르키예(터키), 시리아 등에 뿔뿔이 흩어져 살아가는 세계 최대의 유랑 민족이다. 그러나 과거 쿠르드족에게도 살라딘 같은 명망 높은 군주가 있었다.

살라딘이 십자군을 무너뜨린 결정적인 전투는 '하틴의 뿔 전투'였다. '하틴의 뿔'은 사

살라딘

화산 지형을 뜻한다. 살라딘은 이곳으로 십자군과 예루살렘 왕국의 기독교 군대를 유인했다. 그곳에는 물이 없었기에 살라딘은 기습과 연막을 병행해 더위와 갈증에 지친 십자군을 궤멸시켰다. 이 전투에서 십자군 1만 7,000여 명이 전사했다.

기세를 몰아 살라딘은 아크레, 베이루트, 시돈 등 기독교 국가의 주요 도시를 잇달아 점령했고, 마침내 1187년 10월 2일 예루살렘에 입성했다. 그러나 대량 학살로 예루살렘을 정복한 십자군과 달리, 그는 협상을 통해 무혈 입성했다. 물론 성 밖에서는 치열한 공방전이 벌어졌으나, 입성 후에는 십자군의 광기 어린 학살과는 대조적으로 철저히 통제된 질서와 관용이 흘렀다. 무슬림 입장에서 보자면 이는 88년 만에 이룬 감격스러운 탈환이었다.

예루살렘을 탈환한 살라딘은 포로들의 가족을 찾아주고 장례를 치러주는 등 관용을 베풀었다. 당시 전쟁 포로들을 죽이는 것이 관행이었음을 감안하면, 그의 처사는 대단히 이례적이었다. 물론 그는 일부 포로의 몸값을 받긴 했지만, 돈 없는 포로는 그냥 풀어주었다. 심지어 포로들이 무사히 항구로 가서 귀환할 수 있도록 경호를 붙였고, 부하들에게 약탈 금지 명령까지 내렸다.

그때 한 병사가 살라딘에게 질문했다.

"잔혹한 기독교도들은 우리 백성을 모두 베어버렸는데 왜 술탄께서는 그들을 살려 보내십니까?"

살라딘은 이렇게 대답했다.

"우리가 연약한 노인과 과부를 포함한 포로를 모두 죽인다면, 야만적인 기독교와 무엇이 다르겠는가? 나는 그들과 다르다. 나는 살라흐 앗 딘이다."

이름 그대로 '정의로운 신앙'을 실천한 대답이었다.

살라딘의 관용과 선행은 유럽 전역에 알려졌고, 비기독교인은 모두 짐승으로 취급하던 당시 유럽인들에게 큰 충격을 주었다. 심지어 그를 존경하는 유럽인들도 생겨났다. 이런 사실은 단테의《신곡》에도 잘 나타난다. 《신곡》에는 지옥, 연옥, 천국이 나오는데 예수를 믿지 않았거나 예수 탄생 이전에 태어나 활동했던 사람들은 모두 지옥에 있다. 그 중 지옥의 가장 상층부에는 소크라테스, 플라톤처럼 정의롭게 살았지만 기독교 신앙을 갖지 못한 이들이 자리한다. 단테는 이곳에 살라딘도 함께 두었다. 단테는 그를 '고결한 이교도'라며 소크라테스와 동급의 인물로 기록했다. 이는 살라딘이 남긴 삶의 철학과 품격이 종교를 넘어서 보편적 존경을 받았음을 보여준다.

두 영웅의 만남(제3차 십자군 전쟁)

무슬림의 예루살렘 탈환 소식에 유럽 각국은 경악했다. 교황 그레고리우스 8세와 그 후임자 클레멘스 3세는 즉시 새로운 십자군 파병을 호소했고, 유럽의 여러 군주가 이에 적극적으로 호응했다. 그 결과가 바로 제3차 십자군 전쟁(1189~1192)이었다. 이 전쟁은 중세 역사상 최대 규모의 군사 이동이자, 살라딘과 리처드 1세라는 이슬람과 유럽의 두 영웅이 정면으로 격돌한 전쟁이었다.

'사자왕'이라는 별명으로 알려진 리처드 1세는 잉글랜드 왕 헨리 2세의 아들로, 당대 최고의 명성과 무훈을 자랑했다. 그는 훗날 로빈 후드의 전설, 월터 스콧의 소설《아이반호》등에서도 중세 기사도의 상징으로 묘사된다. '사자왕'이라는 별명은 그가 사자의 심장을 지닌 듯한 용맹함, 잔혹함과 자비로움, 자만심과 용기를 동시에 갖추었기 때문이다. 1838년, 프랑스 루앙 대성당에서는 그의 심장이 실제로 보존된 채 발견되었다고 전해진다.

흥미로운 사실은, 잉글랜드의 국왕이었던 리처드 1세가 평생 프랑스어만 사용했다는 점이다. 그는 프랑스 해안의 노르망디 공국 영주였기에 문화적으로나 언어적으로 프랑스에 가까운 인물이었다. 그는 예루살렘이 살라딘에게 정복당했다는 소식을 듣고는 곧바로 전쟁에 뛰어들어 제3차 십자군 전쟁을 총지휘했다. 이때부터 십자군 원정은 단순한 종교적 열정을 넘어 유럽 군주들의 정치적 결단이 투영된 전쟁으로 변화했다.

리처드 1세는 전쟁의 핵심이 '보급'임을 누구보다 잘 알고 있었고, 안정된 보급을 위해서는 재정이 뒷받침되어야 함을 알고 있었다. 그래서 자신의 성과 영지를 팔아 자금을 마련했는데 이것은 곧 '통치권'을 내놓았다는 의미였다. 즉, 결과적으로 자신이 가진 모든 것을 제3차 십자군 전쟁에 걸었다는 뜻이기도 했다. 그렇게 탄생한 군대는 8차에 걸친 십자군 전쟁 중 가장

사자왕 리처드 1세

아크레 공방전

조직적이고 체계적인 전력이었다.

　1191년, 리처드 1세는 아크레에 도착했다. 그리고 무려 3년 동안 이어졌던 아크레 공방전을 단 5주 만에 끝내버렸다. 아크레는 예루살렘으로 향하는 길목, 해안가의 전략적 요충지였다. 즉, 리처드의 승리는 유럽 십자군에게는 환희였으나 무슬림 진영에는 불길한 예고였다. 살라딘의 측근 바하 알 딘은 당시 상황을 이렇게 기록했다.

　영국 국왕 말리크 알 인키타르는 담대하고 힘이 장사이며, 인정사정없는 열혈 전사다. 그는 키프로스를 점령한 뒤, 25척의 갤리선에 사람과 물자를 가득 싣고 아크레에 도착했다. 그 모습을 본 프랑스인들은 기쁨의 함성을 질러댔지만, 우리 무슬림들은 걱정과 두려움에 사로잡혔다.

　그러나 리처드 1세의 전과는 거기까지였다. 그의 명성과 용맹에도 불구하고 예루살렘을 완전히 정복하지 못한 것이다. 전쟁은 점점 장기전으로 접어들었다.

필리프 2세

　살라딘은 포로 문제를 해결하기 위해 리처드 1세에게 전갈을 보냈다. 그러나 리처드 1세는 그런 문제로 시간을 허비하고 싶어 하지 않았다. 결국 그는 살라딘과 달리 무슬림 병사 2,700명, 여성과 어린아이들 300여 명을 무자비하게 학살했다.

　하지만 전세는 점차 리처드에게 불리해졌다. 함께 싸우던 프랑스의 필리프 2세가 본국으로 돌아가버렸고, 내부의 알력 싸움이 거세지자 피로에 지친 그는 결국 협상에 임할 수밖에 없었다. 3년의 줄다리기 끝에 협정이 체결되었다.

기독교인들은 예루살렘을 자유롭게 출입할 수 있다. 예루살렘은 이슬람이 계속 다스리고, 해안가의 십자군 도시들은 기독교 세력이 계속 통치한다.

이로써 제3차 십자군 전쟁은 막을 내렸다.

여기 이르기까지 살라딘과 리처드 1세는 수차례 크고 작은 전투를 벌였다. 그 와중에 두 사람은 서로의 가치를 알아보았고, 비상한 관심과 호의를 드러냈다.

당시를 기록한 많은 에피소드가 이를 잘 보여준다. 한 번은 리처드 1세가 병에 걸려 고열에 시달리자, 살라딘이 얼음과 약 그리고 자신의 주치의를 보내 치료를 도왔다. 또 한 번은 리처드 1세가 전투 중 낙마하고 말이 도망가버려 땅에서 검을 휘두르자 살라딘이 '왕답게 말 위에 올라 싸우시라'며 명마 두 필을 보내기도 했다. 살라딘의 이러한 배려에, 협상에 관심이 없던 리처드 1세는 결국 마음을 열었고, 이후 그 역시 살라딘에게 깍듯이 예를 갖췄다. 심지어 자기 여동생과 살라딘의 남동생을 혼인시키자고 제안하기도 했을 정도다.

이렇게 살라딘과 교감을 나누던 리처드 1세는 팔레스타인을 떠나며 그에게 한 통의 편지를 남겼다.

'내가 몇 년 뒤 다시 이곳을 공격할지도 모르니 그때를 대비하시오.'

이에 살라딘은 이렇게 답했다.

'만약 내가 이 예루살렘을 결국 누군가에게 내어주어야 한다면, 당신 같은 훌륭한 적에게 넘기고 싶소.'

영웅이 영웅을 알아본 순간이었다. 그러나 두 사람의 재대결은 끝내 성사되지 못했다. 리처드 1세는 귀국길에 신성로마제국 황제에게 붙잡혀 1년 넘게 억류되었고, 그 사이 살라딘은 갑작스레 사망했기 때문이다(1193년 3월 4일). 역사는 때때로, 가장 인상적인 장면을 끝맺음 없이 남긴다. 이 전쟁처럼 말이다.

살라딘은 탁월한 군사 지도자이자 뛰어난 정치가였다. 전투에서는 종종 단호하고 교묘한 전략을 구사했지만, 때에 따라서 타협과 외교를 적극 이용했다. 더 눈여겨봐야 할 것은 그의 인품이다. 그는 평소 금욕 생활을 유지했고, 종교적 의무를 삶의 중심에 앞세웠으며, 정무를 게을리하는 법이 없었다. 그는 전제 군주였지만 사유재산이 없어 사후에 장례 치를 돈조차 남기지 못했다고 하니, 그의 검소함과 청렴함은 감동적이기까지 하다. 그래서일까? 그는 이슬람 세계보다 오히려 유럽에서 더 오래도록 기억되었고, 진심 어린 존경을 받았다. 적조차 그를 '고결한 이교도'라고 불렀을 정도다.

▼

지금까지 살라딘의 삶을 통해 관용의 정신이 무엇인지 돌아보았다. 당시 기독교 세계에서 가장 존경받던 학자 아우구스티누스는 《신국론》에서 이렇게 말했다.

'전쟁은 상대방을 자기 사람으로 만들고, 자기에게 정복된 인간들에게 자기 나름대로 평화의 법률을 부과하고 싶어 하는 욕심에서 발생한다. 우리는 성스러운 전쟁의 핑계를 찾을 것이 아니라, 불의와 충돌의 근본 원인을 서로의 마음에서 제거하는 일에 온 힘을 다해야 한다.'

결국 평화를 가져오는 힘은 바로 '관용'이라는 말이다. 리들리 스콧

감독이 연출한 2005년 개봉작 영화 〈킹덤 오브 헤븐〉에서 이 메시지를 인상적으로 그리고 있다. 영화에서 주인공 발리앙 역을 맡은 올랜도 블룸은 살라딘에게 질문을 던진다.

"당신에게 예루살렘은 도대체 무엇입니까?"

살라딘은 잠시 침묵한 뒤 대답한다.

"전무 또는 전부(Nothing… or Everything)."

살라딘은 왜 그렇게 대답했을까? 한참을 생각해보았다.

'아무것도 아니야'라는 말은 그것이 하찮거나 의미 없을 때 하는 말이고, '모든 것이야'라는 말은 목숨보다 소중한 무언가가 있을 때 하는 말이다. 그렇다면 'Nothing or Everything'의 의미는, 살라딘에게 예루살렘이라는 도시가 어떤 마음을 품느냐에 따라 그 가치가 달라지는 존재라는 의미일 것이다. 정성을 들이지 않을 정도의 가치면 전무(Nothing), 목숨 걸고 지킬 가치가 있다면 전부(Everything)다.

예를 들어 당신이 똑같은 의자 두 개를 샀다고 하자. 하나는 20만 원짜리 제품으로 12시간 동안 낑낑거리면서 조립한 의자이고, 다른 하나는 40만 원짜리 완제품이다. 당신에겐 어떤 의자의 가치가 더 높은가? 이사 갈 때 둘 중 하나만 가져가야 한다면 어떤 의자를 선택할지 생각해보라. 나는 내가 조립한 의자를 가지고 갈 것이다. 나의 시간과 노력이 더 많이 들어간 의자가 나에겐 더 소중하기 때문이다. 그래서 사람들은 세상에서 가장 소중한 것 하나를 선택하라고 하면 대부분 '자녀'를 떠올린다. 가장 많은 정성이 들어갔고 오래도록 애정이 축적되었기 때문이다. 즉, 자녀는 'everything'인 것이다.

살라딘의 말은 결국 이런 뜻이다. 예루살렘은 자신이 정성을 들이지 않으면 'Nothing'이고, 정성을 쏟으면 'Everything'이다. 부디 이해했기를 바라며 가치의 높고 낮음에 대해 이렇게 정리해본다.

"가치의 높고 낮음은,
대상이 품고 있는 속성이 아니라
그 대상을 인식하는 내 마음이 결정한다."

일본 전국 시대 통일의 3인방
:
일본 전국 시대를 통일한 '에도 막부'의 비결

오다 노부나가, 도요토미 히데요시, 도쿠가와 이에야스…. 역사에 관심이 있는 사람이라면 낯설지 않은 이름들일 것이다. 이들은 일본 전국시대를 통일한 주역들이다. 일본에서는 위기가 닥치면 이들의 통치 스타일을 자주 비교하는데, 그 스타일을 가장 잘 보여주는 사례가 '울지 않는 두견새를 어떻게 할 것인가?'라는 물음에 대한 세 사람의 대답이다.

그들은 각각 어떻게 대답했고, 어떤 스타일로 일본 전국시대를 통일해 나갔을까? 또한, 이들의 서로 다른 리더십은 어떻게 에도 막부라는 견고한 시스템으로 이어졌을까? 지금부터 이들의 3인 3색 전투 스타일을 살펴보자.

오다 노부나가

"죽여야 한다."

오다 노부나가의 대답이다. 이것은 기존 질서의 틀을 송두리째 깨는 혁신을 의미한다.

1543년, 다네가시마 섬에 포르투갈 상인이 조총을 들고 상륙했다. 이 사건은 일본뿐만 아니라 동아시아 역사 전체에서도 하나의 분기점이 었다. 이 조총으로 일본 전국 시대를 통일하려고 했던 인물이 바로 오다 노부나가였다.

당시만 해도 사무라이가 칼 대신 총을 든다는 것은 엄청나게 비난받을 일이었다. 무사는 칼로 맞서 싸우는 것을 명예로 여겼고. 멀리서 총을 쏘는 행위를 치욕으로 여겼으며, 조총은 이러한 사무라이 정신에 반하는 무기였기 때문이다. 그러나 오다 노부나가는 이 모든 비난에도 불구하고 총을 들기를 망설이지 않았다.

당시 일본인들은 조총을 '남만철포 (南蠻鐵砲, 남만뎃포)'라고 불렀는데 남쪽 서양인이 가져온 철포라는 뜻이다. 남만뎃포의 위력은 1575년 6월 29일, 미카와국의 나가시노 성을 둘러싸고

오다 노부나가

오다 노부나가·도쿠가와 이에야스의 연합군 3만 8,000명과 다케다 가쓰요리 군 1만 5,000명이 벌인 전투에서 처음 발휘되었다. 다케다 부대는 조총이 없었고, 오다 부대는 조총 3,000자루가 있었다. 초기 조총은 분당 서너 발 정도밖에 쏘지 못한다는 단점이 있었지만 노부나가는 삼중 연속사격 진영 전술을 개발해 전투에 임했다. 다케다 가쓰요리는 다케다 신겐의 아들로 일본 최고의 기마부대를 자랑했지만 철포, 즉 뎃포가 없었다. 여기서 나온 말이 '무뎃포'다. 다케다 군은 '철포(뎃포)'가 없었기에 속수무책이었다. 재미있게도 오늘날 앞뒤 재지 않고 덤비는 것을 뜻하는 '무뎃포(무모함)'라는 말의 유래를 여기서 찾는 흥미로운 해석도 전해진다. 노부나가의 승리는 너무나 당연했다. 노부나가는 이 전투를 계기로 전국 시대 통일의 싹을 틔웠다.

당시 포르투갈 선교사 로드리게스는 오다 노부나가를 보고 이런 말을 했다.

"노부나가는 일본의 전국 시대를 종식하기 위해 나선 최초의 인물이다. 그가 일본 땅의 절반을 차지하자 나머지 절반은 그의 이름만 듣고도 무서운 나머지 무슨 명령이든 복종할 태세였다."

대단한 카리스마가 아닐 수 없다. 하지만 오다 노부나가의 불같은 성격은 부하의 배신을 불러왔는데, 바로 '혼노지의 변'이다. 혼노지는 일본 교토에 있는 절 이름으로, 이곳에서 노부나가는 전국 시대 통일을 목전에 두고 70여 명의 소수 병력만 데리고 마지막 전술을 구상하고 있었다. 그때 가신이었던 아케치 미쓰히데가 1만 3,000여 명을 이끌고 혼노지를 기습했다. 혼노지는 불탔고, 노부나가는 할복했다. 결국 그는 시신조차 발견되지 못한 채 비극적인 종말을 맞았다. 그의 나이 49세였다.

일본 숙어 '적은 혼노지에 있다'는 이 사건에서 비롯되었다. 미쓰히데가 오다 노부나가를 공격할 때 자신의 부하들한테 했던 말이다. 이

것은, 적은 미쓰히데처럼 내부에 있다는 의미였다. 그런데 미쓰히데는 노부나가가 죽고 난 후의 계획이 없었다. 따라서 혼노지의 변은 미쓰히데가 벌인 대단히 무모한 짓이 되고 말았다. 왜냐하면 당시 일본 전국시대는 배신과 하극상이 난무했지만, 여전히 명예와 의리를 소중히 여겼기 때문이다. 미쓰히데는 배신자였으니 당연히 주변의 동의와 지지를 얻지 못했다. 이런 상황에서 혼노지의 변 소식을 듣고 주코쿠에 있던 도요토미 히데요시가 병력을 끌고 돌아오자, 미쓰히데는 도망칠 수밖에 없었다. 결국 그는 농민들에게 잡혀 처참하게 목이 잘리는 비극적인 최후를 맞았다. 더 비극적이게도, 미쓰히데는 배신자의 아이콘으로 낙인찍혔다. 서양사로 치자면 카이사르를 죽인 브루투스라고나 할까.

도요토미 히데요시

"울게 해야 한다."

도요토미 히데요시의 대답이다. 그는 타이밍의 귀재로, 인생은 타이밍이라는 말을 몸소 보여준 인물이라고 할 만큼 정말 절묘한 타이밍에 공격적이고 창조적이며 진취적인 행동을 했다.

도요토미 히데요시의 본명은 하시바 히데요시로 굉장히 천한 신분이었다. 그러나 그는 스스로 운명을 바꿀 줄 아는 사람이었다. 두 번째 마디까지만 있던 손바닥의 운명선을 칼로 그어 끝까지 이어지게 해서 자기 손금을

도요토미 히데요시

스스로 만든 것이다. 그 손금이 찍힌 손도장은 지금까지 전해지고 있다. 우연일지 모르지만, 그는 기막힌 타이밍에 오다 노부나가를 만났다.

도요토미 히데요시의 아버지는 히데요시가 어릴 때 전사했고, 어머니는 재혼했다. 히데요시는 양아버지의 매일 계속되는 매질과 심한 학대를 견디다 못해 가출을 감행했고, 이후 떠돌이로 생활했다. 그러던 어느 날 장사꾼 히데요시는 오다 노부나가의 행차가 지나가는 것을 보고는 무작정 행차 앞에 드러누워 외쳤다.

"너무 가난해서 살 수가 없으니 제발 저를 죽여주십시오."

평소의 오다 노부나가였다면 목을 쳤을 일이다. 그런데 그가 히데요시의 절박함을 보았을까, 히데요시를 거두어 아주 중요한 임무를 맡겼는데 바로 '변소지기'다. 히데요시는 이 일에 죽을힘을 다했고 덕분에 노부나가의 눈에 쏙 들었다. 변소지기로부터 비롯된 입신의 시작이었다.

도요토미 히데요시는 머리도 좋았다. 어느 날 노부나가가 금으로 만든 술잔을 우물에 빠뜨렸는데 어느 누구도 꺼내지 못하고 있었다. 이때 히데요시는 상당히 많은 물을 한꺼번에 우물에 들이부어 술잔을 떠오르게 한 뒤 꺼냈다. 이 일로 히데요시는 노부나가에게 더 깊이 신임을 얻었고 결국 이인자의 위치까지 올라갔다. 그리고 혼노지의 변 이후에는 마침내 일인자가 되었다.

오다 노부나가는 히데요시를 항상 '사루'라고 불렀다. 사루는 원숭이라는 뜻이다. 히데요시는 나이가 들면서는 대머리 쥐라는 별명도 얻었다. 그만큼 신분과 외모가 볼품없고 키마저 작았다. 이랬던 도요토미 히데요시가 일왕 아래 최고의 자리인 '관백'에 올랐으니 정말 대단한 인물이 아닐 수 없다.

그러나 히데요시는 관백에 만족하지 않았다. 그는 쇼군(정이대장군)

이 되고 싶었다. 하지만 신분이 천한 사람은 쇼군이 될 수 없었기에 불가능한 소망이었다. 히데요시는 천한 신분 탓에 쇼군이 될 수 없자, 실권을 쥐기 위해 일왕으로부터 '관백(간파쿠)'이라는 최고 관직을 받아내어 쇼군 체제를 무력화시켰다. 그리고 다이묘 간의 혼인도 금지했다. 이러한 일련의 조치들로 그는 자신의 권력을 키워나갔다.

관백이 된 도요토미 히데요시는 지혜로운 정책들을 많이 펼쳤는데 그중 하나가 '도수령'이다. 일어로 '가타나가리'라고 하는데 백성의 대도권(칼을 차고 다닐 권리)을 박탈하는 병·농 분리 정책이다. 다시 말해 농민들은 칼을 차고 다닐 수 없으니, 농사에만 집중하고 칼은 사무라이들만 차고 다니라는 거였다. 이후 일본은 이 도수령 덕분에 경제적으로 매우 많은 발전을 이루었다.

도요토미 히데요시에게는 큰 걱정거리가 하나 있었는데 60이 다 되어 낳은 아들, 도요토미 히데요리였다. 히데요시는 아들을 얼마나 아꼈던지, 이런 말을 자주 했다고 한다.

"히데요리가 집에 없을 때는 마치 온 집 안이 텅 빈 것 같아 견딜 수가 없구나. 내가 분명히 이르노니, 모든 하인에게 엄하게 일러 성안에 화재가 발생하지 않도록 철저히 예방하고, 매일 밤 성 전체를 두세 번씩 순찰하라!"

그만큼 히데요시는 아들을 아꼈다. 그러나 세월을 이길 수는 없는 법. 히데요시는 죽음이 다가오자, 전국의 유력한 다이묘 다섯 명을 불렀다. 이들을 '오대로'라고 한다. 히데요시는 히데요리의 어머니 요도도노를 옆에 두고 오대로에게 말했다.

"이제 겨우 다섯 살밖에 안된 히데요리

도요토미 히데요리

가 장성해 일본의 통치자가 될 때까지 잘 돌봐주시게들."

그러나 모자의 운명은 도쿠가와 이에야스가 쥐고 있었으니, 도요토미 히데요시의 유언대로 되기는 힘들어 보인다.

도쿠가와 이에야스

"울 때까지 기다린다."

도쿠가와 이에야스의 대답이다. 이 대답에서 그가 인내와 끈기로 다져진 전략가임이 느껴진다. 그는 왜 이처럼 끈기와 인내로 살아야 했을까?

도쿠가와 이에야스는 1542년 12월 26일, 마쓰다이라 히로타다의 아들로 태어났다. 어릴 때 그는 다케치요로 불렸고, 인질의 삶을 벗어나지 못했다. 왜냐하면 도쿠가와 이에야스의 가문은 오와리 지역의 오다 가문과 스루가의 이마가와 가문 사이에 딱 끼어 있었기 때문이다. 오다 가문은 일왕이 있는 교토와 가장 가깝다는 지리적 이점이 있었다. 그런데 교토로 가기 위해서는 배후를 경계해야 하는데 그 배후에 도쿠가와 집안이 있었다. 그래서 도쿠가와 가문은 살아남기 위해 오다 가문과 이마가와 가문 사이를 오가며 인질이 되어야 했는데 그 인질이 바로 도쿠가와 이에야스다.

인질 생활이 얼마나 고달팠는지를 단적으로 보여주는 일화도 있다. 이에야스가 이마가와 가문에 인질로 가고 있던 중 오다 가문에서 그를 납치해 자기들 가문의

도쿠가와 이에야스

인질로 만든 것이다. 이처럼 힘들고 피곤한 인질 생활 속에서 이에야스가 깨달은 삶의 철학이 하나 있다. '차가운 돌 위의 3년'이다. 차가운 돌 위에서 3년의 세월을 앉아 있을 정도로 참고 또 참으며 인내하면 결국 돌도 따뜻해진다는 뜻이다. 바로 이 철학 덕분에 이에야스는 훗날 전국 시대의 최종 승자가 될 수 있었다.

도쿠가와 이에야스는 오다 노부나가, 도요토미 히데요시 밑에서 철저하게 이인자의 삶을 살았지만 두 사람은 끊임없이 이에야스의 충성도를 시험했다. 노부나가는 이에야스의 충성도를 시험하기 위해 그에게 아내와 아들을 할복시키라고 명했다. 이에야스는 피눈물을 삼키며 그리했다. 히데요시는 이에야스를 불러놓고 이렇게 말했다.

"교토를 떠나 에도(도쿄의 옛 이름)로 가라. 그곳이 너의 새로운 영지다."

지금의 도쿄는 수도로서 굉장히 번성한 도시지만, 당시에는 늪지대였다. 그래서 히데요시는 이에야스가 순순히 가는지를 보려고 한 것이다. 쉽게 말해 이에야스를 변방으로 내친 거다. 그런데 이에야스는 히데요시의 명에 따라 순순히 에도로 갔을 뿐만 아니라 에도를 부흥시키기까지 했다. 멋진 성을 쌓고, 수많은 상인을 끌어모아 상업 도시로 변화시킨 것이다. 그리고 훗날 이곳은 '에도 막부'의 본거지가 되었다.

고된 인질 생활을 하던 도쿠가와 이에야스는 자신의 세력을 결집해 1600년의 세키가하라 전투에서 승리했다. 이 전투는 도요토미 히데요시가 죽은 뒤 다이묘들이 패권을 놓고 동군(東軍)과 서군(西軍)으로 나뉘어 벌인 전투였는데 이에야스가 이끈 동군이 승리한 것이다. 이 승리를 기반으로 이에야스는 1603년, 마침내 쇼군에 올랐다. 히데요시가 그토록 간절히 바랐던 그 쇼군 말이다.

이제 남은 건 히데요시의 유일한 아들 히데요리뿐이었다. 히데요리가 살고 있던 오사카성은 이중 해자로 되어 난공불락이었다. 해자는 깊

세키가하라 전투를 그린 병풍

이가 6미터, 너비가 75미터에 달했다. 도요토미 히데요시는 오사카성을 지을 때 이렇게 말했다고 한다.

"백만대군이 쳐들어와도 끄떡없는 난공불락의 성이다."

이 난공불락을 도쿠가와 이에야스는 어떻게 점령했을까?

당시 히데요리는 22세였고 이에야스는 73세였다. 백전노장 이에야스는 히데요리와 거짓 평화협정을 맺으며 제안을 했다.

"우리가 서로 평화협정을 맺었으니, 이중 해자도 메워 백성들에게 전쟁 없는 평화의 시대가 도래했음을 상징적으로 보여주는 게 어떻겠는가?"

어리고 순진했던 히데요리는 그 말을 고스란히 믿고 난공불락의 핵심 조건인 해자를 메워버렸다. 결국 오사카성은 불타버렸고 히데요리와 그의 어머니는 자결해야 했다.

도쿠가와 이에야스는 끈기와 인내로 마침내 전국 시대 최후의 승자가 되었고 '팍스(PAX) 에도 막부'의 서막을 열었다. 이렇게 열린 '도쿠가와에 의한 평화'는 그의 자손들이 막부의 쇼군 자리에 오르면서 250년간 유지되었다. 다음은 도쿠가와 이에야스의 아주 유명한 유훈이다.

인생은 무거운 짐을 어깨에 지고,
먼길을 가는 나그네와 같다.
그러니 서두르지 마라.
무슨 일이든 마음대로 되는 일은 없다.
불만을 가질 이유도 없다.
인내는 무사 장구의 근본이고 분노는 적이다.
풀잎 위의 이슬도 무거우면 떨어지고 달도 차면 기울게 마련이니,
이기는 것만 알고 지는 일을 모른다면 몸에 화가 미친다.
자신을 책할지라도 남을 책하지 마라.
부족함이 지나침보다 낫다.

과연 도쿠가와 이에야스다운 말이다. 목숨을 건 인질 생활을 하면서 쌓은 인내와 끈기 그리고 절제와 겸손이 느껴진다.

▼

지금까지 일본 전국 시대를 통일한 3인에 대해 알아보았다. 오다 노부나가는 과감한 혁신으로 시대의 변화를 주도했고, 도요토미 히데요시는 능동적이고 창조적인 자세로 기회를 포착했으며, 도쿠가와 이에야스는 인내와 끈기로 최적의 때를 기다렸다. 이렇게 3인은 각자의 방식으로 전국 시대를 통일해 나아갔지만, 최종 승자는 도쿠가와 이에야

스였다. 우리는 그 비결에 집중할 필요가 있다. 도쿠가와 이에야스는 말년에 이런 말을 종종 했다.

"천하는 한 사람의 천하가 아니라, 천하의 천하다."

그는 후손들에게 겸손을 가르치고 싶었던 것이다. 도쿠가와 이에야스의 이런 가르침은 그를 모시는 사당에도 잘 나타나 있다. 그 사당에는 입을 막고 귀를 막고 눈을 가린, 세 마리의 원숭이가 새겨진 '산자루'라는 유명한 조각이 있는데 이것은 말하지도, 듣지도, 보지도 않으면서 견디는 인내의 처세술을 가지라는 가르침이다. 죽을 위기에 자주 직면하며 고난이 가득한 삶을 살았던 이에야스의 세상 사는 처세가 바로 겸손과 인내였음을 일깨우는 조각이다. 나는 이것이 바로 도쿠가와 이에야스가 최후의 승자가 된 비결이자, 그 승리를 250년간 유지하게 만든 힘이라고 생각한다. 최후의 승자는 한마디로 이런 사람이다.

"최후의 승자는 가장 강한 사람이 아닌,
가장 인내할 줄 아는 지혜를 가진 사람이다!"

미드웨이 해전의 기적
:
정보력과 리더십이 가른 운명의 5분

미드웨이 해전은 태평양 전쟁 초기인 1942년 6월 4일부터 7일까지, 하와이 북서쪽에 위치한 미드웨이섬 인근 해상에서 벌어진 미 해군과 일본 제국 해군 간의 격전이었다. 당시 전황은 객관적인 전력 면에서 일본이 절대적으로 유리해 보였지만, 예상과 달리 미국이 압도적인 승리를 거머쥐었다.

이 해전을 기점으로, 전성기를 구가하던 일본 제국의 전력은 점차 약화되어갔고, 미군은 중부 태평양에서 일본의 진격을 저지해내는 데 성공했다. 이어진 과달카날 전투에서도 승기를 이어 나간 미국은 태평양 전쟁의 흐름을 완전히 뒤바꿔놓았다. 이로써 미드웨이 해전은 전쟁의 중대한 전환점이자, 미국이 태평양 제해권을 확보하는 결정적 계기로 평가된다.

전투 몇 달 전의 미드웨이섬

미드웨이 해전의 배경

　미드웨이 해전은 단순한 전투가 아닌, 미국과 일본 사이의 갈등이 축적된 끝에 터진 충돌이었다. 그 시작은 1937년 중일전쟁으로 거슬러 올라간다. 일본은 이 전쟁을 통해 아시아 침략을 노골화했지만, 미국은 자국에 직접적인 피해가 없는 한 개입하지 않는 고립주의적 태도를 유지하고 있었다.

　그러나 일본의 침략 야욕은 남방으로 확대되었고, 1940년에는 프랑스령 인도차이나 반도를 침공하기에 이르렀다. 그 당시 프랑스는 독일의 침공으로 수도 파리가 함락된 상태였고, 일본은 이 틈을 타 인도차이나를 손쉽게 장악할 수 있었다. 이를 지켜보던 미국은 일본이 '선을 넘었다'고 판단했고, 군사적 충돌 없이 일본을 압박할 방법을 모색했다. 바로 프랑클린 루스벨트 미국 대통령이 1941년 8월 2일 단행한, 일본의 해외 자산 동결 및 석유 수출 금지 조치였다. 전쟁 수행에 반드시 필요한 석유와 돈, 목재, 고무 등의 자

프랭클린 루스벨트

원이 차단되자 일본은 충격에 빠질 수밖에 없었다.

진주만 공습

　이 제재 조치 때문에 일본은 미국과의 협상에 나섰다. 그러나 미국이 제시한 조건 두 가지, 중·일전쟁의 중단과 인도차이나에서의 철수는 일본이 받아들이기 힘든 것들이었다. 결국 일본은 직접 석유와 목재를 구하기로 했다. 석유와 목재가 가장 많이 나는 지역은 동남아시아였고, 그중 일본이 가장 탐낸 나라는 인도네시아였다. 일본은 인도네시아 침공을 결정했다. 인도네시아를 점령하기 위해서는 반드시 필리핀을 거쳐야 했다. 필리핀은 당시 미국령이었기에, 일본은 미국의 견제를 뚫어야만 했다.

　결국 일본은 미국의 최정예 요원과 군대가 포진되어 있는 미 해군 태평양 함대의 본거지인 진주만을 표적으로 삼았다. 일본 태평양연합함대 총사령관 야마모토 이소로쿠는 하버드대학교 출신이었기에 누구보다 미국통이었다. 그는 미국과의 전면전으로는 승산이 없음을 알았기에 태평양 일대를 단기간 내에 점령해서 유리한 입장에 선 후 미국과의 협상에서 유리한 고지를 차지해야 한다고 판단해 진주만을 표적으로 삼은 것이다.

　1941년 12월 7일 일요일 아침 7시 48분(하와이 현지 시각), 마침내 일본의 진주만 공습이 감행되었다. 태평양전쟁의 서막이 오른 것이다. 일본 제국 해군의 항공모함 6척으로 편성된 연합함대는 미합중국 자치령 하와이 제도의 오아후섬 북쪽 200마일 해상까지 접근했다. 일본이 공식 선전포고도 없이 400여 대의 함재기로 진주만을 기습 공격하자, 미국은 엄청난 피해를 입었다. 12척의 미 해군 함선이 손상되거나 침몰했고, 수백 대의 항공기가 파괴되었으며, 2,334명의 미군 장병과 103명의 민간인이 목숨을 잃었다.

그러나 일본은 진주만 공습에서 세 가지 치명적인 실수를 저질렀다.

첫째, 진주만 내 선박 수리 시설을 폭격하지 않았다. 이로써 미국은 폭격 당한 전함과 항공기 등을 수리해서 재가동할 수 있었다. 둘째, 유류 저장시설을 건드리지 않았다. 덕분에 미국은 항공모함과 전투기, 구축함 등을 계속 운용할 수 있었다. 셋째, 핵심 목표였던 항공모함 격침에 실패했다. 당시 미 해군 항공모함 3척은 훈련을 나가 진주만에 없었기 때문이다. 이때 살아남은 항공모함들은 이후 미드웨이 해전에서 큰 역할을 하게 된다.

진주만 공습 이후, 미국은 전열을 가다듬었다. 당시 루스벨트 대통령은 체스터 니미츠 제독을 태평양함대 사령관으로 임명했다. 니미츠는 미 해군사에 길이 빛날 영웅으로, 이후 미국의 원자력 항공모함급에 이름이 붙여질 정도로 상징적인 존재가 된다.

니미츠 제독은 부임 직후 "누구도 해임되지 않을 것이며, 각자 자신에게 익숙한 일을 계속 수행할 것"이라고 선언했다. 이 발언은 단순한 위로를 넘어 실질적 리더십의 방향을 제시한 것이었다. 당시 진주만 기지에 있던 많은 장교가 책임감을 다하지 못한 것에 대해 사임을 고민하고 있었기 때문이다. 니미츠는 그들을 탓하거나 해임하지 않고 하나로 뭉치게 했다. 그는 진주만 공습이 장교들의 잘못이 아니라고 생각했고, 유능한 장교 한 명을 양성하려면 얼마나 많은 시간과 비용이 드는지를 잘 알고 있었기에 현명한 판단을 한 것이다.

한편, 루스벨트 대통령은 진주만 공습 다음 날 미국 의회에서 '치욕의 날 연설'로 일컬어지는 유명한 연설을 남겼다.

"1941년 12월 7일은 우리 미국 역사에서 치욕의 날로 기억될 것입니다. 미국 의회에 공식적으로 요청합니다. 일본과의 전쟁을 승인해주십시오!"

공습 전까지만 해도 미국 내의 고립주의 성향, 즉 '우리에게 직접 피해가 없다면, 외부 전쟁에 개입하는 것은 무의미하다'라는 원칙인 이른바 먼로 독트린이 유효했다. 그러나 선전포고도 없이 진주만을 기습한 일본의 행위는 미국 사회에 격분을 일으켰고, '무의미한 전쟁'은 '정의를 수호하는 전쟁'으로 인식이 바뀌었다. 이로써 기존의 고립주의 정당은 순식간에 무너졌다.

전쟁 참가 법안은 상원에서 만장일치, 하원에서 388대 1의 압도적인 표차로 가결되었고, 미국은 공식적으로 태평양전쟁 참전을 선언했다. 참전 결정 이후 미국 내 입대율은 폭발적으로 상승했는데, 제2차 세계대전 당시의 90퍼센트에 이를 정도였다. 특히 공수부대나 해병대 등 고위험 병과 지원율은 100퍼센트를 넘기기까지 했다. 더욱이 신체검사를 통과하지 못해 입대 불가 판정을 받은 한 청년이 낙담한 나머지 자살하는 사건까지 벌어질 만큼, 미국 내 전의는 고조되었다. 일본에 대한 미국민의 분노가 어느 정도였는지를 잘 알려주는 이야기다.

이렇게 일본의 진주만 공습은 결국 미국이라는 '잠자는 거인'을 깨우는 결과를 초래했고, 이는 훗날 독일을 비롯한 추축국 전체의 패망으로 이어지는 결정적 도화선이 되었다.

둘리틀 특공대의 도쿄 공습

미국은 곧 반격했다. 1942년 4월 18일, 미국이 '공습에는 공습으로

1942년 6월 6일, 불타는 일본 미쿠마 순양함 위를 날고 있는 돈틀리스 폭격기

대응한다'라는 기조 아래 도쿄 공습을 감행한 것이다. 사실 미국은 이 것으로 일본에 큰 피해를 줄 수 없음을 잘 알고 있었지만, 전략적 의미를 부여했다. 진주만 공습 이후 침체된 미국 국민의 사기를 끌어올리고, 일본 본토 역시 안전지대가 아니라는 '공포 메시지'를 전달하려는 것이었다.

이 작전은 미국 최고의 전투기 조종사 제임스 해럴드 둘리틀 중령이 이끄는 '둘리틀 특공대'가 주도했다. 특공대는 육군의 폭격기인 B-25 미첼 폭격기 16대를 항공모함에 실어 일본으로 향했다. B-25는 육상 활주로에서 이착륙하도록 설계된 중형 폭격기로, 항공모함에서의 이륙은 극히 위험했고 착함은 사실상 불가능했다. 다시 말해 이 작전은 한 번 이륙하면 다시 돌아오는 것이 불가능한 작전, 단발성 공격 후 항공기를 버리고 탈출해야 하는 고위험 임무였다. 그들의 귀환은 중국 내 장제스 국민당 정부와 사전 조율을 통해 마련되었으며, 폭격 후 중국 영토로 도주해 탈출하는 것이 목표였다. 작전은 성공적이었다. 둘리틀 특공대는 도쿄 폭격에 성공했고 1대를 제외한 모든 폭격기가 무사히 귀환했다.

이에 일본은 경악했다. 미국이 일본 본토를 공격하는 건 절대 불가능하리라는 믿음이 깨졌고, 전략적 자만이 흔들리는 결정적 사건이었기 때문이다.

산호해 해전

미국의 도쿄 공습은 일본의 자존심에 심각한 상처를 남겼다. 충격에 대응하기 위해 일본의 분열되었던 육·해·공군이 뭉치는 전력 통합 움직임이 일기 시작했다. 그 핵심 목표는 단 하나, 일본 본토를 공격할 수 있는 미국의 항공모함을 제거하는 것이었다. 그러지 않고는 일본의 앞날을 장담할 수 없다고 판단한 것이다.

이러한 배경 속에서 시작된 전투가 인류 해전사 최초의 항공모함 간 해상전, '산호해 해전'이다. 당시 일본은 항공모함 쇼카쿠, 주이카쿠, 쇼호 3척을 투입했고, 미국은 렉싱턴과 요크타운 2척을 내세웠다. 전투 결과 일본은 쇼호를 잃었고, 미국은 렉싱턴과 요크타운이 큰 피해를 입었다. 그러나 미국은 침몰 직전까지 간 요크타운을 되살려 미드웨이 해전에 투입해서 대반전의 드라마를 만들어낸다. 일본은 요크타운이 침몰했다고 판단했기에 전략적 착오를 일으키고 만다.

산호해 해전에 대한 평가는 엇갈린다. 전술적으로는 일본의 판정승

산호해 해전의 피해를 급히 수리 중인 미 해군 항공모함 요크타운호

이지만 전략적으로는 미국의 판정승이라고 할 수 있기 때문이다. 미국은 항공모함을 상실하는 큰 피해를 입었지만, 전략적 목표인 뉴기니의 핵심 요충지인 비행장 포트모르즈비 방어에 성공했고, 이는 태평양에서의 주도권 유지에 결정적인 역할을 했다. 또한 미국은 이 전투를 통해 일본의 주력 함대를 태평양 한복판으로 유인하는 데 성공했으며, 이후 미드웨이 해전이 이어졌다.

미드웨이의 기적

미드웨이는 태평양 한가운데, 하와이와 일본 본토의 중간 지점에 위

280

치한 섬으로, 활주로를 갖춘 미국의 전략적 요충지였다. 일본은 미드웨이를 공격해 미국 항공모함을 유인한 뒤, 자신들의 압도적인 기동함대로 미국 태평양 함대를 일거에 궤멸시킬 계획을 세웠다. 이는 마치 제1차 세계대전 당시 독일이 프랑스 병력을 한 곳으로 모아 격파하려고 했던 '고기 분쇄기 작전'을 연상케 했다. 일본의 구상 역시 미국 항공전력을 단숨에 제거하는 일종의 '해상 고기 분쇄기 작전'이었다.

전력상 미국은 불리했다. 미국의 항공모함은 엔터프라이즈와 호넷 두 척이었고, 일본은 히류, 소류, 카가, 아카기 등 네 척이었기 때문이다. 이 가운데 아카기는 전체 작전을 지휘하는 기함이었다. 그랬기에 일본은 수적인 면에서나 경험 면에서 미국보다 우위에 있었고, 승리를 확신하고 있었다.

그런데 일본이 간과한 것이 있었다. 앞서 산호해 해전에서 침몰시켰다고 생각한 요크타운이 기적적으로 복구되어 합류했다는 사실이었다. 결국 실제 전력은 3척 대 4척이었기에, 그 전력 차이는 확 줄어들었다. 항공모함 한 척에 탑재 가능한 함재기의 숫자가 엄청났기 때문이다.

표면적으로는 일본이 훨씬 유리한 상황이었기에 일본은 자신들이 질 거라는 생각은 추호도 하지 않았다. 그러나 결과는 미국의 압도적인 승리로 끝났다. 일본의 오만함이 엄청난 패배를 가져온 셈이었다.

그렇다면 미국은 이 불가능에 가까운 해전에서 어떻게 승리를 거두었을까? 핵심적인 승리 요인을 정리하면 다음과 같다.

첫째, 미국의 탁월한 정보력이다. 당시 정보전의 주역은 미 해군 정보부 소속의 암호 해독관 조셉 로슈포르였다. 그는 일본에서 거주한 경험 덕분에 일본어에 능통했으며, 암호 해독 분야에서도 천재적인 재능을 보였다. 어느 날 그는 야마모토 이소로쿠 제독이 발신한 통신문을 감청했는데, 거기에 일본의 다음 목표가 'AF'라는 암호명으로 지목되어 있었다. 미국은 이전의 경험을 통해 일본이 미국이 점령한 지역을 'A', 진주만을 'AH'라고 칭한 사실을 알고 있었기에, 'AF'가 미드웨이일 가능성이 높다고 추정했다. 이를 검증하기 위해 로슈포르는 일본에 미끼를 던졌다. '지금 미드웨이에 담수 장치가 고장 나 식수가 부족하다'는 내용의 가짜 무전을 의도적으로 흘린 것이다. 일본은 이 미끼를 덥석 물었다. 얼마 지나지 않아 일본의 군 내부 통신망에서 'AF에 식수 부족, 해수 담수화 장비 필요'라는 응답이 감청되었다. 이로써 'AF'가 미드웨이라는 사실이 확실해졌다. 이처럼 미국은 일본의 작전 목표를 사전에 파악하고, 미드웨이에 전력을 집중시킬 수 있었다. 반면 일본은 미국의 감청 사실을 알았음에도 그들이 자국 암호를 해독할 수 없을 것이라고 믿는 오만함을 보였고, 이 방심이 치명적 패착으로 이어졌다.

둘째, '요크타운과 함대 수리병'의 활약이다. 미국은 전례 없는 속도로 전함을 복구해낼 뛰어난 수리 능력을 갖추고 있었다. 산호해 해전에서 크게 파손된 요크타운은 원래 90일의 수리 기간이 필요하다는 전문가들의 의견이 있었음에도 불구하고, 니미츠 제독의 지시에 따라 단 3일 만에 전투에 투입 가능한 수준으로 복구되었다. 이를 위해 동원된 수리병은 1,400명이었으며, 더욱이 항해 중에도 계속해서 수리 작업이 이뤄졌다. 심지어 전투 중 요크타운이 폭탄 세 발을 맞아 불기둥이 솟으며 격침 직전까지 갔을 때도, 승조원들은 한 시간 만에 응급 수리에 성공해 다시 전투에 참여시켰다. 일본은 요크타운을 두 번 발견하고 두 번 공격했음에도, 각각 다른

체스터 윌리엄 니미츠

항공모함으로 오해했다. 미국의 항모 전력이 두 척이라 여겼던 일본은 결국 전력 파악에 실패했고, 이는 치명적 전황 판단으로 이어졌다.

셋째, 니미츠 제독의 리더십과 미군 조종사들의 희생이다. 니미츠는 '올 오어 낫싱(All or Nothing)' 전략으로 승부수를 던졌다. 미드웨이 해전에 투입된 세 척의 항모에 탑재된 전투기 152기를 동시에 발진시키는 벌떼 작전을 실행한 것이다. 이 작전에는 저공에서 어뢰를 발사하는 뇌격기와, 고공에서 수직으로 하강하며 폭탄을 투하하는 급강하 폭격기(SBD 돈틀리스)가 참여했다. 그러나 일본의 제로센 전투기 성능이 미국의 뇌격기 성능보다 월등했기 때문에 미국 뇌격기들이 거의 전멸에 가까운 희생을 감수해야 했다. 그런데 이 희생은 전략적 의도를 담고 있었다. 뇌격기가 저공에서 제로센을 유인하는 사이, 상공의 빈틈을 노려 급강하 폭격기들이 항모를 강습할 수 있도록 유도한 것이다. 단, 이 작전이 성공하려면 제로센이 저공으로 내려간 순간, 그 5분 동안 공중 공간이 비어 있어야 했다. 이 짧은 순간이 바로 '기적의 5분'이다. 놀랍게도 이 작전은 철저히 계획된 것이 아니었음에도 불구하고 성공을 거두었다. 당시 일본 함대를 수색 중이던 맥클러스키 소령의 급강하 폭격기 편대는 목표를 찾지 못하고 방황하던 중, 아라시 구축함이 물살을 일으키며 남긴 하얀 물보라 길을 발견하고 추적한 것이다. 이를 따라가던 편대는 구름 뒤편에서 우연히 일본 항공모함 전단을 발견했고, 마침 그 시각에 함상에 연료와 폭탄이 굴러다니고 있었으며, 제로센 전투기들은 뇌격기를 상대하려고 전부 저공에 내려가 있었다. 이 절묘한 타이밍이 미국의 대승으로 이어졌다. 조금만 더 늦었더라도 미국의 급강하 전폭기들은 복귀할 연료조차 부족할 상황이었다.

이 작전 이후, 기자들이 니미츠 제독에게 작전의 순서가 의도된 거냐고 묻자 그는 이렇게 대답했다.

"만약 급강하 폭격기들이 조금만 더 늦게 도착했어도 미국은 미드웨이에서 참패했을 것이고, 태평양전쟁 역시 패전으로 끝났을 것이다. 그 5분은 미국의 운명을 바꿨다."

훗날 미 해군대학 교수 크레이그 사이먼즈는 이렇게 말했다.

"1942년 6월 5일 10시 25분, 일본은 태평양전쟁에서 이기고 있었다. 그러나 5분 뒤, 전황은 완전히 뒤바뀌었다. 인류 역사상 단 5분 만에 역사를 이토록 급격히 전환시킨 사례는 없다."

이처럼 미드웨이 해전의 승리는 말 그대로 '기적'이었다. 만약 이 기적이 없었다면, 미국은 태평양을 장악하지 못했을 것이고, 대한민국의 독립 또한 장담할 수 없었을 것이다. 이 승리는 우리에게도 깊은 의미가 있는 역사적 사건이다.

패전의 뿌리, 사무라이 정신

미드웨이 해전의 승리로 태평양전쟁의 주도권은 미국으로 넘어갔고, 미국은 제해권과 제공권을 모두 장악했다. 일본은 이 전투에 패함으로써 항공모함 네 척과 다수의 함재기, 숙련된 조종사와 승조원을 잃었다. 무기는 만들면 되지만 조종사는 단시간에 양성할 수 없으니, 일본의 전력은 급격히 떨어질 수밖에 없었다.

1944년의 레이테만 해전에서 미국은 일본 제국 해군을 사실상 완전히 재기불능 상태로 만들어버렸다. 레이테만 전투는 인류 전쟁사상 최대 규모의 해전으로, 일본 해군의 총력전이었기에 일본은 여기서 회복 불가능한 타격을 입었다. 특히 한 항공모함이 침몰할 당시, 일본 병사들은 갑판 위에서 고향과 천황을 향해 거수경례를 하고 함께 물속으로 사라졌다. 그들은 이를 '사무라이 정신'이라고 불렀다. 그러나 이것은 바로 일본이 패전할 수밖에 없었던 근본적인 이유이기도 했다. 명예와 체면을 위해 목숨을 경시하고 우수한 인재들을 배와 함께 수장시키는 문화 속에서, 그 전력이 어떻게 유지될 수 있겠는가.

1945년 9월 2일 도쿄만 미주리 함상에서 일본의 항복 문서 조인식이 거행되었다. 1853년 도쿄만에서 미국에 의해 강제로 개항당했던 일본은, 거의 100년 만에 다시 한 번 같은 장소에서 미국 앞에 무릎을 꿇었던 것이다. 바다에서 흥한 일본이 바다에서 패망한 역사적 순간이었다.

운명의 여신은 일본과 미국에 똑같이 5분의 시간을 주었다. 그러나 미국은 승리하고 일본은 패배했다. 왜 이런 차이가 발생했을까?

일본은 러일전쟁과 중일전쟁의 승리, 진주만 기습의 성공 등에 도취되어 있었다. 자만심에 빠진 일본군은 육군과 해군이 극명하게 분열된 채 각자 공을 세우는 데만 집중했다. 반면 미국은 달랐다. 워싱턴 본부는 암호 해독관의 보고를 신뢰했고, 니미츠 제독은 민주적인 리더십과 명확한 판단으로 전군을 이끌었다. 수리공들은 불굴의 의지로 침몰 직전의 요크타운을 되살렸다. 또한 뇌격기 조종사들은 급강하 폭격기의 성공을 위해 기꺼이 목숨을 바쳤다.

이처럼 미드웨이 해전의 승리는 미국이 조직적으로 대응하고, 위기 속에서도 각자의 역할을 다했기에 가능했던 결과였다.

인생을 살다 보면 우리는 수많은 위기의 순간을 맞는다. 그리고 그 위기는 언제나 어느 날 갑자기 찾아온다. 이는 인간이 피할 수 없는 자연의 법칙과도 같다. 하지만 그 위기를 어떻게 극복하느냐는 전적으로 우리의 몫이다.

'자극은 내 잘못이 아니지만, 반응은 내 잘못이다'라는 말이 있다. 예컨대 독사에게 물렸다고 가정해보자. 물린 것은 외부 자극이지만, 이후의 대처는 철저히 개인의 선택, 즉 반응이다. 복수하겠다고 독사를 뒤쫓을지 혹은 물린 부위를 재빨리 묶어 독이 번지지 않도록 할지 선택해야 한다. 어떤 반응을 보이는가에 따라 살 수도 있고, 죽을 수도 있다.

위기가 닥쳤을 때도 마찬가지다. 위기에 남 탓, 환경 탓만 하고 있으면 결국 무너지고 만다. 따라서 위기가 닥치면 가장 먼저 '극복'해야 한다. 그러기 위해서는 대비가 필요하다. 그 대비가 자산이든 실력이든 정신력이든 상관없다. 그리고 대비에는 통찰력이 함께해야 한다. 통찰력이란 사물이나 현상의 본질을 꿰뚫어 보는 능력이다. 미국은 그 통찰력이 부족했기에 진주만 공습을 당했다. 반면 일본은 실전 경험 부족으로 미국을 과소평가했고, 결국 패배했다. 여기에서 알 수 있듯, 통찰력은 경험에서 만들어진다.

최대한 다양한 경험을 쌓자. 그 경험은 지혜가 되고 지혜는 통찰력을 발휘하게 만든다. 결국 우리가 해야 할 일은 자명하다.

"위기가 닥치기 전에,
어떤 위기든 극복할 힘부터 길러라!
그 힘을 기르는 가장 좋은 방법은 경험하는 것이다!"

★ 합스부르크 왕가의 핏줄 전쟁
:
지키려 할수록 무너지는 역설

합스부르크(Habsburg) 왕가는 1273년부터 1918년까지 650년 동안 존속하며, 유럽에서 가장 오래된 역사와 전통을 지닌 왕조였다. "신성 로마 제국의 황제는 합스부르크에서 나온다"라는 말이 있을 정도로, 유럽 역사를 이해하려면 반드시 이들의 역사를 알아야만 한다. 하지만 순혈(純血)을 지키기 위해 그들이 선택한 방식은 오히려 스스로를 파멸로 이끌고 말았다.

막강한 부와 권력을 움켜쥐었던 이 왕조는 왜 결국 대가 끊기고 말았을까? 왕관의 무게를 견디지 못하고 무너져내린 합스부르크 왕가의 화려한 흥성과 처절한 몰락을 차례로 살펴보자.

합스부르크 가문에서 최초로 신성로마황제가 된 루돌프 1세

합스부르크의 시작과 번영

합스부르크는 독일어 '하비츠브루크(Habichtsburg, 매의 성)'에서 비롯되었다. 이 가문은 본래 스위스 알프스 북부의 작은 봉건 영주 가문에 불과했다. 그러나 루돌프 1세가 독일 선제후들에 의해 신성로마제국의 왕으로 선출되면서 단숨에 유럽의 유력 왕조로 도약했다.

합스부르크 가문의 인물들에게는 공통된 신체적 특징이 있었으니, 바로 '주걱턱'이다. 이 특징은 후대에 이 가문의 몰락과도 깊은 관련이 있다. 프랑스 혁명 당시 참수당한 마리 앙투아네트의 시신을 식별할 수 있었던 것도 이 주걱턱 덕분이었다.

합스부르크 가문을 대표하는 좌우명은 다음과 같다.

다른 이들은 전쟁하게 두어라,

행복한 오스트리아여,

그대는 결혼하라!

즉, 타국이 전쟁으로 얻는 영토를 합스부르크는 결혼을 통해 확보하겠다는 의지를 잘 반영하는 표현이다.

이 전략의 초석을 놓은 이가 막시밀리안 1세(1459~1519)였다. 그는 유럽 최고의 신붓감이었던 부르군트 공국의 유일한 상속녀 마리아와

막시밀리안 1세

결혼하여 막대한 영토와 재산을 손에 넣었다. 공국이란 공작이 다스리는 나라로 지금의 네덜란드·벨기에·룩셈부르크 등이 부르군트 공국에 속했다. 당시 합스부르크 가문은 가난했고 제후들의 견제로 강한 군대가 필요했는데 마리아는 헝가리와 싸우고 있는 막시밀리안을 신랑감으로 선택하고 그에게 보물을 보내 용병을 살 수 있게 도왔다. 결국 막시밀리안 1세는 이 전쟁을 승리로 이끌었고, 둘은 결혼했다. 이 결혼은 합스부르크 가문 구성원들의 결혼 상대가 보헤미아, 헝가리 등의 가난한 왕족에서 부유한 서유럽 국가 출신으로 교체되었음을 알리는 역사적 의미를 지닌 '사건'이다.

당시 유럽에는 '살아남는 자가 모든 것을 상속한다'는 말이 있었는데, 이는 죽은 배우자의 상속분을 살아 있는 배우자가 다 갖는다는 뜻이었다. 실제로 마리아가 요절하면서 부르군트 전역은 막시밀리안 1세의 소유가 되었다. 가난한 지방 영주였던 합스부르크가 결혼 한 번으로 서유럽의 유력한 거대 가문으로 부상한 것이다.

막시밀리안 1세와 마리아 사이에는 아들이 한 명 있었는데 훗날 카스티야 연합왕국의 공동왕 펠리페 1세다. 그는 '미남왕'으로 불렸는데, 어머니 마리아를 닮아 아버지 막시밀리안 1세의 주걱턱이 없었다. 굉장한 미남이었던 그에게 주변의 많은 여인이 호감을 보였으나, 펠리페는 스페인의 상속녀 후아나를 선택했다. 후아나는 정신질환을 앓았는데, 그녀가 통일 스페인 왕국의 유일한 상속자였기에 펠리페는 결혼을 강행했다.

후아나의 정신질환은 펠리페와 결혼 후 남편에 대한 집착과 더불어 더욱 심해졌다. 특히 자녀를 낳은 후에는 정신질환이 최악의 상태에 이르렀는데 이는 펠리페의 여성 편력 때문이었다. 후아나는 남편의 여인들을 할퀴고, 물고, 가위로 찌르는 등 온갖 만행을 저질렀다. 심지어 여자 시종의 뺨을 칼로 도려내기까지 했다고 한다. 펠리페 1세는 이런 후아나의 모습에 질겁했지만, 이혼할 생각은 없었다. 후아나의 부모가 죽으면 통일 스페인 왕국은 유일한 상속녀인 후아나가 가질 것이었고, 그녀가 죽고 나면 자신의 차지가 될 것이었기 때문이다. 그런데 어이없게 펠리페 1세가 먼저 죽어버렸다. 어느 날 물을 마시고는 드러누워 앓기 시작하더니 단 며칠 만에 죽어버린 거다. 장인인 페르난도 2세가 독살했다는 소문도 있고, 장티푸스에 의한 사망으로 보기도 하지만 지금까지 진실은 밝혀지지 않고 있다.

펠리페 사망 후 그를 너무나 사랑했던 후아나는 어둠 속에서만 지내게 된다. 천으로 얼굴을 가리고, 옷도 갈아입지 않고, 씻지도 않았다. 밥도 바닥에 놓고 그냥 입으로 먹을 정도로 정신병 증세가 심각했다. 그러자 페르난도 2세는 펠리페의 장남인 카를로스는 너무 어리고, 딸 후아나는 정신이상이 있다는 명분으로 스스로 섭정이 되었다. 그러고는 후환을 없애기 위해 후아나를 외딴 토르데시야스 성에 유폐시켜버렸다. 그러나 세월에 장사 없다 했던가! 후아나의 어머니와 아버지도 결국 사망했고, 이로써 스페인 왕국은 펠리페의 아들 카를로스 1세가 물려받게 되었다. 그는 합스부르크 왕가의 전성기를 여는 대단한 황제가 된다.

카를로스 1세는 세계 역사상 부모와 조상의 덕을 가장 많이 받은, 즉 가장 많은 영토를 상속받은 군주였다. 그는 신성로마제국 황제 카를 5세로도 불리며, 대영제국이 표방한 '해가 지지 않는 제국'의 원조를 이룩했다. 합스부르크의 세력은 프랑스를 제외한 유럽 전역과 신대륙, 아시아 일부까지 뻗어 있었던 것이다.

프랑스는 신성로마제국과 스페인 왕국 사이에 끼어 있었기 때문에 양쪽에서 협공받는 형세였고, 합스부르크 왕가도 프랑스를 견제해야 할 처지였다. 합스부르크는 자신의 제국에 포함되지 않은 유일한 나라 프랑스와의 충돌을 피하기 위해 딸들을 프랑스 왕가에 시집보내며 혈연으로 세력권을 확대했다. 루이 13세의 아내 안느 도트리슈, 루이 14세의 아내 마리 테레즈, 루이 16세의 아내 마리 앙투아네트, 나폴레옹 1세의 아내 마리 루이즈가 그 딸들이다. 프랑스로 시집간 합스부르크 왕가 여인들은 모두 주걱턱이었기에 그들의 초상화는 모두 주걱턱을 작게 표현하고 온갖 장식을 단 머리를 강조하고 있다. 또한 합스부르크 왕가 여인들은 필수품으로 부채를 들고 다녔는데, 이 역시 턱을 가리기 위함이었다. 그러니 유럽 여인들을 그린 그림에서 부채로 턱을 가리고 있으면 거의 합스부르크 왕가의 여인이라고 생각하면 된다.

합스부르크의 결혼 전략은 전쟁을 줄이고 권력을 오래 유지하는 장점이 있었다. 프랑스 역시 결혼을 통해 합스부르크 왕가의 세력권에 들어온 후로 유럽 전역의 권력이 혼맥으로 맺어졌으니 이들의 역사에는 위기 상황이 별로 없었다.

카를로스 1세

이렇듯 결혼과 상속으로 권력과 영토를 물려받은 합스부르크 왕가의 카를로스 1세는 에스파냐 왕 카를로스 1세, 제일란트 백작 카렐 2세, 플랑드르 백작 샤를 3세, 나폴리 왕 카를로 4세, 오스트리아 대공, 뷔르템베르크 공작, 신성로마제국 황제 카를 5세 등 셀 수 없이 많은 직함을 가지게 되었다. 오늘날 그를 호명할 때는 통상 신성로마제국의 황제 카를 5세로 부른다.

카를 5세는 영토가 너무 방대하자 이를 분할 상속한다. 그는 동생 페르디난트 1세에게 신성로마제국과 독일의 통치권, 자기 아들 펠리페 2세에게는 에스파냐 권역을 물려주었다. 당시 에스파냐는 아메리카 대륙에서 어마어마한 금과 은을 확보해 막대한 부를 쌓았고, 이를 바탕으로 무적함대 아르마다를 투입하여 오스만 제국과 벌인 레판토 해전에서의 승리로 포르투갈 왕국과의 병합에 성공했다. 이어서 아메리카·필리핀·네덜란드·밀라노 공국·사르데냐섬·시칠리아 왕국·나폴리 왕국·아프리카 대륙의 남서부·인도의 서해안·말라카·보르네오섬 등을 접수해 그야말로 '해가 지지 않는 스페인 제국'을 온전하게 하였다. 필리핀이라는 국명도 펠리페 2세의 이름에서 유래했다.

합스부르크 왕가의 몰락

그러나 합스부르크 가문의 몰락은 생각지도 못한 곳에서 시작되었다. 스페인 궁정을 방문했던 베네치아 대사 가스파로 콘타리니는 카를 5세에 대해 다음과 같이 평했다.

'황제는 키가 크지도 작지도 않고, 피부는 하얀 편이며, 눈은 근시다. 태도는 엄중하지만 잔인하거나 엄격하지 않다. 유일한 단점은 턱이다.

턱이 너무 크고 길어서 부자연스럽고 어색하다. 윗니와 아랫니가 잘 맞지 않아서 입이 잘 다물어지지 않는다. 그래서 황제가 말을 하면 알아듣기 힘들다.'

카를 5세는 입이 많이 벌어져 있어서 벌레가 드나들지 못하도록 일부러 수염을 길게 길렀을 정도였다. 이른바 '합스부르크 주걱턱'은 지나친 근친혼 때문에 생긴 것으로, 그 일가를 평생 동안 고통 속에 살게 했다. 결국 합스부르크 왕조는 전쟁 대신 선택한 결혼, 즉 혁명이나 외부의 침입 등이 아니라 수백 년간 반복된 근친혼으로 무너지고 말았다.

카를 5세의 아들 펠리페 2세 역시 말이 어눌했다. 그는 신하들이 자신의 말을 못 알아들으면 왕의 권위가 추락한다고 생각해서 대면 보고를 없애고 서류로만 보고를 받았고, '서류왕'이라는 별명까지 얻었다. 이 유전질환은 펠리페 3세, 4세를 거치면서 폭발적으로 드러났다. 펠리페 4세의 아내는 그의 친여동생의 딸이다. 그는 친여동생 안나를 너무나 사랑했지만 차마 친여동생과 결혼할 수 없어 여동생의 딸, 즉 조카와 결혼한 것이다. 여기서 나온 자식이 카를 2세였다. 결국 카를 2세는 스페인 합스부르크 왕가의 마지막 계승자가 되었다. 근친혼으로 인한 열성 유전자가 폭발해 카를 2세는 8살이 넘어서야 겨우 걷기 시작했고, 죽을 때까지 말을 제대로 하지 못할 정도로 허약했다. 또 항상 입이 떡 벌어져 있어 떠먹여주는 죽만 먹고살아야 했다. 이렇게

펠리페 2세

몸이 허약하니 지능도 떨어졌다. 두 번이나 왕비를 바꿔가며 결혼했지만 결국 자녀도 낳지 못했다. 합스부르크 왕가의 대가 끊겨버린 것이다.

스페인 산티아고 대학의 곤살로 알바레즈 교수는 다음과 같은 연구 결과를 내놓았다.

'왕가의 몰락은 근친혼으로 인한 유전질환 때문이었다. 200여 년간 11차례의 결혼 중 아홉 쌍이 사촌지간 혹은 삼촌 조카 간에 이루어졌다."

이러한 근친혼의 결과 유아 사망률은 유럽 평균보다 두 배 이상 높았다. 근친혼으로 인한 유전질환으로 생존 확률이 30퍼센트나 줄었으니, 결국 합스부르크 왕가는 반란이나 전쟁이 아니라 혈통 집착에 따른 근친혼으로 몰락한 것이다.

한편 오스트리아 합스부르크는 마리아 테레지아를 통해 명맥을 이었다. 그녀의 아버지 카를 6세는 법을 바꾸어 마리아에게 왕권을 넘겨주고자 했다. 그러자 주변의 제후들이 반란을 일으키니, 바로 오스트리아 왕위 계승 전쟁이다. 여기서 승리한 마리아는 더 이상 근친혼에 집착하지 않고, 로렌 지방의 귀족인 로트링겐 가문의 프란츠 1세와 결혼했다. 이로써 합스부르크-로트링겐 왕조는 1차 세계대전 때까지 존속할 수 있었다. 이후 합스부르크 주걱턱은 더 이상 나타나지 않았다.

▼

합스부르크 왕가는 시골의 작은 귀족 가문이 결혼으로 제국을 건설했지만 어이없게 근친혼으로 자멸하는 비극을 남겼다. 한편 영국의 엘리자베스 1세는 "나는 이미 잉글랜드와 결혼했다"며 국가와 백성을 최우선으로 삼았다. 그녀가 여왕이 되었을 당시 영국은 신교와 구교의 갈

등이 폭발적이었고, 나라는 굉장히 가난했으며, 해상 무역권을 두고 스페인과의 다툼이 있었다. 엘리자베스 1세는 틸버리 전투 현장에서 병사들에게 다음과 같이 연설했다.

"싸움이 한창인 이곳에서 그대들과 생사를 함께하기 위해 왔다. 나는 약하고 빈약한 여성의 육체를 가졌으나 국왕의 심장과 배포를 지녔다. 이것이 잉글랜드 왕의 전부다."

여왕의 연설에 병사들은 사기가 충천했고, 스페인의 무적함대를 물리칠 수 있었다.

영국 왕실이 오늘날까지 존속하는 이유는 혈통보다 정신을 계승했기 때문이라고 하겠다.

한국도 마찬가지다. 고난의 역사마다 '국난 극복 DNA'를 발휘한다. 수많은 외세의 침략으로부터 국가를 지켜냈고, 한국 전쟁 이후 한강의 기적을 이뤄냈으며, IMF 위기를 극복했다. 지금 한국은 정치, 경제 등 여러 분야에서 또 다른 위기에 봉착하고 있다. 그러나 이 또한 잘 극복할 것이다. 우리의 DNA는 핏줄이 아닌 위기에 맞서는 정신이기 때문이다.

"가장 훌륭한 유산은
핏줄도, 재물도, 명예도 아닌
정신이다!"

Japan
England
Italy
France
Italy
Thailand
Germany
Russia
Egypt

PART 7

아는 만큼

보이는

종교와 문화

힌두교와 카스트

:

인도 사회 불평등의 뿌리

인도말 '나마스테(Namaste)'는 우리말의 '안녕하세요'에 해당하는 인사말이다. 그 어원을 살펴보면 나마(Namas, 절·경의·숭배)와 테(te, 당신에게)의 합성어로, '내가 당신에게 절합니다'라는 뜻을 지니고 있다.

여기에 철학적 해석을 덧붙여 보자면, '내 안의 신성이 당신 안의 신성을 존중합니다'라는 깊은 의미가 담겨 있다. 이는 모든 인간 안에 신이 깃들어 있다는 힌두교의 근본적인 신념을 반영하고 있는 것이다.

그럼에도 불구하고 인도 사회는 힌두교와 카스트라는 견고한 굴레 때문에 불평등의 구조를 좀처럼 벗어나지 못하고 있다. 모든 인간이 평등하게 고귀한 존재라고 말하면서도, 현실에서는 왜 이토록 가혹한 신분 제도가 유지되어 온 것일까? 지금부터 그 모순의 뿌리를 하나씩 살펴보자.

대나무 바구니를 만드는 바사들

인도에 관한 상식

인도에는 세계에서 가장 아름다운 건축물로 손꼽히는 타지마할이 있다. 인도는 불교·시크교·자이나교 등 여러 종교의 탄생지로도 유명하다. 또한 오늘날의 인도는 IT 강국으로, 인도공과대학(IIT) 출신들이 미국 실리콘밸리의 주요 기업 CEO로 활약하고 있다. 군사적으로도 핵무기와 항공모함을 보유한, 세계 4위의 강국이다. 우리가 일상에서 사용하는 아라비아 숫자, 0의 개념, 10진법 역시 인도에서 비롯되었다. 우리도 모르게 인도에서 전해진 수많은 문화적 혜택을 누리고 있는 것이다. 그러나 안타깝게도 인도는 불평등 사회가 유지되는 나라이고, 그 중심에는 힌두교와 카스트가 있다.

카스트의 탄생

2020년 3월, 전 세계를 경악하게 한 뉴스가 있다. 2012년도 뉴델리 버스 안에서 여대생을 성폭행한 6명 중 4명이 사형 집행 선고를 받은 것이다. 피해 여성은 사건 발생 13일 후 숨졌다. 가해자 중 한 명은 "제대로 된 여성은 밤에 외출하지 않으며 단정하게 옷을 입는다. 처신이 단정하지 않은 여성이 성폭행당하면 그 책임은 남자가 아닌 여성에게 있다"라고 발언해 더 큰 충격과 분노를 불러일으켰다. 이러한 인식은 힌두교와 카스트에서 비롯되었다.

힌두교는 아리아인들의 고유 종교였으며, 이후 드라비다 민족의 토착 전래종교와 융합했다. 인도 북쪽의 북해와 카스피해 지역에서 살던 유목민 아리아인들은 인더스강으로 이동해 인더스 문명을 파괴하고 동쪽의 갠지스강으로 갔다. 이후 갠지스강 중·상류에 정착한 아리아인은 유목 생활을 버리고 농경 생활을 시작했는데 이때 그 지역 원주민들이 드라비다인이다.

기원전 1500년경에 벌어진 아리아인의 이동으로 '베다 시대'가 시작되었다. '베다'는 산스크리트어로 지식·지혜·앎을 의미하는 힌두교의 현존하는 가장 오래된 성전을 의미한다. 아리아인들은 스스로를 '고귀한 자'라고 칭하며 자신들이 정복한 드라비다인을 천하게 규정했고, 이들을 통제하기 위해 브라만교와 카스트를 만들었다.

카스트는 법적 제도가 아닌 힌두교라는 종교와 사회적으로 통용되는 신분 체계이기에 '제도'라고 칭하지 않는다. 인더스강 유역의 계획도시 모헨조다로에서 발견된 춤추는 소녀 청동상을 보자면, 얼굴이 넓고 피부색은 까맣고 코는 뭉툭하며 이마는 넓다. 이것이 드라비다인의 모습이다. 같은 곳에서 발견된 사제상은 덩치 좋은 백인 모습인데, 이것이 아리아인의 모습이다. 아리아인은 인도 북부에서, 드라비다인은 인도 남부에서 많이 볼 수 있다. 이처럼 아리아인과 드라비다인의 가장 큰 차이점은 피부색이다. 이 피부색에 따른 인종 구분(바르나)과 전통적으로 내려오는 가문의 직업을 표시하는 '자티(Jati)'가 결합해 형성된 것이 바로 카스트다.

'바르나'는 색깔이라는 뜻으로 브라만(사제), 크샤트리아(왕족·무사), 바이샤(농·공·상민), 수드라(노예)로 나뉘며, 그 아래에 불가촉천민이 존재한다. 가장 상위 카스트 브라만은 하위 카스트들의 불만을 잠재우고 복종하게 하려고 신화를 만들었는데, 인류의 원 조상인 '푸루사'의 입에서 브라만이 나왔고, 그 팔에서는 크샤트리아, 허벅지에서는 바이샤, 발에서는 수드라가 나왔다고 설명한다. 입에서 나온 브라만은 사제가 되었고, 크샤트리아는 세상을 통치하는 왕족이나 무사, 바이샤는 납세의 의무를 지닌 농업·공업·상업에 종사하는 서민이 되었으며, 수드라는 피정복민이었기 때문에 노예가 되었다.

자티는 각 가문이 전통적으로 가지거나 혹은 가질 수 있는 직업을 의미하는데, 인도 사회에서 신분을 구분하는 실제 기준이 된다. 즉, 신분 구별의 가장 중요한 기준이 직업을 규정하는 씨족·가문 집단인 자티이고, 4대 카스트 바르나는 각각 무수한 자티를 포함하고 있는 대분류이자 각 자티에 부여되는 속성으로, 대략적이고 평균적인 상하(上下) 관계의 경향 정도를 규정하는 것뿐이기 때문이다. 따라서 카스트 자체는 신분제가 아니고 한국으로 말하면 족보다. 그래서 성씨만으로도 카스트가 구별되는 셈이다.

정리하면, 당대의 직업 귀천에 따라 신분을 등급화한 자티에 인종적 구분이었던 바르나를 끼워 맞춘 것이 지금의 카스트다. 정말 단순하게 표현하면 직업 서열과 피부색이 바로 카스트인 거다. 이런 이유로 현대 인도에서는 바르나가 아니라 어느 자티에 속해 있는지를 먼저 따진다. 그리고 힌두교를 믿는 인도인은 누구나 태어나면서부터 하나의 카스트에 자동 귀속되기 때문에 개인의 노력으로는 정해진 신분에서 벗어나기가 매우 어렵다. 다시 말해 모든 힌두인은 태어날 때부터 직업이 정해져 있는 불평등한 인생을 시작한다는 말이다. 높은 카스트로 태어나면 다행이겠지만 낮은 카스트로 태어나는 것은 엄청난 불행이다. 아버지가 돼지 치는 사람이면 자식도 돼지를 쳐야 하고, 아버지가 빨래

빠는 도비왈라면 자식도 도비왈라가 되어야 하니 말이다. 인도에는 이렇게 철저히 세습되는 직업 분류가 3,000개 정도 되고, 해당 직업은 바르나 계급에 따라 할 수 있고 없고가 귀속된다.

브라만교

이런 불합리해 보이는 카스트를 정당화시킨 종교가 브라만교다. 브라만교는 제사와 형식주의에 치중했다. 유목 생활을 했던 아리아인은 폭풍우, 번개, 지진 등 모든 두려운 자연재해와 삼라만상을 신격화했다. 그러니 브라만교에서의 최고 권력자는 당연히 제사장, 즉 브라만이었는데 제사를 주관하고 브라만교의 경전인 베다를 암송하는 게 주요 업무였다. 베다는 브라만만이 암송할 수 있었기에 이미 철저한 차별이 자리한 셈이었다.

이러한 차별과 형식주의에 대한 반발로 불교가 탄생했다. 자비와 평등을 내세운 불교는 차별받던 인도인들에게 많은 사랑을 받았는데, 브라만교는 별 타격을 입지 않았다. 힌두교로 변신을 거듭하며 존속한 것이다.

힌두교

'힌두(Hindū)'는 산스크리트어로 '거대한 물', 즉 인더스강을 뜻하는 '신두(Sindhu)'에서 유래했다. 고대 페르시아인들은 '신두'를 페르시아어 단어인 '힌두'라고 불렀다. 기원전 515년 아케메네스 왕조의 샤

한샤 다리우스 1세는 인더스강 일대를 정복한 후 '힌두'라고 칭했는데 그의 아들인 크세르크세스 1세 때 갠지스강 일대까지 가리키는 명칭이 되었다. 결국 인더스·갠지스 유역 거주민, 즉 힌두를 가리키던 말이 종교를 만나 그들이 신봉하는 종교라는 뜻이 되었다.

힌두교를 현재에 이르도록 발전, 정립시킨 종교가 브라만교다. 브라만교는 인더스 문명을 멸망시킨 후 힌두교를 받아들였고, 불교와 자이나교의 교리까지 흡수해 4~6세기 굽타 왕조 때 그 교리를 확정했다. 즉, 브라만교가 힌두교로 변신한 것이다. 이러한 변신 덕분에 힌두교는 수백 년에 걸쳐 불교·이슬람·그리스도교 세력의 지배를 받았음에도 불구하고 고대부터 현대까지 큰 몰락이나 침체 없이 번성한 거의 유일한 다신교 신앙이며, 2020년대 들어 신도가 세계 인구의 15퍼센트에 이르는 11억 6,000명에 달하는 세계 3대 종교가 되었다.

트리무르티

힌두교의 핵심 신격은 '트리무르티(Trimūrti)'다. 창조의 브라흐마, 유지의 비슈누, 파괴의 시바가 모여 이룬 삼위일체다. 트리무르티는 힌두교에서 우주 만물의 근원이자 모든 신의 위대한 자아이다. 즉, 다신교인 힌두인들이 근본적으로 섬기는 신은 트리무르티지만 구체적으로 섬기는 신은 트리무르티의 화신들이다. 이집트 신화로 보면 오시리스가 이 트리무르티에 해당한다.

이들 중 가장 인기 없는 신은 창조의 신 브라흐마다. 우주와 이 세상을 창조하고 나면 그 역할이 끝나기 때문이다.

비슈누는 우주와 우주의 질서를 유지 및 보존하는 질서의 신이자, 우주를 변화시키는 신이다. 그는 네 개의 손에 네 개의 무기(소라고둥·차크라·철퇴·연꽃)를 들고 우주의 질서를 유지하며, 악마와 싸울 때는 직접 나서지 않고 화신인 아바타를 세상에 내보내 인류를 구원한다. 아바타는 라마(의로움과 헌신의 본보기), 크리슈나(사랑·지혜·속임수), 마츠야(위대한 만유의 기원), 쿠르마(안정과 지혜), 바라하(진리와 수호), 나라심하(보호와 힘), 바마나(겸손과 헌신), 파라슈라마(정의와 힘), 부처(지혜와 연민), 칼키(종말과 새로운 시대의 시작)가 있다. 비슈누의 아바타가 많은 이유는 힌두교가 인도의 다른 토착 신앙 및 종교의 신을 흡수한 결과다. 2009년 개봉한 영화《아바타》에서 아바타의 몸 색깔이 파란 것은 비슈누 신의 몸 색깔을 모티브로 했기 때문이다.

시바는 파괴의 신으로 자연 현상의 파괴적이고 거친 면을 신격화한 것이다. 힌두교도들에게 파괴는 상당히 매력적인데, 파괴가 존재해야 창조가 있다는 힌두 사상 때문이다. 브라흐마가 모든 존재를 창조하고 비슈누가 생명을 유지한다면 시바는 모든 존재가 스스로 책임을 알게 하여 그들의 운명에 도달하기 위해 행동하게 만든다.

시바(왼쪽), 비슈누(가운데), 브라흐마(오른쪽)

시바는 다른 신들과 달리 일반적인 사람의 모습을 하고 있다. 산발한 머리에 초승달을 달고, 검푸른 목에는 독사를 감고, 허리에는 호랑이 가죽을 두른 차림으로 엄격한 수행자 모양새다. 독사와 호랑이는 원래 자객들이 시바를 죽이려고 보낸 것이었는데 시바가 이를 제압하여 목걸이와 옷으로 만든 것이다. 코끼리와 사슴 가죽을 걸칠 때도 있는데 코끼리는 자존심을, 사슴은 마음을 상징한다. 시바의 머리를 타고 흘러내리는 강물은 갠지스강인데, 시바를 섬기는 인도인들은 갠지스강에서 목욕하고 화장되어 뿌려지는 것이 평생소원이고, 갠지스강이 있는 바라나시는 이들의 성지이다.

시바는 미간에 눈이 하나 더 있는데 이를 제3의 눈이라 한다. 이 눈에서 빛을 발하면 빛이 삼라만상을 파괴할 열을 뿜어내는데, 물리적 지각으로 알 수 없는 것을 깨닫게 해주는 감각과 지혜를 상징한다. 이 눈에 대해서는 '어느 날 시바가 명상하는 중에 아내 파르바티(사티가 한 번 죽고 환생한 모습)가 뒤에서 장난삼아 양손으로 눈을 가렸더니 세계가 곧바로 암흑으로 변해버렸다. 이에 모든 생물이 두려움에 떨자, 시바의 이마가 찢어지며 제3의 눈이 생겼다'는 신화가 있다.

시바의 여러 자식 중 가장 유명하고 인기 있는 자식은 아들 가네샤다. 가네샤는 코끼리 머리를 하고 있는데 처음부터 그렇지는 않았다. 이것을 설명하는 대표적인 신화가 있다.

가네샤의 어머니인 파르바티는 목욕하던 중 자신이 위해를 당할지 걱정되어 자신의 때를 뭉쳐 아들 가네샤를 창조하였다. 가네샤에게 자신이 목욕하는 동안 누군가의 출입을 막으라고 했다. 이때 고행을 떠났던 시바가 집에 돌아왔는데 아버지인 줄 몰랐던 가네샤는 시바를 막았고, 시바는 처음 보는 남자가 자신이 들어가는 걸 막자 화가 나서 가네샤의 목을 날려버렸다. 뒤늦게 나온 아내 파르바티는 울고불고 난리를 치며 사실을 이야기했고, 이를 들은 시바는 다급히 지나가던 코끼리의 목을 베어 가네샤의 몸통에 올려놓고 생명을 불어넣었다.

인도에서 가네샤는 온갖 장애를 없애주고, 지혜를 선사해 행운을 가져다주며, 사업을 번창하게 하고, 학문의 성취를 이루게 해준다고 하여 매우 인기 많은 신이다. 특히 힌두 문화권에선 가네샤 우상을 두지 않는 집을 찾기 힘들 정도라고 한다. 지혜와 행운의 신 가네샤 역시 인도의 토착 신앙이었는데 힌두교가 흡수한 것이다.

시바는 하얀 소를 타고 다닌다는 신화에서 유래해 인도인은 소를 먹지 않고 숭배한다. 이러한 신앙은 소가 농사지을 때 꼭 필요한 동물이어서 개체 수 보존을 위해 만든 신화로 보인다. 놀라운 것은 소에도 카스트가 있다는 사실이다. 가장 높은 카스트는 암소이고, 가장 낮은 카스트는 물소이다.

힌두교의 교리

힌두교의 핵심 교리는 산스크리트어로 '카르마(업보, 業報)'다. 업은 생각이나 말·행동으로 지은 원인이고, 업보는 그런 원인으로 말미암아 받는 결과인데, 이는 윤회 사상의 근간이다. 불교에서는 모든 지각 있는 존재를 '유정(有情)'이라 부르는데 모든 유정은 자기의 습관과 생각에 따라 선택함으로써 새로운 행위를 하게 된다. 이것이 좋은 행위면 선업(善業)이 되고 나쁜 행위면 악업(惡業)이 된다. 이 업보에 따라 우주 만물이 죽고 태어나는 것이 수레바퀴처럼 무한 반복되는데 이것이

브라흐마, 비슈누, 시바가 각각 사라스와티, 락쉬미, 파라바티와 함께 연꽃 위에 앉아 있다

‘윤회(輪廻)’다.

카르마로 인한 윤회에서 빠질 수 없는 개념이 ‘다르마(Dharma, 의무·도리)’다. 한자로 ‘법(法)’이라고 번역하는 다르마는 여러 가지로 해석되는데 힌두교에서는 사람으로서 마땅히 해야 할 도리 즉, 각 카스트의 의무를 말한다. 결국 각 카스트를 통제하기 위해 만든 개념이 바로 다르마이며, 하층민들에게 이를 쉽게 설명하기 위해 만든 고대 인도의 대서사시가 《라마야나》이다. 라마야나는 라마 왕의 일대기라는 뜻의 산스크리트어로 7편, 2만4,000시절(詩節), 총 4만8,000행으로 이루어져 있다. 그 내용을 간략히 요약하면 이렇다.

라마는 비슈누 신의 화신으로 북부 인도의 코사라 국의 왕자로 태어났다. 그런데 계모의 억지로 왕의 후계자가 되지 못하고 단다카 숲으로 들어갔다. 숲으로 들어간 라마가 악마를 퇴치하자 악마의 왕 라바나는 노발대발하며 라마의 아내 시타를 유괴하여 링카 섬으로 들어갔다. 라마는 원숭이의 영웅 하누마트의 도움을 받아 라바나와 격전을 벌인 끝에 라바나를 퇴치하고 아내를 되찾아 왔다.

여기서 라마를 도와준 원숭이 하누마트는 훗날 《서유기》의 주인공 '손오공'의 모티브다. 한편 라마가 아내 시타를 의심할 때마다 시타가 장작불을 피운 제단 위에 자신의 몸을 던져 정절을 증명함으로써 시타는 정절의 대명사요, 남편이 죽으면 함께 불에 뛰어드는 인도의 '사티' 풍습에 영향을 준다.

힌두교에서는 《라마야나》를 통해 왕으로서의 다르마, 왕자로서의 다르마, 부모로서의 다르마, 자식으로서의 다르마, 아내로서의 다르마, 장군으로서의 다르마를 가르친다. 힌두교의 교리에 따르면 현세의 삶은 전생의 카르마의 결과다. 내가 지금 높은 카스트면 전생에 선업(善業)을 닦은 것이고, 내가 지금 낮은 카스트면 전생에 지은 죄가 많은 것이니 현생에서 속죄해야 한다. 다시 말해 현생에서 나의 카스트에 따른 의무를 다해야 다음 생에서 지금보다 훨씬 더 높은 카스트로 태어날 수 있다. 이처럼 고대 인도의 종교성전(宗敎聖典)이었던 힌두교의 《마누 법전》은 카스트에 따른 힌두인이 지켜야 할 다르마를 규정하고 있는데 브라만은 학문과 제사, 크샤트리아는 보호와 통치, 바이샤는 상업과 농경, 수드라는 봉사를 담당한다.

그런데 《마누 법전》에서 계급으로 인정하지 않은 제도 외의 계급이 있다. 바로 '불가촉천민(不可觸賤民, 달리트)'이다. 2022년 기준으로 인도 전체 인구(14억)의 약 16.6퍼센트에 해당한다. 《마누 법전》에는 이들에 대해 '이들은 개, 돼지, 닭과 마찬가지로 브라만이 식사하는 것을 보아서는 안 되며, 마을 밖에서만 살되 다른 사람들이 그를 쳐다보지 않도록 표시하고 밤에는 돌아다니면 안 된다. 달리트는 인간이 아닌 악의 구현이기에 다른 카스트와 신체적 접촉을 할 경우 사형을 당할 수 있다'고 하였다.

불가촉천민은 산스크리트어 '찬달라(Chandala)'에서 나왔는데, 찬달라는 '닿으면 안 되는 부정한 자'라는 뜻이기에 사용이 금지되었다. 그 대신 인도의 초대 법무부 장관이 제안한 '달리트(억압받는 자)' 또는 마하트마 간디가 제안한 '하리잔(신의 아들)'이라고 부르는데 이것은 차별을 줄이기 위해 새로 만들어진 단어다. 그러나 카스트 계급에서 이들이 받는 '부정함' 취급의 수준은 여전히 상상을 초월한다. 이들은 현재 소고기 도축, 시체 처리, 길거리 청소, 구식 화장실의 변 처리 등을 하며 경멸과 혐오의 대상으로 살아가고 있는데 과거엔 단지 경전을 보았다는 이유만으로 눈을 뽑고, 경전을 말하면 혀를 뽑고, 경전에 닿은 신체 부위를 잘라버리는 등의 학대가 비일비재했다고 한다.

카스트는 기본적으로 피부색에 기반한 인종차별로 시작되었지만, 브라만교와 힌두교가 오랜 세월에 걸쳐 이를 체계화하고 정당화한 탓에 인도 정부는 법적으로 인정하지 않음에도 아직 견고하게 유지되고 있다. 게다가 불가촉천민보다 더 아래 계급인 불가시천민(不可視賤民)이 있다. 이들은 말 그대로 쳐다보기만 해도 부정을 타는 대상이기에 사람들 눈에 띄는 것 자체가 죄를 짓는 것이다. 그리고 놀랍게도 불가촉천민들조차 이들을 더 하등한 존재라며 차별한다는 거다. 인간의 어리석음은 그 끝을 모른다.

카스트가 사라지지 않는 이유

지구 최고의 불평등 제도라 해도 과언이 아닌 카스트는 왜 사라지지

않을까? 여기에는 카스트가 힌두교 교리의 일부로서 체계화되었고, 인도 사회의 근대화 지체라는 이유 말고도 여러 요인이 있다.

첫째, 인도인들의 이름은 카스트와 연계되어 있어 성씨를 들으면 바로 카스트가 드러난다. 성씨에 '성직자', '빨래꾼' 등의 뜻이 담겨 있다는 말이다.

둘째, 외모로 카스트를 구별할 수 있다. 인도에는 왕후장상의 씨가 따로 있다고 여겨진다. 평균적으로 키가 더 크고 하얀 피부에 이목구비가 남유럽인(그리스인, 라틴인 등), 이란인(페르시아인), 튀르키예인, 아랍인에 가깝게 생긴 브라만이나 크샤트리아 같은 상위 카스트와 불가촉천민의 이목구비는 확연한 차이가 있다.

셋째, 인도의 부족과 언어가 지나치게 다양하여 출신 구별이 쉽게 드러난다. 즉, 얼굴이나 피부색, 언어가 달라서 카스트가 금방 드러난다.

따라서 불가촉천민은 아무리 개종하거나 경제적 성공을 거두어도 이름·외모·언어로 출신 계급이 파악되니 차별이 계속된다. 인도의 급속한 경제 성장에도 불구하고 빈부격차가 카스트 구조와 맞물려 유지되는 이유다.

인도 사회의 불평등 뿌리는 힌두교와 카스트다. 마하트마 간디는 다음과 같이 말했다.

"신이 진리가 아니라 진리가 신이다."

나는 무교지만, 신이 있다면 그 신은 정의롭고 공평해야 한다고 생각한다. 그래야만 신의 자격이 있고, 그 말씀이 진리일 수 있기 때문이다. 그러나 종교는 신과 별개다. 왜냐하면 종교는 신의 이름으로 인간이 만든 문화에 불과하기 때문이다. 인간은 그렇게 만든 종교를 통치의 수단으로 활용해왔다. 이것은 모든 종교 관련 역사가 증명한다. 다시 말해 인간은 신의 뜻과 상관없이, 신의 이름으로 종교를 만들어 인간을 통치해왔다는 의미다. 즉, 인간 세계에 존재하는 종교의 이름 중에 신이 지은 이름은 하나도 없다. 간디가 "신이 진리가 아니라 진리가 신이다"라고 말한 이유가 바로 여기에 있다. 그러므로 우리는 신의 이름으로 불평등을 진리로 둔갑시키는 것이 아니라, 공평함을 진리로 만들어야 한다. 더불어 인간은 무엇이 진리인지 함부로 주장하면 절대 안 된다. 세상에 절대적인 진리는 없다고 생각하기 때문이다.

"무엇이 진리라고 함부로 말하지 말라!
진리란
그것이 거짓임이 증명되기 전까지만 진리이니!"

ΙΑΘΕΝΑΙΑΙ
ΣΤΟΝΟΜΙΣΜΑ
ΟΣΙΝΕΣΤΙΝΤ
ΟΝΤΑΝΥΝΚΑΙ
ΕΠΕΙΔΑΝΠΡΑ
ΜΥΝΤΑΦΕΛ
ΟΙΕΑΥΤΟΚΡΑ
ΣΒΟΛΕΣΚΑΙΕ
ΑΚΙΑΚΑΙΤΑΛ
ΤΟΝΔΕΤΑΛΕ
ΛΟΣΟΙΔΕΝΤΑ
ΑΛΛΑΣΑΡΧΑ
ΜΕΓΟΝΤΟΝΕ

함무라비 법전
:
눈에는 눈, 이에는 이

인류 역사상 가장 영향력 있는 세계 3대 법전이 있다. 동로마 제국의 기틀을 닦은 《로마법 대전(6세기 동로마 제국의 유스티니아누스 황제가 황제들의 칙령을 모아 편찬 및 반포한 법령의 총칭으로, 《시민법 대전》 혹은 《유스티니아누스 법전》이라고도 불린다)》, 현대 민법의 근간이 된 《나폴레옹 법전(1804년에 나폴레옹 1세가 제정한 법전으로, 민법·민사 소송법·상법·형법·형사 소송법 등이 담겨 있는 최초의 성문법이다)》, 그리고 가장 오래된 성문법 중 하나인 《함무라비 법전》이다.

이번에 다룰 《함무라비 법전》은 지금으로부터 약 3,700여 년 전인 기원전 18세기에 만들어진 법전이다. 그런데 놀랍게도 지금까지 이 법전의 원칙을 적용하고 있는 나라가 있다. 바로 이란이다.

이란에서는 이슬람교가 종합적이고 완벽한 사법 체계를 구현하고 있다고 보고, 사법 제도를 이슬람 율법에 기초하여 이슬람화했기 때문이다. 이 이슬람 형법의 '키사스(Qisas, 보복법)'는 살인 등 중범죄의 경우 범죄자에 대한 신체 절단 등 보복을 허용하고 있다. 그래서 최근까지도 피해자가 원한다면 대법원에서 안구 적출형, 손목 절단형 등의 형벌을 내리고 있다. 3,700년 전 바빌로니아의 돌기둥에 새겨진 준엄한 문구들이 오늘날 누군가의 삶을 결정짓고 있는 것이다.

고대 메소포타미아 바빌로니아의 율법, 함무라비 왕의 율법

《함무라비 법전》의 탄생

《함무라비 법전》은 메소포타미아에서 탄생했다. '메소(Mesos)'는 중간, '포타모스(Potamos)'는 강을 뜻하는 고대 그리스어에서 유래했으며, 메소포타미아는 '두 강 사이의 땅'이라는 의미다. 이 지역은 미국 고고학자 제임스 헨리 브레스테드에 의해 '비옥한 초승달 지대'라고 불렸다. 페르시아만으로 흘러가는 티그리스강과 유프라테스강이 둘러싼 현재의 이스라엘·시리아·팔레스타인과 이라크·이란의 일부 지역이 이에 해당한다. 이집트와 비슷한 시기에 문명이 시작되었으나, 나일강 주변이 비교적 평화로웠던 것과 달리 메소포타미아는 땅이 지나치게 비옥해 주변 민족들의 침략을 끊임없이 받았다.

일찍 정착한 수메르인들은 이런 위협에 맞서 살아남기 위해 믿고 의지할 강한 신을 필요로 했다. 그들은 조각상에 깃든 신이 자신들을 지켜준다고 믿었다. 이후에도 이 지역은 땅을 차지하려는 이들이 벌이는 끊임없는 전쟁과 혼란에 시달렸다. 그리고 기원전 1800년경, 혼란을 수습하고 통일 왕조를 세운 것이 바빌로니아 왕조였다.

함무라비 왕은 이 왕조의 6대 왕으로 기원전 1792년부터 기원전 1750년까지 바빌로니아를 통치했다. 그는 '적을 향해 돌진하는 황소'라고 불릴 만큼 끊임없이 전쟁을 벌여 메소포타미아의 패권을 장악하고 중앙집권 국가로 성장시켰다. 바빌론의 수호신은 마르두크였는데 백성들은 함무라비 왕을 마르두크의 현신으로 여겼다. 그러나 그는 스스로는 '신을 두려워하는 경건한 왕자'라고 칭했다.

메소포타미아를 통일한 함무라비 왕은 백성에게 평화와 행복을 주고자 했다. 그는 높이 2.25미터의 검은 현무암 기둥에 쐐기문자로 함무라비 법전을 새겼다. 기둥 상단에는 태양의 신이자 정의의 신인 샤마쉬가 함무라비에게 법을 하사하는 장면이 부조로 새겨져 있다. 당시 메소포타미아 지역은 지구라트(고대 바빌로니아, 아시리아 유적에서 발견된 성탑聖塔으로 둘레에 네모반듯한 계단이 있는 피라미드 모양의 구조물로 신과 지상을 연결하기 위한 재단), 관계 수로, 운하 등의 건설로 건축과 건설 활동이 매우 활발했기 때문에 '자'는 건설자인 신을 상징했다. 샤마쉬가 함무라비에게 통치권의 상징인 '측량 막대'와 '밧줄 고리'를 건네는 모

지폐 속 함무라비 왕

습은 건축의 신으로서 권위를 왕에게 부여하는 상징인 셈이다.

　이렇게 탄생한《함무라비 법전》은 서문과 본문 282개 조항, 결문으로 이루어져 있는데 서문에는 다음의 내용이 적혀 있다.

　신들께서 위대한 왕 함무라비의 이름을 부르시며 이 땅에 정의를 세우고 악행을 물리쳐 강자가 약자를 괴롭히지 못하게 하라 하셨다. (중략) 마르두크 신께서 나를 보내시어 사람들을 다스리고 이 땅을 보살피며 정의를 세워 억압받는 자들을 행복하게 하라 하셨다.

　한마디로 백성을 위해 만든 법이라는 선언이다. 본문은 주로 판례를 모은 것으로, 함무라비 통치 말기에 수집된 것이다. 그 내용은 경제(관세·무역·통상), 가족(혼인·이혼), 형법(폭행·절도), 노예, 채권·채무 등을 망라한다. 비율로 보면 사형 조항이 13퍼센트, 계약·건축에 관한 조항이 50퍼센트, 상속·이혼·친권 관련이 25퍼센트다. 3,700년 전의 법전이라고 하기엔 놀랍도록 정교해, 현대 법의 뿌리라 불릴 만하다. 함무라비 왕은 이를 쐐기문자로 점토판에 새겨 제국 전역에 배포했고, 총독들에게 준수하도록 명했다.

《함무라비 법전》의 특징

　《함무라비 법전》의 가장 큰 특징은 잘 알려진 대로 '눈에는 눈, 이에는 이'의 원칙이다.

　눈을 쳐서 빠지게 하였으면, 그의 눈을 빼라.

뼈를 부러뜨렸으면, 그의 뼈를 부러뜨려라.

이를 빠뜨렸으면, 그의 이를 빠뜨려라.

이 조항들을 '탈리오의 법칙'이라고 부른다. 이는 피해자가 입은 피해와 같은 정도만 가해자에게 되갚는 보복의 법칙, 즉 '동해보복법(同害報復法)'이다. 뒤집어 말하면 피해보다 더 큰 보복은 허용하지 않는다는 뜻이다. 이는 매우 중요한 의미를 담고 있다. 만약 보복이 무한하게 확대된다면 사회는 금세 붕괴할 것이다.《함무라비 법전》은 이러한 무한 보복의 악순환을 끊고 사회 질서를 유지하기 위해 만들어졌다. 그래서 남의 자식을 죽게 한 자는 가해자의 자식만 사형에 처했지, 가해자까지 죽이지는 않았다.

《함무라비 법전》의 두 번째 특징은 사회적 약자 보호다. 서문에서 밝힌 것처럼, 강자의 횡포를 막고 약자를 지키려는 법인 것이다. 첫 조항은 이를 잘 보여준다.

「제1조」사람이 타인에게 죄를 뒤집어씌워 살인죄로 고발했으나 확증하지 못하면, 그에게 죄를 돌린 자(고발자)를 사형에 처한다.

죄 없는 사람을 고발하면 사형에 처한다니, 오늘날 이런 법이 존재한다면 가짜 뉴스 같은 허위 고발은 전부 사라지지 않을까? 신분제가 뿌리 깊은 바빌로니아 사회에서 강자의 무고로 약자가 희생되는 일이 많았기에, 함무라비 왕은 이런 조항으로 약자를 보호하고자 한 것이다.

함무라비 왕이 얼마큼 사회적 약자를 배려했는지는 다음 몇 가지 조항에서도 확인된다.

「48조」사람이 빚을 지고 있는데 폭풍우의 신이 밭을 물에 잠기게 하였거나, 홍수가 작물을 쓸어가버렸거나, 혹은 가뭄으로 곡식이 자라지 못하였으면, 그해에는 채권자에게 곡물을 주지 말라. 계약서는 수정되며, 그해의 이자는 내지 말라.

「117조」사람이 빚을 갚기 위해서 아내나 아들, 딸을 저당으로 넘겼다면, 그들은 3년 동안 채권자의 집에서 일하게 하라. 4년째에는 풀어주라.

「239조」선원을 고용한 자는 한 해의 품삯으로 보리 여섯 쿠르를 주라.

「128조」사람이 아내를 맞이하면서 계약서를 작성하지 않았다면, 그녀는 아내가 아니다.

「129조」아내가 다른 남자와 함께 눕다 붙잡혔으면, 두 사람 모두를 묶어 강물에 던지라. 그러나 남편이 왕에게 자비를 구하면 아내를 살려두라.

「239조」는 현대의 최저임금법에 해당하는 조항이고, 「129조」는 몇 년 전에 사라진 현대의 간통죄와 유사하다. 「128조」는 혼인신고를 하지 않은 동거는 법적 권리를 주장할 수 없다는 의미다.

이처럼 《함무라비 법전》은 약자를 보호하고, 탈리오의 원칙으로 무한 보복을 제어하며, 사회 질서를 유지하기 위한 장치였다. 그러나 고대 신분 사회에서 만들어진 법이 모두 그러하듯 여기에도 한계가 있었다.

《함무라비 법전》의 한계

《함무라비 법전》의 명확한 한계는 한마디로 '유전무죄, 무전유죄'라 할 수 있는 불공정성이다. 탈리오의 법칙에 따른 형벌은 모두에게 공정하게 적용되지 않고, 신분에 따라 다르게 적용되었다. 예컨대 우리에게 알려진 바와 다른 원문의 조항들을 보자.

눈을 쳐서 빠지게 하였으면, 그의 눈을 빼라.

「196조」 평민이 귀족의 눈을 쳐서 빠지게 하였으면, 그의 눈을 빼라.

「198조」 귀족이 평민의 눈을 쳐서 빠지게 하였거나, 그의 뼈를 부러뜨렸으면, 은 한 미나를 내라.

뼈를 부러뜨렸으면, 그의 뼈를 부러뜨려라.

「197조」 평민이 귀족의 뼈를 부러뜨렸으면, 그의 뼈를 부러뜨려라.

이를 빠뜨렸으면, 그의 이를 빠뜨려라.

「199조」 귀족이 다른 귀족의 노예의 눈을 멀게 하거나 뼈를 부러뜨렸으면, 그 노예 값의 절반을 내라.

「200조」 귀족이 자기와 같은 계급의 사람의 이를 빠뜨렸으면, 그의 이를 빠뜨려라.

「201조」 귀족이 평민의 이를 빠뜨렸으면, 은 3분의 1 미나를 내라.

즉, 같은 죄라도 귀족과 평민에게 전혀 다르게 적용한 것이다.

《함무라비 법전》의 또 다른 한계는 고의와 과실을 구별하지 않고 같은 법을 적용했다는 점이다. 예를 들어, 허술하게 지은 집이 무너져서 주인이 깔려 죽으면 그 집을 지은 사람을 사형에 처했고, 허술하게 지은 집이 무너져 주인의 아들이 죽으면 건축한 사람의 아들을 사형에 처했다. 수술 후에 귀족이 죽거나 눈을 잃으면 수술한 의사의 손목을 잘랐다. 또한 진심으로 누군가를 도우려 했다가 실수로 손해를 입힌 경우에도 고의와 같은 형벌을 받았다.

이러한 한계에도 불구하고 《함무라비 법전》은 사적 복수 제한, 혈족 간의 집단적 복수 제한, 귀족의 권력 남용 제한, 사회적 약자 보호 등의 일정 부분 역할을 했다. 즉, 당시로서는 가장 문명화된 법이었다는 점에서 큰 의의를 지닌다.

▼

지금까지 《함무라비 법전》을 살펴보았다. 그렇다면 법이란 무엇일까? 《함무라비 법전》은 법의 정의를 이렇게 새겨놓았다.

'강한 자가 약한 자를 억압하지 못하게 하고, 사악한 자의 악행을 없애며, 손해 입은 자가 정의를 펼칠 수 있게 하는 것, 그것이 법이다.'

세계에서 가장 오래된 성문법인 《우르남무 법전》에는 이런 구절이 있다.

'공정하고 불변하는 책임의 기준을 마련하기 위해서 법전을 마련했다. 고아가 부자의 먹이가 되지 않고, 미망인이 강한 자의 먹이가 되지 않으며, 한 세켈을 가진 이가 육십 세켈(한 미나) 가진 자의 먹이가 되지 않게 하기 위해 법전을 만들었다.'

우리나라의 헌법 제1조도 이렇게 선언한다.

'대한민국은 민주공화국이다. 대한민국의 주권은 국민에게 있고, 모든 권력은 국민으로부터 나온다.'

고대 법전에서 현대 헌법까지, 공통된 목소리는 분명하다. 법은 국민을 위한 것이라는 점이다. 그러나 과연 법은 정말 국민을 위한 것일까? 법을 만드는 자는 대개 권력과 부를 가진 강자들이다. 극단적으로 말하면, 강자가 약자를 위한다는 명분으로 만든 것인 셈이다. 그래서 '만인은 법 앞에 평등하다'는 원칙은 현실에서 늘 흔들린다. 《함무라비 법전》에서 확인했듯이, 모든 역사가 그 사실을 증명하고 있다. 현대 법이라고 크게 다르지 않다. 권력을 쥔 자들은 국민의 종을 자처하며 표를 구하고, 권력을 얻고 난 후에는 표에서 비롯된 권력을 바탕으로 온갖 부정부패를 저지르는 강자로 군림한다. 물론 다 그렇지는 않다. 그러나 분명한 사실은, 약자를 위해 만든 법이 때로는 약자를 힘들게 한다는 점이다. 결국 법 앞의 평등은 강자가 스스로 법을 지킬 때만 가능하다.

함무라비 왕에게 정의와 진리의 법전을 내려준 신은 왜 '태양신 샤마쉬'였을까? 태양은 모든 생명의 근원이자 만물의 에너지원이다. 태양처럼 만백성을 따뜻하게 지키라고 함무라비에게 법을 내린 것이다. 그러나 인간은 신이 될 수 없다. 그렇기에 모든 인간은 법을 지켜야 한다. 그럼에도 강자가 되면 법 위에 군림하려 들고, 마치 신이 된 듯 행세한다. 역사는 이를 끊임없이 되풀이해왔다.

"법 위에 군림하려는 자,
신이 되려는 것과 같다!
그러나 이것은 불가능한 일이니,
결국 후회만 남을 것이다!"

경극
:
베이징 오페라

중국에는 이른바 '3대 자산'으로 불리는 자부심의 상징들이 있다. 첫째는 소동파로 대표되는 중국화(中國畵)다. 중국화는 사실적 묘사보다는 내면의 정신세계를 담아내는 데 집중한다. 둘째는 중국 전통 의학, 즉 중의학(中醫學)이다. 서양 의학이 수술이나 화학적 약물로 병을 다스린다면, 중의학은 본초(本草)라 불리는 약재로 병증을 치료한다. 셋째는 경극(京劇)이다. 경극은 노래, 춤, 연기를 결합한 중국의 전통 연극으로 베이징(北京)에서 발전해왔다고 해서 경극, '베이징 오페라'라고 불린다. 경극을 대표하는 영화가 바로 장국영 주연의 〈패왕별희(霸王別姬)〉다.

경극은 2010년 유네스코 인류무형문화유산에 등재되었는데 '4공(工) 5법(法)'의 종합공연예술로 평가받고 있다. 4공은 창(唱, 노래), 염(念, 대사), 주(做, 동작), 타(打, 무술) 등 경극에 사용되는 네 가지 기예를 이르며, 경극 배우가 되기 위해서는 이 네 가지를 두루 익혀야 한다. 5법은 손(手), 눈(眼), 몸(身), 법(法), 걸음걸이(步)의 다섯 가지 표현 기법을 이른다. 따라서 배우의 입 모양, 손짓, 눈빛, 몸동작, 발걸음 하나하나가 모두 정교한 연기가 된다.

경극과 쌍벽을 이루는 지방극(地方劇)으로 중국 중서부 쓰촨성의 '천극(川劇)'이 있다. 천극을 가장 잘 표현한 영화가 1997년 상영된 〈변검(變臉)〉인데, 변검은 배우가 가면에 손을 대지 않고도 순식간에 얼굴을 바꿔내는 기예다. 천극은 입에서 불을 내뿜는 토화(吐火)라는 묘기로 유명하며, 경극보다 서커스적 요소가 강하다. 특히 변검은 쓰촨 출신의 제자 몇 명에게만 전수되는 대단히 폐쇄적인 기술로 알려져 있다.

경극의 탄생

경극의 탄생지는 휘주(徽州)다. 휘주는 중국의 양쯔강 유역에 자리한 안후이성과 장시성의 접경지로, 황산이 있는 지역이다. 휘주의 문화가 어떻게 중국 수도 베이징을 대표하는 연극이 되었을까?

1790년, 건륭 황제의 80세 생일 축하연에 여러 지방의 유명 극단 8개가 베이징으로 모였다. 거기서 안후이성의 4대 극단 중 하나인 '휘반'의 공연이 건륭 황제와 황실 사람들의 눈길을 사로잡았다. 다른 극단들이 모두 매우 진중하고 느린 전통적 곡조로 공연한 반면, 휘반은 대단히 역동적이고 흥미로운 곡조에 연기를 더해 큰 반향을 일으킨 것이다. 이후 황제가 휘반의 공연에 반했다는 소문이 삽시간에 베이징에 퍼졌고, 휘반은 다른 지방극의 장점을 모두 취해 오늘날의 경극으로 발전했다.

경극의 대표작으로는 항우와 우희의 마지막 이별 장면을 담은 〈패왕별희〉, 술에 취한 양귀비를 묘사한 〈귀비취주(貴妃醉酒)〉, 바다를 건너는 여덟 신선의 전설을 담은 〈팔선과해(八仙過海)〉, 《서유기》의 이야기를 담은 〈요천궁(鬧天宮)〉 등이 있다. 또한 〈추강(秋江)〉, 〈타어살가(打魚殺家)〉, 〈사진사(四進士)〉, 〈우주봉(宇宙峰)〉, 〈백사전(白蛇傳)〉, 〈장상화(將相和)〉, 〈양문여장(楊門女將)〉, 〈삼차구(三岔口)〉, 〈안탕산(雁蕩山)〉 등 역사와 고전을 소재로 다룬 작품들이 다수 있다.

경극의 세 가지 특징

첫 번째, '정형성'이다. 경극은 철저한 규칙에 기반한다. 흔히 '1,000분의 1초의 시간과 100분의 1미터의 공간을 단위로 계산된 동작이 경극이다'라고 표현한다. 그만큼 정형성을 중시하는 예술이다.

경극이라고 하면 가장 먼저 떠오르는 것 중 하나가 배우들의 화려한 분장, 즉 검보(臉譜)다. 경극에서는 분장 색깔에 따라 인물의 성격을 다르게 표현하며, 검보는 크게 준면(俊面) 혹은 소면(素面)과 도면(塗面)으로 나뉜다. 준면은 주로 남자 주인공 '생(生)'과 여자 주인공인 '단(旦)'이 사용하는 단순한 분장이다. 도면은 주로 호걸이나 악당 '정(淨)'과 어릿광대 '축(丑)'이 사용하며, 역할에 따라 색과 도안을 그려 넣는다. 주로 얼굴에 살색과 분홍색 분을 먼저 살짝 바르고 검은색으로 눈과 눈썹을 그리는 색채 화장 분장법이다.

검보의 주요 색깔인 붉은색, 검은색, 흰색, 노란색, 녹색을 중국인들은 '영혼의 거울'이라고 부른다. 분장 색깔에 따라 인물의 성격을 다르게 표현하기 때문이다. 즉, 색깔로 그 배역의 선악 및 성격 등을 바로 알 수 있다. 붉은색은 중국인들이 가장 사랑하고 존경하는 인물에게 사용하는데 충성과 의로움의 상징 '관우'에게 쓰인다. 검은색은 공명정대, 충직과 강직함을 뜻하니 '판관 포청천'에게 사용된다. 흰색은 간신을 상징하니 '조조'의 분장에 쓰인다. 노란색과 녹색은 비슷한 역할에 사용하는데 폭력적이거나 저돌적인 급한 성격의 인물이라는 의미다. 또한 눈과 코 주위만 흰색으로 칠한 검보는 감초나 익살스러운 역할에 사용된다.

경극의 두 번째 특징은 '상징성'이다. 경극은 최소한의 무대 장치를 추구하고 무대는 비어 있는 공간이 많다. 큰 무대는 추상적으로, 작은 소품은 굉장히 구체적으로 표현한다. 여백은 무언가를 상징하고, 그 상징을 배우들이 정교한 연기로 채운다. 즉, 관객들이 마음껏 상상력을 발휘하도록 하는 게 배우들의 연기인 것이다.

경극의 이러한 상징적인 연출법은 도교에서 왔다. 도교의 '유무상생(有無相生)' 사상은 '있고 없음은 서로 상대하기에 생겨난 것', 즉 상호 공존을 의미한다. 예를 들어 배우가 노를 들고 있으면 무대 위에 배가 없어도 배를 타고 있는 것이고, 채찍을 들고 있으면 말을 타고 있는 게 된다.

이처럼 상징을 통해 무대를 표현하는 대신 의상과 소품은 극도로 화려하다. 다만 이는 시대적 고증을 거친 게 아니라 예술적으로 창안한 것이다.

경극의 세 번째 특징은 '전문성'이다. 배우는 전문성을 살리기 위해 평생 한 배역만 맡는다. 그래서 육체적·정신적으로 완전히 자신이 맡은 배역에 맞게 개조될 수밖에 없다. 그러기 위해 어린 시절부터 수십 년간 수련해야만 하고, 이로써 진정한 경극 배우로 거듭날 수 있다.

경극의 4대 배역

경극에는 네 가지 주요 배역이 있다.

첫 번째, '생'이다. 남자 주인공을 일컫는데, 젊은 남자는 '소생(小生)', 노인은 '노생(老生)', 무예에 능한 인물은 '무생(武生)'이라고 한다. 두 번째, '단'이다. 여자 주인공을 이르며, 관객이 본받을 만한 열녀형 주인공은 '정단(正旦)', 무예가 뛰어난 이는 '도마단(刀馬旦)', 노년 여성은 '노단(老旦)', 명랑하고 쾌활하거나 매혹적인 여인은 '화단(花

브)’이다. 세 번째, ‘정’이다. 정은 극을 이끌어가는 남성 조연으로, 영웅호걸 같은 선한 역할의 ‘정정(正淨)’, 큰 도둑이나 간신 같은 악한 역할의 ‘부정(不淨)’이 있다. 같은 남자 역할이라도 생은 소면 검보를 사용하고, 정은 화려하고 독특한 도면 검보를 사용한다. 네 번째, ‘축’이다. 피에로 같은 배역으로, 익살과 해학을 담당한다. 말로 웃기는 ‘문축(文丑)’과 몸으로 웃기는 ‘무축(武丑)’이 있다

이 4대 배역이 펼치는 ‘과장의 예술’ 속에서 관객은 등장인물의 성격과 기질, 즉 배우들의 걸음걸이·말투·몸짓·눈빛·신발 모양·얼굴 분장의 색 하나하나가 상징하는 바를 이해함으로써 경극의 세계에 몰입한다.

경극의 전성기

20세기 초, 경극은 최고의 전성기를 맞았다. 특히 여성 배역에 특출한 능력을 보이며 ‘4대 명단(四大名旦)’이라고 칭송받은 배우들이 있다. ‘단’은 여자 배역인데 ‘4대 명단’은 모두 남자 배우였다. 20세기 초반까지 경극의 모든 배우는 남자만 가능했기 때문이다. 네 명의 배우는 청옌치우, 샹샤오윈, 메이란팡, 쉰후이성이다. 이 가운데 중국인이 가장 사랑한 이가 메이란팡이다.

10대 후반, 전문 배우로 무대에 오른 메이란팡은 전설적인 경극 배우

샹샤오윈

청옌치우

로 평가받는다. 그는 첸 카이거 감독의 영화 〈매란방〉(2008년)에서 재조명되었다. 〈매란방〉에서 일본군 소좌역을 맡았던 다나카 류이치는 다음과 같은 대사를 남겼다.

"메이란팡은 가장 위대한 경극 배우다. 그가 연기하는 수백 가지 배역은 중국인의 희로애락을 상징하며 그들의 감정을 대표한다. 중국인들의 감정이 바로 민심이다. 메이란팡을 정복해야 비로소 중국 문화를 정복할 수 있다."

메이란팡은 여자보다 아름답다는 찬사를 받았으며, 일본·미국 무대까지 진출해 경극을 세계에 알렸다.

한국의 무용가 우봉 이매방 선생은 메이란팡에게 직접 춤을 배운 제자였다. 우봉은 1987년 〈승무(僧舞)〉로 중요무형문화재 제27호, 1990년 〈살풀이춤〉으로 중요무형문화재 제97호로 지정되었다. 그는 1930년대에 메이란팡에게 직접 춤을 전수받은 후 본명을 메이란팡의 한자 발음인 '매방'으로 바꿨는데 그의 춤사위 역시 지극히 아름다운 자태를 자랑한다.

경극의 위기

전성기가 있으면 위기도 닥치는 게 세상 이치다. 경극은 중국의 문화대혁명(1966~1976) 때 큰 위기를 맞았다. 발단은 경극 〈해서파관(海瑞罷官)〉이다. 해서파관은 '해서가 관직에서 파면당했다'라는 뜻으로, 명나라 충신 해서는 악명 높은 가정제에게 죽을 각오로 간언하다 파면당했다. 상하이에서 해서를 다룬 호남성의 경극을 본 마오쩌둥은 크게 감명을 받고 다음과 같이 말했다.

"해서는 황제를 매도했지만, 그것은 충심에서 나온 말이다. 충성스러우며, 강직하고, 아첨하지 않고, 간언하는 해서 정신을 제창하지 않으면 안 된다."

마오쩌둥은 당 지도층에게 해서를 배우라고 교시할 정도였다. 이후 해서를 칭송하는 수많은 연극, 저작물, 신문 기사가 발행되었고 명나라 역사학자이자 베이징 부시장인 우한도 이에 동참했다. 우한은 〈해서가 황제를 욕하다〉를 〈해서파관〉이라는 희곡으로 수정하여 연극으로 만들어 공연했다. 그런데 마오쩌둥의 의도와 달리 국방부장 펑더화이가 마오쩌둥에게 직언하다가 파면되면서 해서가 펑더화이, 가정제가 마오쩌둥으로 인식되기 시작했다. 그러자 마오쩌둥은 급히 〈해서파관〉의 상영을 금지했지만, 각본 자체는 계속 인쇄되어 중국 내부에서 큰 인기를 누렸다.

그러자 마오쩌둥의 아내 장칭은 〈해서파관〉을 반혁명 연극이라며 우한의 희곡을 고발하고자 하였고, 마오쩌둥은 장칭을 상하이에 파견했다. 이를 도와 문화대혁명을 주도한 4인방 중 한 명인 요문원이 잡지 〈문회보〉에 〈해서파관〉에 대한 비평을 실었는데, '마오쩌둥의 대약진 운동을 비판하다 실각한 펑더화이를 옹호하는 글'이 〈해서파관〉이라는 내용이었다. 그러자 마오쩌둥을 광신적으로 숭배하던 홍위병들이 칠순에 가까운 늙은 펑더화이를 모질게 고문하였고, 이는 문화대혁명의 도화선이 되었다. 결국 사회주의는 반봉건적이고 반전통적인 것을 추구했는데 경극은 전통극이었고 레퍼토리 또한 대단히 봉건적이었으니 집중 공격의 대상이 된 것이다.

다음은 경극 〈패왕별희〉의 한 대사다.

패왕도 운명이 다하니 남은 건 애첩과 말 한 필뿐

말을 살려 보내려 하나 말은 떠나지 않고

애첩 우희 또한 곁에 있으려 하네

우희는 패왕에게 마지막 술 한잔을 권하고

검무를 추다 절개를 지키기 위해 자결한다

경극 무대는 인생의 축소판이다. 중국에는 '인생은 연극과 같고 연극은 인생과 같다'라는 말이 있다.

인생 같은 연극에 배역이 있듯이 연극 같은 인생에도 각자의 배역이 있다. 그 배역을 진정성 있게 잘 소화할 때, 우리의 연극 같은 삶은 아름답게 막을 내릴 것이다.

현대를 살아가는 우리의 인생 연극 무대는 지구촌이다. 이 넓은 무대에서 가장 훌륭한 배우는 배역과 내면이 일치하는 연기를 하는 사람이라고 생각한다. 다시 말해 온전한 자기 모습으로 살아가는 것이 가장 훌륭한 연기다.

"세상에서 가장 아름다운 무대는
내가 정한 인생이고,
세상에서 가장 아름다운 연기는
그 인생의 주인이 되는 것이다!"

NORTH POLE
GROENLAND
North Wales
New YORK
N. SHIRE
NORTH
AMERICA
MEXICO
Bay of Mexico
Mexico
Florida
Bahama Id.
Hispaniola
Caribbe
Islands
Honduras
Jamaica
Cartag
C. Blanco
Popay
Galapagos Isl.
THE
PACIFICK
SEA
Davis L.
AMAZONA
SOUTH
AMERICA
BRASIL
PARAGUAY
PATAGO
Rio de la Plata
Straits of Magellan
Terra del Fuego
C. Horn
Newfound
Land
Western Id.
Bermudas
Cape Verde
Id.
ATLANTICK
OCEAN
Surenam
C. Orange
St. Thomas
SOUTH POLE
TEMPERATE ZONE
TORRID ZONE
TEMPERATE ZONE

고대 이집트 문명
:
삶과 죽음에 대한 태도

이집트 문명은 어떻게 세상에 드러났을까? 인류 4대 문명 중 하나인 이집트 문명이 본격적으로 알려진 것은 19세기 초반의 일이다. 이전까지 사람들은 피라미드와 미라 정도만 알고 있었을 뿐, 그것들이 왜 만들어졌는지 혹은 그 안에 어떤 의미가 담겨 있는지 전혀 알지 못했다.

이집트 문명을 세상 밖으로 드러나게 한 두 남자가 있으니, 바로 나폴레옹과 샹폴리옹이다. 나폴레옹이 이집트 원정을 통해 유물을 발굴하며 문명의 실체를 찾아냈다면, 샹폴리옹은 암호 같았던 상형문자를 해독하며 그들의 정신세계를 읽어낸 인물이다.

투탕카멘의 미라에서 나온 황금 마스크

로제타석

　　1798년, 나폴레옹은 이집트 원정을 떠났다. 이듬해 7월, 지중해 해안의 이집트 도시 로제타에서 진지를 구축 중이던 프랑스군 중위 피에르 부샤르가 비범한 돌 하나를 발견했다. 요새의 주춧돌로 쓰려 했으나 동행한 고고학자들이 기겁하며 회수해 모셔둔 돌이 바로 유명한 로제타석이다. 학자들은 프랑스로 귀환할 때 이 돌을 가져가려 했으나, 1802년 원정이 실패하고 나폴레옹이 홀로 본국으로 철수해버려 영국군의 손에 넘어갔다. 이집트에 고립된 프랑스군을 무사히 본국으로 송환시켜주는 조건으로 영국군에 넘긴 것이다. 그리하여 로제타석의 진품은 대영박물관에 전시되어 있다.

　　로제타석의 가장 큰 가치는, 수천 년 동안 읽히지 못했던 이집트 상형문자의 해독을 가능케 했다는 점이다. 기독교도 황제 테오도시우스가 이집트의 우상 신전을 폐쇄하라고 명령하여 상형문자를 알던 이집트 신관 계층이 몰락했고, 이집트 상형문자는 잊힌 언어가 되어버렸다. 그 문자 해독의 실마리를 제공한 것이 로제타석이었다.

샹폴리옹

돌에는 세 구획으로 나뉜 채 동일한 내용을 세 가지 문자(이집트 상형문
자, 민중문자, 그리스문자)로 새겨놓았는데 그중 그리스문자가 해독의 열
쇠가 되었다. 이를 해독한 주인공은 샹폴리옹이다.

샹폴리옹은 천재적인 직관력으로 상형문자 안의 특정한 문양, 즉 테
두리에 둘러싸인 글자들이 '이름'일 것이라고 추측했다. 즉, 뜻을 나타
내는 표의 문자가 아니라 소리를 표기하는 표음 문자라고 발상을 전환
한 것이다. 이는 상형문자를 그림 문자로만 보던 기존의 인식을 뒤엎는
대단한 혁명이었다. 그는 20년간의 연구 끝에 그리스문자와 신성문자
의 대응표를 만들어 마침내 고대 이집트문자의 음가를 밝혀내는 데 성
공했다. 이로써 고대 이집트 문명은 마침내 세상에 그 모습을 드러낼 수
있었다. 다음은 로제타석에 담긴 내용의 일부다.

새로운 왕이시여, 왕관의 주인이시여. 당신은 영광이 크시고, 이집트를
평화롭게 하시며, 신들에 대해 경건하며, 적들보다 우월하며, 인간의 삶
을 올곧게 하시나이다. (중략) 제우스의 현신, 태양의 아들이신 프타께
사랑받는 영생의 군주, 프톨레마이오스께서 통치하실 적에….

마치 이집트판 용비어천가처럼 느껴지는 이 문장에 등장하는 '프톨
레마이오스'라는 이름이 상형문자 해독의 결정적 열쇠였다.

고대 이집트인들의 삶을 대하는 태도

이집트 문명은 나일강에서 태어났다. 국토의 95퍼센트가 사막인 건
조한 이집트에서 인구가 살 수 있는 농경지는 5퍼센트에 불과했다. 그

러나 더 큰 문제는 사막이 아니라 이집트를 관통하는 나일강의 범람이었다. 매년 찾아오는 나일강의 범람이라는 재앙을 고대 이집트인들은 삶의 축복으로 바꾸었다.

이집트인들은 강의 범람에서 하나의 규칙을 발견했다. 시리우스성이 지평선에 태양과 함께 떠오른 50일 후, 어김없이 범람한다는 사실이다. 예측이 가능하니 대비도 가능했고, 범람은 더 이상 재앙이 아니었다. 오히려 물과 함께 쓸려 내려오는 비옥한 흙이 농토를 새롭게 덮어주었기에 비료나 거름 없이 씨만 뿌려도 풍년이었다. 이제 범람은 곧 축복이었다.

문제는 범람 후 사라지는 농토의 경계였다. 그래서 이집트인들은 범람 전에 미리 토지를 측량해 기록해두었는데, 이것 또한 축복이었다. 덕분에 수학과 기하학이 발달했고, 이를 바탕으로 정밀한 측량술이 발전했다. 피라미드는 바로 이 지식 위에서 가능했다. 나일강이 범람하지 않았다면, 우리는 아마 피라미드를 보지 못했을지도 모른다.

피라미드 건설은 엄청난 시간과 인력이 필요한 장대한 공사였다. 역사학자 헤로도토스의 기록에 따르면, 피라미드 한 기를 짓는 데 해마다 10만여 명이 3~4개월씩 20년 동안 동원되었다. 이때 수십 톤에 이르는 석재를 옮기는 일조차 나일강이 해결해주었다. 수위가 높아진 강물이 자연의 운송 수단이 된 것이다. 또한 범람기 동안 농부들의 일손이 비자 파라오는 그들을 건설 현장에 투입하고 음식과 생활필수품을 지급했다. 파라오는 나일강의 범람이라는 재앙을 축복으로 바꾸는 구심점이었다. 위대한 지도자 파라오는 백성의 힘을 모아 수로와 댐, 피라미드를 건설하고, 외적을 방어했다.

이집트 역사상 가장 위대한 파라오로 꼽히는 인물은 람세스 2세다. 그는 고대 이집트 제19왕조 제3대 파라오로 20대에 왕위를 물려받아

람세스 2세의 아부심벨 사원

60년 이상 이집트를 통치하다 약 90세에 사망했다. 그는 약탈을 일삼던 바다 민족을 토벌하고, 선왕 세티 1세의 뒤를 이어 시리아 원정을 떠났으며, 신도시이자 새로운 수도 피람세스를 건설했고, 아부심벨 대신전을 비롯한 대규모 건축물도 건축했다. 특히 기원전 1258년, 람세스 2세가 히타이트와 맺은 평화협정은 세계에서 가장 오래된 대등한 국제조약으로, 그 복제본은 지금도 UN 본부에 전시되어 있다.

고대 이집트인들의 죽음을 대하는 태도

1976년, 이미 3,000년 전에 죽은 람세스 2세의 여권이 발행되었다. 이유는 단순했다. 카이로의 고대 이집트 박물관에 보관되어 있던 람세스 2세의 미라에 곰팡이가 생기기 시작해서였다. 당시 이집트의 복원

기술로는 불가능했기에 이집트는 미라를 프랑스로 보내야 했다. 프랑스 정부는 미라라 할지라도 공식 입국 서류가 필요하다며 여권을 요구했다. 이렇게 람세스 2세는 역사상 최초로 여권을 지닌 미라가 되었다.

파리로 옮겨진 미라는 경이롭기 그지없었다. 피부, 머리카락, 매부리코 등의 상태가 살아 있을 때 모습 그대로 보존되어 있었기 때문이다. 수백 명의 문화재 복원가, 의사 들의 검시 결과, 그는 말년에 심각한 관절염을 앓았고, 키는 당시 평균인 160센티미터보다 훨씬 큰 183센티미터였으며, 90세까지 살았다는 것도 밝혀졌다.

미라는 어떻게 만들어질까? 가죽과 뼈만 남겨야 하기 때문에 제일 먼저 뇌와 내장을 제거한다. 뇌는 쇠갈고리로 긁어내고 나머지는 약물을 주입해 없앴다. 내장은 옆구리를 절개해 모두 꺼냈다. 그후 복강(腹腔)을 야자유와 향료로 깨끗이 씻어내고 몰약과 계수나무 껍질, 유향 등 다양한 향료를 채워 봉합했다. 시신은 70일 동안 천연 소금 복합체인 나트론(천연 탄산수도나트륨 등)에 넣어 말린 뒤, 전신을 아마포 붕대로 감고 그 위에 고무를 칠해 사람 모양의 나무 관에 안치했다. 관은 무덤의 벽에 똑바로 기대 세워 보관했다. 다만 심장은 제거하지 않았는데, 사후 세계에서의 심판 때 반드시 필요했기 때문이다.

이집트인들은 사람이 죽으면 인격(바), 영혼(카), 육신(아크)이 분리된다고 믿었다. 심판에서 죄 없음을 인정받으면 바와 카가 다시 자기 몸을 찾아 돌아와 부활한다고 생각했다. 이것이 이집트인들의 사후 세계관이다. 그런데 육신이 썩어 없어지면 부활할 수 없으니, 미라를 만든 것이다. 다시 말해 미라를 만드는 것은 곧 부활을 위한 준비였다.

이집트인들이 믿었던 사후 세계에서의 심판 과정을 살펴보자. 심판의 주재자는 오시리스였다. 그는 한때 이집트와 세계를 지배하고 다스리던 신왕(神王)이었다. 오시리스에게는 세 동생이 있는데 여동생 이

시스와 네프티스, 남동생 세트다. 오시리스는 이시스를 아내로 맞이해 이집트의 황금기를 이끌었다. 그런데 이를 시기한 남동생 세트가 오시리스를 살해했고, 이시스가 마법으로 그를 살려냈다. 그러자 세트가 또다시 오시리스를 살해한 후 이번에는 그 시신을 14토막 내어 나일강에 던져버렸다. 이를 슬퍼한 이시스와 네프티스는 나일강의 물고기가 먹어버린 남근을 제외한 13조각을 찾아서 마법으로 오시리스를 되살렸다. 그래서 고대 이집트인들은 사자(死者)의 제사상에 절대로 물고기를 올리지 않았다고 한다. 이렇게 부활한 오시리스는 죽은 자의 나라인 두아트(Duat), 즉 저승의 왕이 되었다. 참고로 이집트 문화에서의 부활은 현계(現界)가 아닌 명계(冥界)에서의 부활을 의미하고 죽은 자의 피부색은 녹색이므로 오시리스의 피부도 녹색이다. 부활한 오시리스와 이시스 사이에서 태어난 자식 호루스는 파라오와 동일시되었으며, 왕권의 상징이자 태양의 신이요, 복수의 신이다.

이집트에서 신과 함께 사후 세계 여행을 하려면 꼭 필요한 게 있는데 바로 《사자의 서(書)》다. 이는 고인이 지하 세계를 건너 두아트에 안전하게 이를 수 있도록 돕는 안내서다. 두아트로 가는 길은 초자연적인 문지기들이 겹겹이 둘러싼 관문과 수로를 수도 없이 통과해야만 갈 수 있는 험난한 여정이었다. 문지기들의 이름도 '뱀을 먹고 사는 자', '핏속에서 춤추는 자' 등 기괴했는데 죽은 사람의 영혼이 이들을 무사히 통과하기 위해서는 주문을 외워야 했고, 그때 필요한 주문들이 이 안내서에 적혀 있다.

이런 과정을 통과하면 마침내 아누비스(저승사자)의 인도를 받아 죽음과 부활의 신인 오시리스의 법정에 당도할 수 있었는데 여기서 천국행과 지옥행이 결정된다. 사자는 오시리스와 재판관 42명 앞에서 《사자의 서》에 적힌 여신 마아트(정의·질서·도덕·조화의 신)의 부정 고백

42개를 읊은 후 저울로 영혼의 죄를 심판받아야 한다. 저울 한쪽에는 마아트의 깃털을 올리고 다른 한쪽에는 영혼의 심장을 얹었는데, 심장은 지은 죄의 무게에 비례했다. 그래서 저울이 대칭을 이루거나 깃털 쪽으로 기울면 천국으로 가고, 저울이 심장 쪽으로 기울면 괴물 암무트(악어의 머리에, 목에는 사자의 갈기가 났고, 상반신은 사자 또는 표범, 하반신은 하마 형상을 한 괴물)가 그 자리에서 심장을 먹어치워버렸다. 그러면 영혼은 죽지도 살지도 못한 채 영원히 구천을 떠돌아야 한다. 다음은 마아트의 부정 고백 42가지 중 일부다.

저는 도둑질을 하지 않았습니다.
저는 게으르지 않습니다.
저는 남을 울리지 않았습니다.
저는 남의 땅을 억지로 빼앗지 않았습니다.
저는 간음하지 않았습니다.
저는 사람을 죽이지 않았습니다.
저는 눈금을 속이지 않았습니다.

부정 고백들이 사실이면 천국으로 가서 오시리스의 품에 안겨 영생할 수 있었다. 고대 이집트인들에게 죽음은 끝이 아니라 영원한 삶의 시작이었던 것이다.

고대 이집트인들의 삶과 죽음에 관한 태도를 한마디로 말하면 '신의 뜻대로, 마아트의 부정 고백대로 살라'는 것이다. 살아서 올곧게 살아야만 죽어서 부활과 영생을 얻을 수 있다고 믿었던 것이다. 그러나 인간은 그 길을 지키기가 정말 어렵다.

톨스토이의 《참회록(懺悔錄)》에 나오는 우화가 이를 잘 보여준다.

한 나그네가 광야를 지나다가 사자가 덤벼들기에, 이것을 피하려고 물 없는 우물 속으로 들어갔다. 그런데 우물 속에는 큰 뱀이 커다란 입을 벌리고 있었다. 우물 밑바닥에 내려갈 수도 없고, 우물 밖으로 나올 수도 없는 나그네는 우물 안의 돌 틈에서 자라난 조그만 관목 가지에 매달린다. 우물 내외(內外)에는 자신을 기다리는 적(敵)이 있으니 얼마 지나지 않아 자기의 생명을 잃게 되리라는 것을 잘 안다. 그냥 나뭇가지에 매달려 이런 생각을 하면서 나무를 쳐다보니, 검은 쥐와 흰 쥐 두 마리가 나뭇가지를 쏠고 있었다. 그러니 두 손을 놓지 않더라도 결국은 나뭇가지가 부러져 나그네는 우물 밑에 있는 큰 뱀의 밥이 될 것이다. 그러나 주위를 돌아보고 그 나뭇잎 끝에 흐르고 있는 몇 방울의 꿀을 발견하자, 이것을 혀로 핥아먹는다. 인간이 산다는 것이, 꼭 이 모양이다.

이 우화에서 우물 밖은 과거, 우물 바닥은 죽음의 미래, 검은 쥐와 흰 쥐는 밤과 낮, 즉 시간을 상징한다. 인간은 과거로 돌아갈 수 없고, 정해진 시간이 지나면 죽음이라는 확정된 미래로 갈 수밖에 없는 존재임을 의미한다. 그렇다면 우리가 할 수 있는 일은 그저 꿀을 빨며 죽음이 닥치기를 기다리는 것뿐일까? 그렇게 살지 않기 위해 고대 이집트인들은 《사자의 서》를 만들었다. 욕망에 휘둘리지 말고, 천국에 이르는 자격을 차곡차곡 준비하는 삶, 그것이 현재를 잘사는 길이라는 것이다. 그렇게 산다면 현실은 축복이 되고, 미래는 영원한 행복으로 남을 수 있으니 천국에 가는 것은 결국 현재의 문제인 셈이다.

앞으로 잘 살기 위해 살지 말라. 우리가 고민해야 할 건 오직 현재를 어떻게 살 것인가다. 나는 우리의 미래는 이렇게 결정된다고 믿는다.

"당신이 어떤 미래를 꿈꾸든,
그 성취 여부는
당신이 현재 무엇에
시간과 노력을 기울이는가에 달려 있다."

PAST
PRESENT
FUTURE

에필로그
:
당신의 새벽이 더 이상 외롭지 않기를

여행의 끝에서

이제 책을 덮을 시간이다. 우리는 긴 시간 여행을 했다. 2,000년 전 로마의 원형 경기장에서 19세기 파리의 화려한 베르사유 궁전으로, 몽골의 거친 초원에서 런던의 안개 낀 뒷골목으로. 숨 가쁘게 달려온 이 여정의 끝에서, 당신의 마음에는 무엇이 남았는가.

아마도 위대한 영웅들의 화려한 무용담보다는, 그들의 등 뒤에 드리워진 쓸쓸한 그림자가 더 깊이 박혔을 것이다. 천하를 통일하고도 죽음이 두려워 떨었던 진시황의 밤, 믿었던 이에게 칼을 맞고 쓰러지던 카이사르의 눈동자, 꽉 조인 코르셋 안에서 신음했던 엘리자베트의 고통….

우리가 만난 것은 박제된 위인이 아니라, 살아남기 위해 발버둥쳤던 '벌거벗은 인간'들이었다. 그들은 우리보다 더 많이 가졌고 더 높이 올랐지만, 우리와 똑같은 크기의 불안과 고독을 짊

어지고 살았다. 이 사실이 당신에게 작은 위로가 되었으면 한다. 당신이 지금 겪고 있는 그 막막함이, 당신이 못나서가 아니라는 증거니까. 인류 역사상 가장 뛰어난 천재들도, 가장 강력한 황제들도 당신과 똑같이 밤잠을 설쳤다는 사실은 역설적이게도 우리에게 기묘한 안도감을 준다.

역사는 '오답 노트'이자 '응원가'

◆

나는 이 책을 시작하며 역사가 '오답 노트'라고 했다. 그렇다. 우리는 선배들의 실수를 통해 배운다. 혈통의 순수함에 집착하다 스스로 무너진 합스부르크 왕가를 보며 유연함과 개방성의 가치를 배우고, 변화에 둔감했다가 단두대에 선 루이 16세를 보며 세상의 소리에 귀 기울이는 법을 배운다. 그들의 실패는 우리에게 "그쪽으로 가면 낭떠러지야"라고 알려주는 소중한 표지판이다.

하지만 역사는 오답 노트인 동시에, 시공간을 초월해 들려오는 거대한 '응원가'이기도 하다. 스파르타쿠스가 자유를 위해 칼을 들었을 때, 헤리엇 터브먼이 노예들을 이끌고 어둠 속을 걸었을 때, 칭기즈칸이 부족에게 버림받고도 홀로 일어섰을 때…. 그 불가능해 보이는 순간들을 돌파해낸 인간의 의지, 그 뜨거운 에너지가 핏줄을 타고 흘러 지금 당신에게까지 전해지고 있다.

당신은 혼자가 아니다. 당신의 등 뒤에는 5,000년의 시간 동안 삶과 투쟁해온 수없이 많은 '인생 선배'들이 서 있다. 그들은 당신이 주저앉고 싶을 때마다 이렇게 속삭일 것이다.

"나도 해냈어. 그러니 너도 할 수 있어."

내일의 문을 여는 당신에게

◈

이제 창밖을 보라. 새벽이 밝아오고 있다. 어제와 똑같은 태양이지만, 이 책을 읽기 전과 후의 태양은 조금 다르게 느껴질 것이다. 출근길의 만원 지하철, 숨막히는 사무실, 답답한 인간관계…. 현실은 여전히 그대로일지도 모른다.

하지만 당신은 달라졌다. 상사의 핀잔을 들을 때 진시황의 불안을 꿰뚫어 보는 통찰력을 가졌고, 힘든 프로젝트 앞에서는 나폴레옹의 배낭 속 지휘봉을 떠올릴 수 있게 되었다. 겉으로는 평범한 직장인이지만, 내면에는 수천 년의 지혜라는 단단한 갑옷을 입은 승부사가 된 것이다.

역사는 과거에 머물러 있을 때만 '기록'이다. 당신이 그것을 현재로 가져와 삶에 적용하는 순간, 역사는 비로소 '지혜'가 된다.

부디 이 책이 당신의 책장 한구석에 장식품으로 남지 않기를 바란다. 그 대신 당신이 힘들 때마다 꺼내 먹을 수 있는 비상약이 되기를, 길을 잃었을 때 펴볼 수 있는 나침반이 되기를 간절히 바란다.

과거에서 보내온 편지를 읽었으니, 이제 당신이 답장을 쓸 차

레다. 펜은 당신의 손에 쥐어져 있고, '오늘'이라는 백지가 당신 앞에 놓여 있다. 어떤 역사를 써내려갈 것인가.

두려워 마라. 당신이 걷는 그 길이, 훗날 누군가에게는 또 하나의 위대한 역사가 될 테니.

이제 마지막 메시지를 전한다.

"모든 순간 당당하게 걸으며
당신만의 역사를 만들어라!
당신의 모든 발걸음은
누군가가 간절히 걷고 싶었던 길이 될 것이다."

세상을 읽는 어른을 위한 세계사

초판 1쇄 인쇄 | 2026년 3월 10일
초판 1쇄 발행 | 2026년 3월 17일

지은이 | 김병철 **펴낸이** | 전영화 **펴낸곳** | 다연
주소 | 경기도 고양시 덕양구 서오릉로 640 수아주위드펫 1008호
전화 | 070-8700-8767 **팩스** | (031) 814-8769 **이메일** | dayeonbook@naver.com
본문 | 미토스 **표지** | 뿌리

© 다연

ISBN 979-11-90456-75-3 (03900)